21 世纪全国高校应用人才培养旅游类规划教材

旅游企业财务管理

张学梅　主编

崔长江　黄海霞　副主编

郭彩虹　梁　栩　参编

北京大学出版社
PEKING UNIVERSITY PRESS

内容提要

本书是根据旅游管理专业教学大纲的基本要求编写的，旨在系统阐述社会主义市场经济条件下旅游企业财务管理的基本理论、方法和技能。在编写过程中，本书以公司制旅游企业为背景，继承了企业财务管理的基本理论，结合一般旅游企业经营特点，在每章的开篇引入案例导读以便学习者能对各章的内容有深刻的印象和理解。

全书共分为10章，内容涉及旅游企业财务管理基本理论、筹资管理、投资管理、利润分配、财务分析与评价、专题财务管理等。

本书可作为高等院校旅游本、专科专业学生的教材，也可供对旅游业感兴趣的人员阅读。

图书在版编目（CIP）数据

旅游企业财务管理/张学梅主编．—北京：北京大学出版社，2007.8
（21世纪全国高校应用人才培养旅游类规划教材）
ISBN 978-7-301-12606-6

I．旅…　II．张…　III．旅游业—企业管理：财务管理—高等学校—教材　IV．F590.66

中国版本图书馆CIP数据核字（2007）第122700号

书　　名：旅游企业财务管理
著作责任者：张学梅　主编
责 任 编 辑：桂　春
标 准 书 号：ISBN 978-7-301-12606-6/F・1693
出　版　者：北京大学出版社
地　　址：北京市海淀区中关村北京大学校内　100871
电　　话：邮购部62752015　发行部62750672　编辑部62765126　出版部62754962
网　　址：http://www.pup.cn
电 子 信 箱：xxjs@pup.pku.edu.cn
印　刷　者：河北滦县鑫华书刊印刷厂
发　行　者：北京大学出版社
经　销　者：新华书店
787毫米×1092毫米　16开本　14.75印张　330千字
2007年8月第1版　2011年2月第2次印刷
定　　价：29.00元

丛书总序

旅游在我国发展的历史源远流长，现代旅游则勃兴于欧洲。旅游在当今的影响是多方面的、深远的，涉及经济、文化、自然生态、社会环境等大的范畴。从经济角度来说，旅游是现今世界许多国家（包括一些发达国家）的重要产业，它引导经济生态圈和产业链的循环发展，其经济价值及相关产值规模巨大。而我国自改革开放以来，已经从国外借鉴并引进了旅游产业化的一些经验，取得了良好的效果。而今，根据国家规划，要发展大旅游，要建立具有可持续发展前景的科学旅游模式，就应当从教育、科技、学术三方面加强对我国旅游的投入。

我国经济与社会都在融入全球化潮流，旅游产业不仅在国内竞争已经很激烈，还面临着激烈的国际化竞争，而人才的竞争是关键。培养我国高层次、高素质、复合型的旅游人才，正越来越成为企业、社会、可持续发展战略的迫切需要。

《21世纪全国高校应用人才培养旅游类规划教材》是为适应旅游形势大发展的需要而组织的。本系列教材共17册，包括：《旅游学概论》、《导游基础》、《旅行社经营管理》、《旅游市场营销学》、《旅游经济学》、《旅游资源保护与开发》、《中国旅游地理》、《中国公民出境旅游目的地国家/地区概况》、《旅游文化学》、《旅游法规教程》、《旅游心理学》、《会展与节事旅游管理概论》、《旅游信息管理》、《旅游企业财务管理》、《现代旅游接待礼仪》、《中国西部旅游研究》、《世界遗产旅游开发与管理》。

与已有的旅游教育教材建设成果相比，该系列教材具有以下特点。

一是创新内容多。为及时从理论上跟踪旅游教育，总结旅游业的成就，一些近年来在实践中提出的大量新理论、新技术和新方法在教材的编写内容中得到体现，并及时反映到教学理论中。

二是针对性强。在编写中突出旅游实践和培养学生实际运用能力，并以学生的知识结构和技能水平能满足旅游业的实际需要为前提，体现学以致用的原则。

三是编写力量强。该系列教材的编著者均是高校旅游专业中有影响、有研究的专家学者，他们长期从事旅游专业的教学和科研，教研成果丰硕，具有较高的学术造诣和丰富的实践经验，从而为该系列教材的高水平提供了坚实的基础。

旅游学科建设与教材建设还处于不断完善的过程中，这套教材是把旅游教材建设与教学改革相结合的实践成果，难免还存在许多问题，我们诚挚请求广大读者批评指正，我们将认真收集和听取意见，使之日臻完善。

卢　一

2006年2月于成都小鲜书屋

前　言

本书是根据旅游管理专业教学大纲的基本要求编写的，旨在系统阐述社会主义市场经济条件下旅游企业财务管理的基本理论、方法和技能。全书共分为10章，内容涉及旅游企业财务管理基本理论、筹资管理、投资管理、利润分配、财务分析与评价、专题财务管理等。

本书在编写的过程中，以公司制旅游企业为背景，继承了企业财务管理的基本理论，结合一般旅游企业经营特点，在每章的开篇引入案例导读以便学习者能对各章的内容有深刻的印象和理解。本书成书之际，恰逢新的《公司法》和《企业会计准则》修订与实施，在编写过程中体现了上述法规的最新精神。

本书由张学梅担任主编，崔长江、黄海霞任副主编。参编人员分工如下：张学梅编写第一章、第十章，崔长江编写第六章、第八章，黄海霞编写第三章、第五章，郭彩虹编写第二章、第四章，梁栩编写第七章、第九章，由张学梅副教授负责全书的总纂、修改和定稿。

由于作者的水平和学术能力有限，书中难免有不足之处，恳请读者和专家学者批评指正。

本书在编写过程中参阅了有关学者大量的相关著作，在此表示衷心的感谢。

编　者

2007年6月

目　　录

第一章　旅游企业财务管理导论

要进行旅游企业财务管理，必须明确什么是旅游企业财务管理，旅游企业财务管理要实现的目标是什么，旅游企业财务管理的内容和原则有哪些，影响旅游企业财务管理的环境因素有哪些。本章将对旅游企业财务管理的概念、内容、目标、原则以及环境分别进行分析。

第一节　旅游企业财务管理的概念与内容

一、旅游企业财务管理的概念

旅游企业财务管理是旅游企业为了实现其目标，运用一定的方法，对旅游企业的财务活动和财务关系进行的一项经济管理活动，它是旅游企业管理的重要组成部分。

二、旅游企业财务管理的内容

（一）旅游企业的财务活动

旅游企业的财务活动是指旅游企业在经营活动过程中发生的资金运动，包括旅游企业的资金筹集、运用、耗费和分配活动。具体来说，旅游企业的财务活动包括以下内容。

1．旅游企业筹资引起的财务活动。

筹集资金是旅游企业进行经济活动的前提。旅游企业的筹资活动包括两大部分：一是权益筹资，即旅游企业通过发行股票、吸收投资者直接投资和企业内部积累形式形成。权益筹资是旅游企业最基本的筹资活动，该部分筹资活动的内容在资产负债表上表现为旅游企业的所有者权益或股东权益。二是负债筹资，即通过向银行等金融机构借款、发行债券以及商业信用等方式形成。该部分筹资活动的内容在资产负债表上表现为旅游企业的负债。在筹资活动中，从各种渠道筹集的资金形成了旅游企业的资金流入；当旅游企业按合同或协议规定支付股利、分配利润、偿还借款；支付到期的债券本金与利息时，又形成了旅游企业的资金流出。筹资引起的资金流入和流出构成了旅游企业的筹资活动。

2．旅游企业投资引起的财务活动。

旅游企业的投资分为对内投资和对外投资两部分。对内投资是旅游企业投资于流动资产、固定资产、无形资产和其他资产方面，并主要依靠企业自身的业务经营实现收益；对外投资是旅游企业利用暂时闲置不用的资金或者资产进行股票投资、债券投资和其他投资。旅游企业无论进行对内、对外投资，都会引起资金的流出，而利用投资资金取得利润或投资收益时，又形成旅游企业的资金流入。投资引起的资金流入和流出构成了旅游企业的投资活动。

3．旅游企业日常经营引起的财务活动。

旅游企业在日常的经营活动中，要发生大量的资金收支。旅游企业的资金是不断循环和周转的，一般来说，在旅游企业的生产经营过程中，资金不断发生变化，由一种形态转化为另一种形态，周而复始，不断循环，形成了资金运动。只要旅游企业持续经营，这种循环就会连续不断地进行下去，形成企业的资金周转。

4．旅游企业利润分配引起的财务活动。

旅游企业在经营过程中实现的利润总额，要按规定的程序进行分配，包括缴纳所得税、弥补亏损、提取公积金、向投资者分配利润等。旅游企业的利润来源表现为资金流入，依法进行的利润分配表现为资金流出。利润分配过程中的资金流入和流出构成了旅游企业的利润分配活动。

（二）旅游企业的财务关系

旅游企业在筹资、投资、经营和利润分配活动过程中，必然要与各相关利益者发生经济关系。旅游企业在组织财务活动过程中与各相关利益者发生的经济关系就是旅游企业的财务关系。如何处理好旅游企业的财务关系，构成了旅游企业财务管理的另一重要内容。旅游企业的财务关系主要包括以下几方面。

1．旅游企业与其所有者之间的财务关系。

这种关系是投资者向旅游企业投入资金，旅游企业按照合同和契约规定向投资者分配利润所形成的经济关系。旅游企业的投资者按照公司合同、协议和章程的规定，履行出资义务，形成旅游企业的资本金。按出资人性质的不同，资本金分为国家资本金、法人资本金、个人资本金和外商资本金。旅游企业在利用资本金实现利润后，要按规定向投资者分配利润。投资者即旅游企业的所有者，旅游企业同其所有者之间的财务关系，体现的是所有权和经营权之间的关系。

旅游企业的所有者拥有企业的所有权，经营者拥有企业的经营权，所有权与经营权的分离是现代企业制度的一个重要特征。所有权与经营权的分离是委托代理理论在企业中的应用。旅游企业所有者将其资本投入企业，授权委托经营者进行管理，并通过激励与约束机制的建立，实现资本的保值增值。

2．旅游企业与其债权人之间的财务关系。

这种关系是旅游企业向债权人借入资金或在经营过程中发生的临时性负债，旅游企业按合同或信用原则要求偿还债务所形成的经济关系。旅游企业与其债权人之间的财务关系，可以通过资产负债率指标反映出来。企业经营过程中的资金除了由投资者投入以外，另一重要部分是通过负债形式形成的。一般来说，旅游企业对于负债要按规定偿还本金，并支付利息。旅游企业与其债权人之间的财务关系，体现的是一种债权债务关系。

3．旅游企业与其被投资企业之间的财务关系。

这种关系是旅游企业通过向其他企业购买股票或进行直接投资所形成的经济关系。旅游企业在日常的经营活动中，除了自身进行业务活动外，还可以进行资本经营。旅游企业对其他企业进行的投资活动是资本经营活动。企业通过资本经营，参与被投资企业的利润分配。旅游企业与被投资企业之间的财务关系，体现的是一种投资和被投资关系。

4．旅游企业与其债务人之间的财务关系。

这种关系是旅游企业购买其他企业的债券、对外借出款项或提供商业信用等所形成的经济关系。旅游企业将资金借出后，有权要求其债务人履行偿债义务。旅游企业与其债务人之间的财务关系，体现的是债权债务关系。

5．旅游企业与税务机关之间的财务关系。

这种关系是旅游企业与国家税务机关之间由于税收的征纳活动而产生的经济关系。目前在我国，税收收入是主要的财政收入来源，因此，旅游企业主要是通过税收形式与国家之间建立财政联系。旅游企业只要发生了应税行为，就要按照国家税法规定履行纳税义务，否则就要受到税法的制裁。旅游企业与国家税务机关之间的财务关系，体现的是旅游企业与国家税务机关的税收征纳关系。

6．旅游企业内部各个单位之间的财务关系。

这种关系是旅游企业内部各个单位之间由于相互提供产品或劳务所形成的经济关系。在实行内部经济责任制的条件下，旅游企业内部的各个单位之间相互提供产品或劳务，要通过内部转移价格的确定，实行计价核算，这样就会引起资金在不同单位之间的转移。在旅游企业内部形成的这种财务关系，体现的是旅游企业内部各个单位之间的利益关系。

7．旅游企业与其内部职工之间的财务关系。

这种关系是旅游企业向其职工支付劳动报酬过程中所形成的经济关系。职工为企业创造财富，企业要通过支付工资、奖金、提供社会保险、养老金等形式，支付给职工相应的报酬。这种旅游企业与其内部职工之间的财务关系，体现的是一种对劳动成果的分配关系。

三、旅游企业财务管理与旅游企业管理之间的关系

旅游企业管理是旅游企业为实现一定目标而合理地组织人、财、物，有计划地指挥、调节和监督其经济活动的各种职能的总称。一般来说，旅游企业管理包括生产管理、技术管理、劳动人事管理、设备管理、销售管理、财务管理等内容。

旅游企业财务管理与旅游企业管理的关系主要体现在两个方面：一是旅游企业财务管理属于企业管理的组成部分之一，旅游企业管理的好坏受到财务管理的制约，旅游企业管理的范围大于财务管理的范围。二是旅游企业财务管理是旅游企业管理中最重要的管理内容。旅游企业的一切管埋工作都可以通过旅游财务管理予以反映。

第二节　旅游企业财务管理的目标

旅游企业是以提高经济效益、劳动生产率和实现保值增值为目的的经济组织。旅游企业管理的最终目标就是赢利。旅游企业财务管理的目标离不开旅游企业的总目标，并受财务管理本身特点的制约。

一、旅游企业财务管理目标

旅游企业财务管理是旅游企业管理的一部分，是有关资金的获得和有效使用的管理工作。旅游企业财务管理的目标取决于旅游企业的总目标。

（一）旅游企业的目标及其对财务管理的要求

旅游企业也是实现自主经营、自负盈亏、自我约束、自主发展的经济组织。它的生存与发展也必须以获得利润为基础。因此，赢利是旅游企业的最终目标。旅游企业一旦成立，就会面临竞争，并且始终处于生存与倒闭、发展与萎缩的矛盾之中。旅游企业必须获利，才能生存并不断发展。因此，旅游企业管理的目标为生存、发展和获利。

1．生存。

旅游企业生存的“土壤”是市场。一方面，旅游企业付出货币从市场上获取资源；另一方面，旅游企业必须向市场提供商品或劳务换回货币。由此可见，旅游企业在市场中生存的基本条件是：以收抵支。否则，旅游企业将萎缩。如果旅游企业长期亏损，扭亏无望，最终会被市场淘汰。

旅游企业生存的另一个基本条件是到期偿债。旅游企业为了扩大业务规模或满足经营周转的临时需要，可以对外借债。国家为了维持市场经济秩序，从法律上保证债权人的利益，要求企业到期必须偿还债务。否则，就可能被债权人接管或被法院判定破产。

由此可见，旅游企业生存的威胁主要来自两个方面：一是长期亏损，它是旅游企业终止的根本原因；另一个是不能偿还到期债务，它是旅游企业终止的直接原因。亏损旅游企业为维持营运被迫进行偿债性融资，借新债还旧债，如不能扭亏为盈，迟早会借不到钱而无法周转，从而不能偿还到期债务。赢利旅游企业也可能出现“无力支付”的情况，主要是借款扩大业务规模，冒险失败，为偿债必须出售不可缺少的厂房和设备，使生产经营无法继续下去。

2．发展。

旅游企业是在发展中求得生存的。在科技不断进步的今天，产品不断更新换代，旅游企业必须不断推出更好、更新、更受顾客欢迎的产品或服务，才能在市场经济中立足。在竞争激烈的市场上,各个企业此消彼长、优胜劣汰。一个企业如不能发展，不能提高产品和服务的质量，不能扩大自己的市场份额，就会被其他企业排挤出去。

旅游企业的发展集中表现在扩大收入。扩大收入的根本途径是提高产品或服务的质量，扩大销售的数量，这就要求不断提高旅游从业人员的素质，并改进技术和管理。在市场经济中，各种资源的取得都需要付出货币。旅游企业的发展离不开资金。

3．获利。

旅游企业必须能够获利，才有存在的价值。建立旅游企业的目的是盈利。已经建立起来的旅游企业，虽然有改善职工收入、改善劳动条件、扩大市场份额、提高产品质量、减少环境污染等多种目标，但是，盈利是具综合能力的目标。盈利不但体现了企业的出发点和归宿，而且可以概括其他目标的实现程度，并有助于其他目标的实现。

从财务上看，盈利就是使资产获得超过其投资的回报。在市场经济中，资金都有其成本。每项资产都是投资，都应当是生产性的，要从中获得回报。

为了实现旅游企业的生存、发展和获利的目标，旅游企业的财务管理就必须力求保持以收抵支和偿还到期债务，减少破产的风险，使旅游企业能够长期、稳定地生存下去；并要筹集旅游企业发展所需的资金和通过合理有效使用资金使旅游企业获利。

（二）企业财务管理的目标

企业财务管理的目标，有以下三种观点。

1．利润最大化。这种观点认为，利润代表了企业新创造的财富，利润越多则企业财富增加得越多，越接近企业的目标。

利润最大化观点的缺陷是：没有考虑利润的取得时间；没有考虑到利润与投入资本额的关系；没有考虑获取利润与所承担风险的大小。

利润最大化观点容易导致企业为追求短期的最大利润而忽视长远的发展，忽视对风险的控制，忽视效率的提高。

2. 每股盈余最大化。每股盈余最大化即每股收益最大化，每股收益是净利与发行在外普通股股数的比率，这种观点认为，企业实现的净利要同企业的投入进行对比。

每股盈余最大化观点的缺陷是：仍然没有考虑每股盈余的时间价值；也没有考虑风险因素。

3. 股东财富最大化。这种观点认为，股东财富最大化即企业价值最大化。

对于上市公司，股东财富由其所拥有的股票市场价值来决定。所以，股东财富最大化，又演变为股票价格最大化。在运行良好的资本市场里，股东财富最大化目标可以理解为最大限度地提高现在的股票价格。旅游企业财务管理的最佳目标就是使每股股票的目前价值最大化。

股东财富最大化观点的优点是：考虑了货币的时间价值和投资的风险价值，有利于选择投资方案，统筹安排长短期规划、有效筹集资金、合理制定股利政策因素；反映了资产保值增值的要求，股东财富越多，企业资产的市场价值越大；有利于克服管理上的片面性和短期行为；有利于社会资源合理配置，社会资本通常流向企业价值最大化或股东财富最大化的企业或公司，从而实现社会效益最大化。

股东财富最大化观点的缺陷是：只重视股东的利益，而对旅游企业其他关系人重视不够；股票价格受多因素的影响，并非企业所能控制；对于非上市公司只有对企业进行专门评估才能真正确定其价值。而在评估这些企业的资产时，由于受评估标准和评估方式的影响，不易做到客观、准确，也导致企业价值确定困难；对上市公司较为适用。

尽管股东财富最大化观点存在上述缺点，但如果一个国家的证券市场高度发达，市场效率极高，上市公司可以把股东财富最大化作为企业财务管理的最佳目标。

二、影响实现财务管理目标的因素

财务管理的目标是企业的价值或股东财富最大化，股票的价格代表了股东财富，因此，股价高低反映了财务管理目标的实现程度。

从企业管理当局可控因素看，股价的高低取决于企业的报酬率和风险，而报酬率和风险又是由企业的投资项目、资本结构和股利政策决定的。因此，这五个因素影响企业的价值。财务管理正是通过投资决策、筹资决策和股利决策来提高报酬率、降低风险，实现其目标。

（一）投资报酬率

在风险相同的情况下，提高投资报酬率可以增加股东财富。

企业的盈利总额不能反映股东财富。股东财富大小要看投资报酬率，而不是盈利额。

（二）风险

任何决策都是面向未来的，并且会有或多或少的风险。决策时需要权衡风险和报酬，才能获得较好的结果。

（三）投资项目

投资项目是决定企业报酬率和风险的首要因素。一般来说，被企业采纳的投资项目，都会增加企业的报酬，否则企业就没有必要为它投资。与此同时，任何项目都有风险，区别只在于风险大小不同。因此，企业的投资计划会改变其报酬率和风险，并影响股票价格。

（四）资本结构

资本结构，主要是指所有者权益与负债的比例关系。资本结构会影响企业的报酬率和风险。一般情况下，企业借债的利息率低于其投资的预期报酬率，可以通过借债取得短期资金而提高企业的预期每股盈余，但也会同时扩大预期每股盈余的风险。

（五）股利政策

股利政策，是指企业获得的当期盈余中，有多少作为股利发放给股东，有多少保留下来准备再投资用，以便使未来的盈余源泉可进行下去。股利政策也是影响企业报酬率和风险的重要因素。股东既希望分红，又希望每股盈余在未来不断增长。两者有矛盾，前者是当前利益，后者是长远利益。加大保留盈余，会提高未来报酬率，但再投资的风险比立即分红要大。因此，股利政策会影响企业的报酬率和风险。

三、不同利益主体财务目标的矛盾与协调

股东和债权人都为企业提供了财务资源，但是他们处在企业之外，只有经营者即管理当局在企业里直接从事财务管理工作。股东、经营者与债权人之间构成了企业最重要的财务关系。企业是所有者即股东的企业，财务管理的目标是指股东的目标。股东委托经营者代表他们管理企业，为实现他们的目标而努力，但经营者与股东的目标并不完全一致。债权人把资金借给企业，并不是为了“股东财富最大化”，与股东的目标也不一致。企业必须协调这三方面的矛盾，才能实现“股东财富最大化”的目标。

（一）股东和经营者

1．股东和经营者的目标。

在股东和经营者分离以后，股东的目标是使企业财富最大化，千方百计要求经营者以最大的努力去完成这个目标。经营者也是最大合理效用的追求者，其目标与委托人不一致，他们的目标如下。

（1）增加报酬。包括物质和非物质的报酬，如工资、奖金、提高荣誉和社会地位等。

（2）增加闲暇时间。包括较少的工作时间、工作时间里较多的空闲和有效工作时间中较小的劳动强度等。

这两个目标之间有矛盾，增加闲暇时间可能减少当前或未来的报酬，努力增加报酬会牺牲闲暇时间。

（3）避免风险。经营者努力工作可能得不到应有的报酬，他们的行为与结果之间有不确定性，经营者总是力图避免这种风险，希望付出一份劳动便得到一份报酬。

2．经营者对股东目标的背离。

经营者的目标和股东不完全一致，经营者有可能为了自身的目标而背离股东的利益。这种背离表现在以下两个方面。

（1）道德风险。经营者为了自己的目标，不是尽最大努力去实现企业财务管理的目标。他们没有必要为提高股价而冒险，股价上涨的好处将归于股东。因此，经营者不做什么错事，只是不十分卖力，以增加自己的闲暇时间。这样做，不构成法律和行政责任问题，仅是道德问题，股东很难追究他们的责任。

（2）逆向选择。经营者为了自己的目标而背离股东的目标。例如，装修豪华的办公室、购买高档汽车等；借口工作需要乱花股东的钱；或者蓄意压低股票价格，然后以自己的名义借款买回，导致股东财富受损，自己从中渔利。

3．防止经营者背离股东目标的方法。

（1）监督。经营者背离所有者的目标，其条件是双方的信息不一致，主要是经营者了解的信息比股东多。避免“道德风险”和“逆向选择”的途径是使股东获取更多的信息，对经营者进行监督。在经营者背离所有者目标时，减少各种形式的报酬，甚至解雇他们。

然而，全面监督实际上是行不通的。股东是分散的或者远离经营者，得不到充分的信息；经营者比股东有更大的管理优势，比股东更清楚什么是对企业更有利的行动方案；全面监督经营者的管理行为的代价很可能超过它所带来的收益。因此，股东支付审计费请注册会计师，往往仅审计财务会计报表，而不要求全面审查所有管理行为人。股东对于情况的了解和对经营者的监督总是必要的，但又受到合理成本的限制，不可能事事都监督。因此，监督可以减少经营者违背股东意愿的行为，但不能解决全部问题。

（2）激励。防止经营者背离股东利益的另一个办法是采用激励报酬计划，使经营者分享企业增加的财富，鼓励他们采取符合企业最大利益的行动。例如，企业赢利率提高或股票价格提高后，给经营者以现金、股票奖励。支付报酬的方式和数量大小，有多种选择。报酬过低，不足以激励经营者，股东不能获得最大利益；报酬过高，股东付出的激励成本过大，也不能实现自己的最大利益。因此，激励可以减少经营者违背股东意愿的行为，但也不能解决全部问题。

通常，股东同时采取监督和激励两种办法来协调自己和经营者的目标。尽管如此仍不可能使经营者完全按股东的意愿行动，他们可能仍然采取一些对自己有利而不符合股东最大利益的决策，并由此给股东带来一定的损失。监督成本、激励成本和偏离股东目标的损失之间此消彼长，相互制约。股东要权衡轻重，力求找出能使三项之和最小的解决办法，它就是最佳的解决办法。

（二）股东和债权人

当企业向债权人借入资金后，两者形成委托代理关系。债权人把资金交给企业，其目标是到期收回本金，并获得约定的利息收入；企业借款的目的是用它扩大经营，投入有风险的生产经营项目，两者的目标并不一致。

债权人事先知道借出资金是有风险的，并把这种风险的相应报酬纳入利率。通常要考虑的因素包括：企业现有资产的风险、预计新添资产的风险、企业现有的负债比率、预期企业未来的资本结构等。

但是，借款合同一旦成为事实，资金到了企业，债权人就失去了控制权。股东可以通过经营者为自身利益而伤害债权人的利益，常见的方式如下。

1．股东不经债权人的同意，投资于比债权人预期风险要高的新项目。如果高风险的计划侥幸成功，超额的利润归股东独吞；如果计划不幸失败，企业无力偿债，债权人与股东将共同承担由此造成的损失。尽管破产法律规定，债权人先于股东分配破产财产，但多数情况下，破产财产不足以偿债。所以，对债权人来说，超额利润通常拿不到，发生损失却有可能要分担。

2. 股东为了提高企业的利润，不征得债权人的同意而迫使管理当局发行新债，致使旧债券的价值下降，使旧债权人蒙受损失。旧债券价值下降的原因是发行新债后企业负债比率加大，企业破产的可能性增加，如果企业破产，旧债权人和新债权人要共同分配破产后的财产，使旧债券的风险增加，其价值下降。尤其是不能转让的债券或其他借款，债权人没有出售债权来摆脱困境的出路，处境更加不利。

债权人为了防止其利益被侵害，除了寻求立法保护，如破产时优先接管、优先于股东分配剩余财产等外，通常采取的措施如下。

1. 在借款合同中加入限制性条款，例如规定资金的用途、规定不得发行新债或限制发行新债的数额等。

2. 发现企业有剥夺其财产意图时，拒绝进一步提供新的借款或提前收回借款。

（三）企业目标与社会责任

企业目标和社会目标在许多方面是一致的。企业在追求自己的目标时，自然会使社会受益。例如，企业为了生存，必须要生产出符合顾客需要的产品，满足社会的需求；企业为了发展，要扩大规模，自然会增加职工人数，解决社会的就业问题；企业为了获利，必须提高劳动生产率，改进产品质量，改善服务，从而提高社会生产效率和公众的生活质量。

企业目标和社会目标也有不一致的地方。例如，企业为了获利，可能生产伪劣产品、可能不顾工人的健康和利益、可能造成环境污染、可能损害其他企业的利益等。

股东只是社会的一部分人，他们在谋求自己利益的同时，不应当损害他人的利益。国家要保证所有公民的正当权益。为此，政府颁布了一系列保护公众利益的法律，例如《公司法》、《反暴利法》、《防止不正当竞争法》、《环境保护法》、《合同法》、《保护消费者权益法》和有关产品质量的法规等，通过这些法律调节股东和社会公众的利益。

一般来说，只要遵守这些法规，企业在谋求自己利益的同时就可以保障公众利益。但是，法律不可能解决所有问题，况且目前我国法制尚不够健全，企业有可能在合法的情况下从事不利于社会的事情。因此，企业还要受到商业道德的约束，要接受政府有关部门的行政监督，以及社会公众的舆论监督，进一步协调企业和社会的矛盾。

第三节　旅游企业财务管理的原则

旅游企业财务管理的原则，也称旅游企业理财原则，是指人们对旅游企业财务活动的共同的、理性的认识。它是联系理论与实际的纽带。财务管理理论是从科学角度对财务管理实务进行研究的成果，通常包括假设、概念、原理和原则等。财务管理实务是指人们在财务管理工作中使用的原则、程序和方法。旅游企业财务管理原则是旅游企业财务管理理论和实务的结合部分，具有以下特征。

1. 旅游企业财务管理原则是财务假设、概念和原理的推论。它们是经过论证的、合乎逻辑的结论，具有理性认识的特征。

2. 旅游企业财务管理原则必须符合事实，被现实反复证明并被多数人接受，具有共同认识的特征。

3. 旅游企业财务管理原则是财务交易和财务决策的基础。财务管理实务是应用性的，“应用”是指理财原则的应用。各种财务管理程序和方法，是根据理财原则建立的。

4. 旅游企业财务管理原则为解决新的问题提供指导。已经开发出来的、被广泛应用的程序和方法，只能解决常规问题，当问题不符合任何既定程序和方法时，原则为解决新问题提供感性认识，指导人们寻找解决问题的方法。

一、竞争环境下的原则

有关竞争环境的原则，是对资本市场中人的行为规律的基本认识。

（一）自利行为原则

1. 自利行为原则，是指人们在进行决策时按照自己的财务利益行事，在其他条件相同的条件下人们会选择对自己经济利益最大的行动。

2. 自利行为原则的依据是：理性的经济人假设。该假设认为，人对企业目标具有合理的认识程度，并且对如何达到目标具有合理的理解。在这种假设下，企业会采取对自己最有利的行动。自利原则并不认为钱是任何人生活中最重要的东西，或者说钱可以代表一切。问题在于商业交易的目的是获利，在从事商业交易时人们总是为了自身的利益做出选择和决定。否则，他们就不必从事商业交易。自利行为原则也并不认为钱以外的东西都是不重要的，而是说在“其他条件都相同时”，所有财务交易集团都会选择使自己经济利益最大化的行动。

3. 自利行为原则的应用。自利行为原则的应用主要在两个方面，即：委托-代理理论和机会成本的概念。

（1）委托-代理理论。该理论把企业看成是各种自利的人的集合。如果企业只有业主一个人，他的行为将十分明确和统一。如果企业是一个大型公司，情况就变得非常复杂，因为这些关系人之间存在利益冲突。一个公司涉及的利益关系人包括普通股东、优先股东、债券持有者、银行、短期债权人、政府、公众、供应商、社区等。这些人或集团，都是按自利原则行事的。企业与各种利益关系人之间的关系，大部分属于委托代理关系。这种相互依赖又相互冲突的利益关系，需要通过“契约”来协调。因此，委托代理理论是以自利行为原则为基础的。有人主张，把“委托代理关系”单独作为一条理财原则，可见其重要性。

（2）机会成本的概念。当一个人采取某个行动时，就等于取消了其他可能的行动，因此他必然要用这个行动与其他的可能行动相比，看该行动是否对自己最有利。采用一个方案而放弃另一个方案时，被放弃方案的最大净收益是被采用方案的机会成本，也称择机代价。尽管人们对机会成本或机会损失的概念有分歧，他们的计算也经常会遇到困难，但是人们都不否认机会成本是一个在决策时不能不考虑的重要问题。

（二）双方交易原则

1. 双方交易原则。双方交易原则是指每一项交易都至少存在两方，当一方根据自己的经济利益决策时，另一方也会按照自己的经济利益行动，并且双方一样聪明、勤奋和富有创造力，因此在决策时要正确预见对方的反应。

2．双方交易原则的建立依据：商业交易至少有两方，交易是“零和博弈”。在零和博弈中，双方都按自利原则行事，谁都想获利而不是吃亏。那么，为什么还会成交呢？这与事实上人们的信息不对称有关。买卖双方由于信息不对称，因而对商品产生不同的预期，导致了商品买卖，高估价值的人买进，低估价值的人卖出，直到市场价格达到他们一致的预期时交易停止。如果任何一方都不认为对自己有利，交易就无法达成。因此，在决策时不仅要考虑自利原则，还要使对方有利，否则交易就无法实现。除非对方不自利或者很愚蠢，不知道自己的利益是什么，然而，这样估计商业竞争对手本身就是不明智的。

3．需要注意的两点。

（1）双方交易原则要求在理解财务交易时不能“以我为中心”，在谋求自身利益的同时要注意对方的存在，以及对方也在遵循自利原则行事。这条原则要求我们不要总是“自以为是”，错误地认为自己优于对手。例如，收购公司的经理经常声称他们可以更好地管理目标公司，从而提高它的价值，因此应出高价购进目标公司。实际上，他们不仅低估了目标公司管理者的能力，更重要的是他们低估了市场的评价能力。这些人以为自己比市场高明，发现了被市场低估的公司。但实际经验表明，一家公司决定收购另一家公司的时候，多数情况下收购公司的股价不是提高而是降低了，这说明收购公司的出价过高，减低了本公司的价值。

（2）双方交易原则还要求在理解财务交易时要注意税收的影响。由于税收的存在，主要是利息的税前扣除，使得一些交易表现为“非零和博弈”。政府是不请自来的交易第三方，凡是交易政府都要从中收取税金。减少政府的税收，交易双方都可以受益，避税就是双方寻求减少政府税收的合法交易形式。避税的结果使交易双方受益，但其他纳税人会承担更大的税收份额，从更大范围来看并没有改变“零和博弈”的性质。有的人主张，把“税收影响决策”单独作为一条理财原则，因为税收会影响所有的交易。

（三）信号传递原则

信号传递原则是指行动可以传递信息，并且比公司的声明更有说服力。信号传递原则是自利原则的延伸。由于人们或公司是遵循自利原则的，所以一项资产的买进能暗示出该资产“物有所值”，买进的行为提供了有关决策者对未来的预期或计划的信息。例如，一个公司决定进入一个新领域，反映出管理者对自己公司的实力以及新领域的未来前景充满信心。

利用信号传递原则的几点要求。

（1）信号传递原则要求根据公司的行为判断它未来的收益状况。例如，一个经常用配股的办法向股东要钱的公司，很可能自身产生现金能力较差；一个大量购买国库券的公司，很可能缺少净现值为正数的投资机会；内部持股人出售股份，常是公司赢利能力恶化的重要信号。例如，安然公司在破产前财务报告的利润一直不断上升，但是其内部人士在1年前就开始陆续抛售股票，却没有任何内部人士购进安然股票的记录（在美国，上市公司的董事、高级经理人员和持股10%以上的股东，在买卖本公司股票时，必须向证监会申报，并且会被证监会在其网站上公告，使得内部人士的交易成为公开信息）。这一行动表明，安然公司的管理层知道公司遇到了麻烦。特别是在公司的宣告（包括它的财务会计报表）与其行动不一致时，行动通常比语言更具说服力。这就是通常所说的要“听其言，观其行”。

（2）信号传递原则还要求公司在决策时不仅要考虑行动方案本身，还要考虑该项行动可能给人们传达的信息。在高度发达的市场上每个人都在利用他人交易的信息，自己交易的信息也会被别人所利用，因此应该考虑交易的信息效应。例如，当把一件商品的价格降至难以置信的程度时，人们就会认为它的质量不好，它本来就不值钱。又例如，一个会计师事务所从简陋办公室迁入豪华的写字楼，会向客户传达收费高、服务质量高、值得信赖的信息。在决定降价或迁址时，不仅要考虑决策本身的收益和成本，还要考虑信息效应的收益和成本。

（四）引导原则

引导原则是指当所有办法都失败时，寻找一个可以信赖的榜样作为自己的引导。所谓“当所有办法都失败”，是指我们的理解力存在局限性，不知道如何做对自己更有利；或者寻找最准确答案的成本过高，以至于不值得把问题完全搞清楚。在这种情况下，不要继续坚持采用正式的决策分析程序，包括收集信息、建立备选方案、采用模型评价方案等，而是直接模仿成功榜样或者大多数人的做法。例如，在一个自己从未到过的城市寻找一个就餐的饭馆，就不值得或者没时间调查每个饭馆的有关信息，你应当找一个顾客较多的饭馆去就餐，而不要去顾客很少的地方，那里不是价格很贵就是服务很差。

引导原则是行动传递信号原则的一种运用。不要把引导原则混同于“盲目模仿”。它只在两种情况下适用：一是理解存在局限性，认识能力有限，找不到最优的解决办法；二是寻找最优方案的成本过高。在这种情况下，跟随值得信任的人或者大多数人才是有利的。引导原则不会帮你找到最好的方案，却往往可以使你避免采取最差的行动。它是一个次优化准则，其最好结果是得出近似最优的结论，最差的结果是模仿了别人的错误。这一原则虽然有潜在问题，但是我们经常会遇到理解力、成本或信息受到限制的情况，因而无法找到最优方案，需要采用引导原则解决问题。

引导原则的应用主要在两个方面，即：行业标准概念和“自由跟庄”概念。

（1）行业标准概念。例如，理论不能提供最优资本结构的实用化模型，观察本行业成功的企业的资本结构，不要与它们的水平偏离太远，就成了资本结构决策的一种简便、有效的方法。再如，对一项房地产的估价，如果系统的估价法成本过高，不如观察一下近期类似房地产的成交价格

（2）“自由跟庄”概念。一个“领头人”花费资源得出一个最佳的行动方案，其他“追随者”通过模仿节约了信息处理成本。领头人资助追随者，有时领头人甚至成了“革命烈士”，而追随者却成了“成功人士”。在财务领域中并不存在这种限制。许多小股民经常跟随“庄家”或机构投资者，以节约信息成本。当然，“庄家”也会利用自由跟庄现象，进行恶意炒作，掠夺小股民。因此，各国的证券监管机构都禁止操纵股价的恶意炒作，以维持证券市场的公平性。

二、创造价值和经济效率原则

有关创造价值和经济效率的原则是对增加企业财富基本规律的认识。

（一）有价值的创意原则

有价值的创意原则是指新创意能获得额外报酬。竞争理论认为，企业的竞争优势可以分为经营奇异和成本领先两方面。经营奇异，是指企业在产品本身、销售交货、营销渠道

等客户广泛重视的方面在产业内独树一帜，任何独树一帜都来源于新的创意。创造和保持经营奇异性的企业，如果其产品溢价超过了为产品的独特性而附加的成本，它就能获得高于平均水平的利润。正是许多新产品的发明，使得发明人和生产企业变得非常富有。

有价值的创意原则的应用形式如下。

（1）直接投资项目。一个项目依靠什么取得正的净现值?它必须是一个有创意的资本预算。重复过去的投资项目或者别人的已有做法，最多只能取得平均的报酬率，维持而不是增加股东财富。新的创意迟早要被别人效仿，失去原有的优势，因此创新的优势都是暂时的。企业长期竞争优势，只有通过一系列的短期优势才能维持。只有不断创新，才能维持经营的奇异性并不断增加股东财富。

（2）经营和销售活动。例如，连锁经营方式的创意使得麦当劳的投资人变得非常富有。

（二）比较优势原则

1. 比较优势原则的概念。比较优势原则是指专长能创造价值。在市场上要想赚钱，必须发挥自己的专长。大家都想赚钱，你凭什么能赚到钱?你必须在某一方面比别人强，并依靠强项来赚钱。没有比较优势的人，很难取得超出平均水平的收入；没有比较优势的企业，很难增加股东财富。比较优势原则的依据是分工理论。让每一个人去做最适合他做的工作，让每一个企业生产最适合它生产的产品，社会的经济效率才会提高。

2. 比较优势原则的应用。

（1）“人尽其才，物尽其用”。在有效的市场中，你不必要求自己什么都能做得最好，但要知道谁能做得最好。对于某一件事情，如果有人比你自己做得更好，就支付报酬让他代你去做。同时，你去做比别人做得更好的事情，让别人给你支付报酬。如果每个人都去做能够做得最好的事情，每项工作就找到了最称职的人，就会产生经济效率。每个企业都去做自己能做到最好的事情，一个国家的效率就提高了。国际贸易的基础，就是每个国家生产它最具比较优势的产品和劳务，这样可以使每个国家都受益。

（2）优势互补。合资、合并、收购等，都是出于优势互补原则。一方有某种优势，如独特的生产技术；另一方有其他优势，如通畅的销售网络，两者结合可以使各自的优势快速融合，并形成新的优势。比较优势原则要求企业把主要精力放在自己的比较优势上，而不是日常的运行上。建立和维持自己的比较优势，是企业长期获利的根本。

（三）期权原则

1. 期权。期权是指不附带义务的权利，它是有经济价值的。

2. 期权原则，是指在估价时要考虑期权的价值。期权概念最初产生于金融期权交易，它是指所有者（期权购买人）能够要求出票人（期权出售者）履行期权合同上载明的交易，而出票人不能要求所有者去做任何事情。在财务上，一个明确的期权合约经常是指按照预先约定的价格买卖一项资产的权利。广义的期权不限于财务合约，任何不附带义务的权利都属于期权。许多资产都存在隐含的期权。例如，一个企业可以决定某个资产出售或者不出售。这种选择权是广泛存在的。一个投资项目，本来预期有正的净现值，因此被采纳并实施了，上马以后发现它并没有原来设想得那么好。此时，决策人不会让事情按原计划一直发展下去，而会决定下马或者修改方案，使损失减少到最低。这种后续的选择权是有价值的，它增加了项目的净现值。在评价项目时就应考虑到后续选择权是否存在以及它的价值有多大。有时一项资产附带的期权比该资产本身更有价值。

（四）净增效益原则

1. 净增效益原则的概念。净增效益原则是指财务决策建立在净增效益的基础上，一项决策的价值取决于它与替代方案（包括维持现状而不采取行动）相比较的结果。如果一个方案的净收益大于替代方案，我们就认为它是一个比替代方案好的决策，其价值是增加的净收益。在财务决策中净收益通常用现金流量计量，方案的净收益是指该方案现金流入减去现金流出的差额，也称为现金流量净额。方案的现金流入是指该方案引起的现金流入量的增加额，方案的现金流出是指该方案引起的现金流出量的增加额。方案引起的增加额是指依存于特定方案的现金流量，如果不采纳该方案就不会发生这些现金流入和流出。

2. 净增效益原则的应用。

（1）差额分析法。也就是在分析投资方案时只分析它们有区别的部分，而省略其相同的部分。净增效益原则初看似乎很容易理解，但实际贯彻起来需要非常清醒的头脑，需要周密地考察方案对企业现金流量总额的直接和间接影响。例如，一项新产品投产的决策引起的现金流量，不仅包括新设备投资，还包括动用企业现有非货币资源对现金流量的影响；不仅包括固定资产投资，还包括需要追加的营运资金；不仅包括新产品的销售收入，还包括对现有产品销售积极或消极的影响；不仅包括产品直接引起的现金流入和流出，还包括对公司税务负担的影响等。

（2）沉没成本概念。沉没成本是指已经发生、不会被以后的决策改变的成本。沉没成本与将要采纳的决策无关，因此在分析决策方案时应将其排除。

三、财务交易原则

有关财务交易的原则，是人们对于财务交易基本规律的认识。

（一）风险-报酬权衡原则

风险-报酬权衡原则，是指风险与报酬之间存在一个对等关系，投资人必须对报酬和风险做出权衡，为了追求较高报酬而承担较大风险，或者为了减少风险而接受较低的报酬。所谓“对等关系”，是指高收益的投资机会必然伴随高风险，风险小的投资机会必然只有较低的投资收益。

在财务交易中，当其他一切条件相同时人们倾向于高报酬和低风险。如果两个投资机会除了报酬不同外，其他条件（包括风险）都相同，人们会选报酬较高的投资机会，这是自利行为原则所决定的。如果两个投资机会除了风险不同外，其他条件（包括报酬）都相同，人们会选择风险小的投资机会，这是风险反感决定的。所谓“风险反感”是指人们普遍对风险有反感，认为风险是不利的事情。

如果人们都倾向于高报酬和低风险，而且都在按照他们自己的经济利益行事，那么竞争结果就产生了风险和报酬之间的权衡。现实的市场中只有高风险同时高报酬和低风险同时低报酬的投资机会。有的人偏好高风险、高报酬，有的偏好低风险、低报酬，但是每个人都要求风险与报酬对等，不会去冒没有价值的风险。

（二）投资分散化原则

投资分散化原则，是指不要把全部财富投资于一个项目或一个企业，而要分散投资。投资分散化原则的理论依据是：投资组合理论。即，若干种股票组成的投资组合，其收益是这些股票收益的加权平均数，但是其风险要小于这些股票的加权平均风险，所以投资组合能降低投资风险。

分散化原则具有普遍意义，不仅仅使用于证券投资，企业各项决策都应注意分散化原则。不应当把企业的全部投资集中于个别项目、个别产品和个别行业；不应把销售集中于少数客户；不应使资源供应集中于个别供应商；重要的事不要依赖一个人完成；重要的决策不要由一个人做出。凡是有风险的项目，都要贯彻分散化原则，以降低风险。

（三）资本市场有效原则

证券买卖的市场称为资本市场。

资本市场有效原则，是指在资本市场上频繁交易的金融资产的市场价格反映了所有可获得的信息，而且面对新信息完全能迅速地做出调整。

资本市场有效原则的要求如下。

（1）理财时重视市场对企业的估价。资本市场是企业的一面镜子，又是企业行为的校正器。市场对企业评价降低时，应分析企业的行为是否出了问题并设法改进，而不应设法欺骗市场。妄图欺骗市场的人，最终会被市场所抛弃。

（2）理财时慎重使用金融工具。如果资本市场是有效的，购买或出售金融工具的交易的净现值就为零。企业作为从资本市场上取得资金的一方，不要企图通过筹资获取正的净现值（增加股东财富），而是靠生产经营性投资增加股东财富。企业的生产经营性投资带来的竞争，是在少数企业之间展开的，竞争不充分，一个企业靠它的相对优势，可以在某些直接投资中取得正的净现值。资本市场与商品市场不同，其竞争程度高、交易规模大、交易费用低、资产具有同质性，使得其有效性比商品市场要高得多。所有需要资本的企业都在寻找资本成本低的资金来源，这方面大家的机会均等。在资本市场上，只获得与投资风险相称的报酬，也就是与资本成本相同的报酬，不会增加股东财富。

（四）货币时间价值原则

货币时间价值原则是指在进行财务计量时要考虑货币时间价值因素。货币时间价值是指货币随时间推移产生的增值。

货币具有时间价值的依据是：货币投入市场后其数额会随时间的延续而不断增加。

货币时间价值原则的应用如下。

（1）现值概念。由于现在的 1 元钱比将来的 1 元钱货币经济价值大，不同时间的货币价值不能直接相加减，需要进行折算。通常，要把不同时间的货币价值折算到现在时点的过程，称为“贴现”。贴现使用的百分率为“贴现率”，贴现后的价值称为“现值”。

（2）“早收晚付”观念。对于不附带利息的货币收支，与其晚收不如早收，与其早付不如晚付。货币在自己的手里，可以立即用于消费而不必等待将来消费，可以投资获利而无损于原来的价值，可以用于预料不到的支付，因此早收、晚付在经济上是有利的。

四、优化原则

在财务管理中贯彻优化原则，主要包括以下内容。

1．多方案选择问题。从多个方案中选一个或几个方案的情况，这时要根据优化原则，排除次优方案，选择最优方案。

2．最优总量的确定问题。这种情况主要是研究各种因素基本情况确定的情况下，如何确定最优总量。例如，理想现金余额、存货的经济采购批量、企业的筹资总额等的确定都要遵循优化原则。

3．最优比例关系的确定问题。在总量确定后，还要确定各因素之间的比例关系，如资本结构的确定、利润分配比例的确定等属于此类问题。

优化原则是财务管理的重要原则，财务管理的过程就是优化过程。如果不优化，管理就失去了意义。

五、利益关系协调原则

企业与各相关利益者的关系如下。

（1）企业与所有者的关系是一种投资关系，企业应保障所有者的权益，并使其权益最大化，严格按出资比例或企业合同或章程中的规定进行分配。

（2）企业与债权人的关系是一种资金结算关系，企业应遵守合同，按时还本付息。

（3）企业与债务人的关系主要是一种结算关系。企业应与债务人保持良好的合作，并及时收回债权。

（4）企业与职工的关系是一种劳动关系，企业应及时支付职工工资，并提供一定的劳保福利。

（5）企业与国家的关系是一种宏观经济管理关系，主要体现在依法理财和按《税法》及时缴纳税款。

（6）企业与内部各部门和单位的关系是一种责、权、利关系，企业应建立经济责任制，并以制定有效的内部财务管理制度来规范这种关系，做到奖惩分明。此外，企业还可能涉及一些其他关系，如在环保、社区建设等方面尽一定的社会责任，也会发生一些财务关系。

利益关系协调原则的核心是：要求现代企业要依法合理地处理好各方面的利益关系。否则，会影响各方的积极性，导致企业财务状况恶化和财务能力弱化，甚至对效益产生不利影响，引发企业破产或社会问题。

第四节　旅游企业财务管理的环境

财务管理环境，是指对企业财务活动和财务管理产生影响和作用的企业内、外部因素。财务人员只有充分考虑这些因素，并遵循市场规律，才能进行正确的理财活动。

一、企业类型与旅游企业类型

（一）企业类型

按照企业组织形式将企业划分为三类，描述如下。

独资企业。独资企业是由投资人个人出资兴办，自己直接经营，独自享有企业的全部经营所得，同时对企业债务负完全责任的企业。独资企业的局限性是规模小，筹资有限，投资人负无限责任，风险大，企业生存时间有限。

合伙企业。合伙企业是由两个或两个以上的投资人共同出资，共同经营，共同分享企业经营所得，并对企业亏损共同承担责任，合伙人都对债务负无限责任的企业。合伙企业的局限性是权力分散，决策缓慢，筹资较困难，企业生存时间有限。由于合伙人要负无限责任，风险也比较大。

公司制企业，也称公司。公司是由两个以上的投资者组成的法人实体。我国《公司法》第二条规定："本法所称公司是指依照本法在中国境内设立的有限责任公司和股份有限公司"。公司的特点是：①公司是依照《公司法》的规定设立的社会经济组织；②公司是以赢利为目的的法人团体；③公司是企业法人；④公司的所有权归股东共同所有；⑤公司最终由股东共同控制。公司按股东的责任分为：有限责任公司、股份有限公司、无限责任公司和两合公司。我国公司法规定的公司只包括有限责任公司和股份有限公司两种。

有限责任公司是指由 2 个以上，50 个以下的股东共同出资设立，股东以其认缴的出资额为限对公司债务承担有限责任，公司以其全部资产对其债务承担责任的企业法人。有限责任公司的特征为：①有限责任公司是人资两合公司；②有限责任公司实行资本金制度；③有限责任公司的股东人数有限制；④有限责任公司不能公开募股，不能发行股票；⑤有限责任公司不必向社会公开披露财务、生产、经营管理等信息。

股份有限公司是指全部资本由等额股份构成并通过发行股票筹集资本，股东以其所认购股份对公司承担责任，公司以其全部资产对公司债务承担责任的企业法人。股份有限公司的特征为：①资本划分为等额股份；②可以通过发行股票筹集资本；③股东人数不限；④股票可以自由转让，而无需经过其他股东的同意；⑤生产经营以及财务公开。

公司制企业的局限性是：设立手续繁琐，费用高；政府管制严格等。

（二）旅游企业类型

旅游企业类型有旅行社、旅游饭店、旅游车船公司三种。

旅行社。我国《旅行社管理条例》规定："旅行社是指以盈利为目的，从事旅游业务的企业"。其中的旅游业务是指为旅游者代办出、入境和签证手续，招徕、接待旅游者旅游以及为旅游者安排食宿等有偿服务的经营活动。旅行社是旅游业的重要组成部分，是旅游业的三大支柱之一。

旅游饭店。旅游饭店是为旅游者提供住、食、购、娱等多方面服务的综合性企业。以酒店、饭店、宾馆、旅馆等经营形式存在。旅游饭店在旅游业中起极其重要的作用，也是旅游业的三大支柱之一。

旅游车船公司。旅游车船公司是专门从事旅游者位移活动，为旅游者提供交通服务的生产性企业，包括旅游汽车公司和游船公司。旅游车船公司在旅游业发展中具有重要地位，也是旅游业的三大支柱之一。

除了上述旅行社、旅游饭店、旅游车船公司外，旅游企业还包括旅游景区景点、旅游商品生产经营企业、旅游咨询公司等企业类型。

二、现代企业制度

（一）现代企业制度的含义

现代企业制度是指以完善的企业法人制度为基础，以有限责任制度为保证，以公司企业为主要形式，以“产权清晰、权责明确、政企分开、管理科学”为条件的新型企业制度，其主要内容包括：企业法人制度、企业自负盈亏制度、出资者有限责任制度、科学的领导体制与组织管理制度。

（二）现代企业制度的特征

1. 现代企业制度是产权关系明晰的企业制度。企业的设立必须要有明确的出资者，必须有法定的资本金。出资者享有企业的产权，企业拥有企业法人财产权。企业除设立时有资本金外，在经营活动中借贷构成企业法人财产。但借贷行为不形成产权，也不改变原有的产权关系。产权关系明晰，是现代企业制度的一个重要特征。

2. 现代企业制度是法人权责健全的企业制度。现代企业制度的一个很重要特征就是使企业法人有权有责。出资者的财产一旦投资于企业，就成为企业法人财产，企业法人财产权也随之确立。这部分法人财产归企业运用，企业以其全部法人财产，依法自主经营，自负盈亏，照章纳税；但同时企业要对出资者负责，承担资产保值增值的责任，形成法人权责的统一。

3. 现代企业制度是有限责任的企业制度。企业的资产是企业经营的基础，出资者的投资不能抽回，只能转让。出资者以其投资比例参与企业利益的分配，并以其投资比例对企业积累所形成的新增资产拥有所有权。当企业亏损以至破产时，出资者最多以其全部投入的资产额来承担责任,即只负有限责任。

4. 现代企业制度是政企职责分开的企业制度。政府和企业的关系体现为法律关系。政府依法管理企业,企业依法经营，不受政府部门直接干预。政府调控企业主要用财政金融手段或法律手段，而不用行政干预。

5. 现代企业制度是一种组织管理科学的企业制度。科学的组织管理体制由两部分构成：

（1）科学的组织制度。现代企业制度有一套科学、完整的组织机构，它通过规范的组织制度，使企业的权力机构、监督机构、决策和执行机构之间职责明确，并形成制约关系；

（2）现代企业管理制度。包括企业的机构设置、用工制度、工资制度和财务会计制度等。

三、公司治理结构

（一）公司治理结构的含义

公司治理结构，狭义地讲是指有关公司董事会的功能、结构、股东的权利等方面的制度安排；广义地讲是指有关公司控制权和剩余索取权分配的一整套法律、文化和制度安排，这些安排决定公司的目标，谁在什么状态下实施控制，如何控制，风险和收益如何在不同企业成员之间分配等一系列问题。公司治理结构的实质是企业所有权安排的具体化。

随着公司制度的发展，所有权与经营权的进一步分离，就更需要完善法人治理结构，既要保证作为经营专家的高层经理人员放手经营，又不致失去所有者对经理人员的最终控制。

公司治理结构由股东大会、董事会、监事会和高层经理人员组成的执行机构等组成。

1. 股东大会。股东大会由全体股东组成，行使下列相应职权。

（1）有限责任公司股东大会的权力包括：决定公司的经营方针和投资计划；选举和更换董事，决定有关董事的报酬事项；选举和更换由股东代表出任的监事，决定有关监事的报酬事项；审议批准董事会的报告；审议批准监事会或者监事的报告；审议批准公司的年度财务预算方案、决算方案；审议批准公司的利润分配方案和弥补亏损方案；对公司增加或者减少注册资本作出决议；对发行公司债券作出决议；对股东向股东以外的人转让出资作出决议；对公司合并、分立、变更形式、解散和清算等事项作出决议；修改公司章程。

（2）股份公司股东大会的权力包括：决定公司的经营方针和投资计划；选举和更换董事，决定有关董事报酬的事项；选举和更换由股东代表出任的监事，决定有关监事的报酬事项；审议批准董事会的报告；审议批准监事会的报告；审议批准公司的年度财务预算方案、决算方案；审议批准公司的利润分配方案和弥补亏损方案；对公司增加或者减少注册资本作出决议；对发行公司债券作出决议；对公司合并、分立、解散和清算等事项作出决议；修改公司章程。有限责任公司和股份有限公司的股东大会除了限制股东股权转让外，其他权力相同。

股东是公司的所有者。股东在公司中通过股东大会行使自己的权利和维护自己的利益。召开股东大会的通知必须采取书面形式，并在开会前送到每个在册的有表决权的股东手里。参加股东大会的股东必须达到法定人数才能视为合法，通过的决议才能有效。

2．董事会。董事会由股东大会选出，代表全体股东的利益，负责制定或审定公司的战略性决策并检查其执行情况。董事会是公司的最高决策机构。

董事会的职权包括：负责召集股东会，并向股东会报告工作；执行股东会的决议；决定公司的经营计划和投资方案；制定公司的年度财务预算方案、决算方案；制定公司的利润分配方案和弥补亏损方案；制定公司增加或者减少注册资本的方案；拟定公司合并、分立、变更公司形式、解散的方案；决定公司内部管理机构的设置；聘任或者解聘公司经理（或总经理，以下简称经理），根据经理的提名，聘任或者解聘公司副经理、财务负责人，决定其报酬事项；制定公司的基本管理制度。

3．监事会。监事会由股东代表和适当比例的公司职工代表组成，其成员不得少于三人。股东较少和规模较小的有限责任公司，可以设 1 至 2 名监事。董事、经理、财务负责人不得兼任监事。

监事会或者监事的职权包括：检查公司财务；对董事、经理执行公司职务时违反法律、法规或者公司章程的行为进行监督；当董事和经理的行为损害公司的利益时，要求董事和经理予以纠正；提议召开临时股东会；公司章程规定的其他职权。监事列席董事会会议。

4．执行机构。公司执行机构由高层执行官员（包括总经理、副总经理、常务董事等），即高层经理人员组成。这些高层执行官员受聘于董事会，在董事会授权范围内拥有对公司事务的管理权和代理权，负责处理公司的日常经营事务。执行机构负责人，通常由总经理担任。

总经理的主要职责是：主持公司的生产经营管理工作，组织实施董事会决议；组织实施公司年度经营计划和投资方案；拟定公司内部管理机构设置方案；拟定公司的基本管理制度；制定公司的具体规章；提请聘任或者解聘公司副经理、财务负责人；聘任或者解聘除应由董事会聘任或者解聘以外的负责管理人员；公司章程和董事会授予的其他职权。经理列席董事会会议。

（二）公司治理结构中的制衡关系

在公司的法人治理结构中，股东及股东大会与董事会之间、董事会与高层执行官员之间以及与监事会之间存在着性质不同的关系。要完善公司的治理结构，就要明确划分股东大会、董事会、监事会、经理人员各自的责、权、利，从而形成它们之间的制衡关系。

1．股东大会和董事会之间的信托关系。在公司治理结构中，董事是股东的受托人，承担受托责任，受股东大会的信任委托，管理公司的法人财产和负责公司经营。这是一种信托关系，其特点在于：①一旦董事会受托经营公司，就成为公司的法定代表。股东既然将公司托付给董事会进行管理，则不再去干预公司的管理事务，也不能因商业经营原因，例如因非故意的经营失误，解聘董事。但股东可以以玩忽职守、未尽到受托责任而起诉董事，或者不再选举他们连任。不过选举不能由单个股东决定，而要取决于股东大会投票的结果。个别股东如对受托经营者的治理绩效不满意，还可以“用脚投票”，即转让股权而离去。②受托经营的董事不同于受雇经理人员，不兼任执行人员的董事（外部董事）一般不领取报酬，只领取一定的津贴或称车马费，表明不是雇佣关系，而是信托关系。③在法人股东占主导地位的情况下，大的法人股东往往派出自己的代表充当持股公司的董事。

2．董事会与公司经理人员之间的委托代理关系。董事会以经营管理知识、经验和开拓能力为标准，挑选和任命适合于本公司需要的经理人员。经理人员作为董事会的代理人，拥有管理权和代理权。前者是指经理人员对公司内部事务的管理权，后者是指经理人员在诉讼方面及诉讼之外的商务代理权。这是一种委托代理关系，其特点在于：①经理人员作为代理人，其权力受到董事会委托范围的限制，如营业方向的限制，处置公司财产的限制等。超越权限的决策和被公司章程或董事会定义为重大战略的决策，要报请董事会决定。②公司对经理人员是一种有偿委任的雇佣，经理人员有义务和责任依法经营好公司事务，董事会有权依经理人员的经营绩效进行考核，并据此对经理人员做出奖励或处罚，并可以随时解聘。

在实际经济生活中，董事会的主要职能已经从经营管理转为战略决策和监督，而作为董事会代理人的高层经理人员则拥有越来越大的权力。因此，如何加强对他们的激励和约束已成为完善现代公司治理结构的一项重要课题。

3．股东、董事会和经理人员之间的相互制衡关系。公司治理结构的关键在于明确划分股东、董事和经理人员各自的责、权、利，形成三者之间的制衡关系，最终保证公司制度的有效运行。

首先，股东作为所有者掌握着最终的控制权，他们可以决定董事会人选，并有推选或不推选直至起诉某位董事的权利；但是，一旦授权董事会负责对公司进行管理，股东就不能随意干预董事会的决策，股东更无权对公司经营直接进行任何形式的干预。

其次，董事会作为公司的法人代表全权负责公司经营。拥有支配公司法人财产的权利并有任命和指挥经理人员的权力；董事会必须对股东负责。股权的过分分散则容易使股东失去对董事会的控制，弱化股东与董事会之间的制衡关系，对公司的有效运营是十分不利的。

最后，经理人员受聘于董事会，作为公司的代理人统管企业日常经营事务，在董事会授权范围之内，经理人员有权决策，其他人不能随意干涉；但是，经理人员的管理权限和代理权限不能超过董事会的授权范围，经理人员经营绩效的优劣也要受到董事会的监督和评判。

4．监事会。监事或监事会成员，对董事、经理的活动进行监督，对他们的决策有权提出修改意见，并有权提议召开临时股东大会。

四、旅游企业财务管理的环境

财务管理环境是企业财务管理赖以生存的土壤和开展财务活动的舞台。旅游企业财务活动的运作是受财务管理环境制约的。旅游企业只有在各种因素的作用下实现财务活动的协调平衡，才能生存和发展。

1. 经济环境。经济是决定财务发展的重要因素之一，经济的发展给财务管理的发展带来巨大的推动力，同时，财务管理的改善反过来也影响着经济的发展。经济环境一般包括经济周期、经济发展水平、经济政策和市场竞争程度等。

（1）经济周期。在市场经济条件下，经济发展与运行带有一定的波动性。这种波动性表现为复苏、繁荣、衰退和萧条几个阶段，并循环往复。在复苏期，企业一般会增加厂房、建立存货、购入新产品、增加劳动力、实行长期租赁等；在繁荣期，企业一般会扩充厂房设备、继续建立存货、提高价格、扩大营销规模、增加劳动力；在衰退期，企业一般会停止扩张、出售多余设备、停产不利产品、停止长期采购、削减存货、停止雇员；在萧条期，企业一般会建立投资标准、保持市场份额、缩减管理费用、放弃次要利益、削减存货、裁减雇员。

我国的经济发展与运行也呈现其特有的周期特征，带有一定的经济波动。经济周期表现为从投资膨胀、生产高涨到控制投资、紧缩银根的发展过程。企业的筹资、投资和资产运营等理财活动都要受到这种经济波动的影响。比如在紧缩时期，社会资金十分短缺，利率上涨，会使企业的筹资非常困难，甚至影响到企业的正常生产经营活动。相应地，企业的投资方向会因市场利率的上涨而转向本币存款或贷款。此外，由于国际经济交流与合作的发展，西方的经济周期影响也不同程度地影响到我国。因此，企业财务人员必须认识到经济周期的影响，掌握在经济发展波动中理财的本领。

（2）经济发展状况。国民经济的飞速发展，给企业扩大规模、调整方向、打开市场，以及拓宽财务活动的领域带来了机遇。同时，在高速发展中资金紧张将是长期存在的矛盾，这又给企业财务管理带来严峻的挑战。财务管理应当以宏观经济发展目标为导向，以企业经营目标和经营战略为依据，制定科学合理的财务管理策略，以保证企业资金运动的顺畅、安全和效率。此外，经济的发展也促进了财务理论的丰富、财务职能的发挥、财务人员素质的提高和财务技术的更新。

（3）经济政策。财税体制、金融体制、外汇体制、外贸体制、计划体制、价格体制、投资体制、社会保障制度等经济政策，都会深刻地影响着我国的经济生活，也深刻地影响着我国企业的发展和财务活动的运行。例如，金融政策中的货币发行量、信贷规模都将影响企业的资金结构和投资项目的选择；价格政策将影响资金的投向和投资的回收期及预期收益。这就要求企业财务人员必须充分理解和准确把握经济政策，更好地为企业的经营理财活动服务。

（4）市场竞争程度。在市场经济中，企业财务管理不仅置身于一定的经济体制和经济结构中，而且是处在一个充满竞争的经济系统中。竞争广泛存在于市场经济，是经济系统得以运行的动力。这种动力推动市场的运行发展，并在各市场参与主体的微观行为中得以表现，任何企业都不可回避。

构成竞争的要素主要是：①参与市场交易的生产和消费者的数量；②参与市场交易的商品和劳务的差异程度。从总体上讲，参与交易的生产者和消费者的数量越多，竞争越强，反之，竞争程度越弱；参与交易的商品和劳务的差异程度越小，竞争程度越强，反之，竞争程度越弱。不过，现代市场经济的竞争不仅最终体现为产品和劳务的竞争，而且还扩展到了人才的竞争、技术的竞争、资金的竞争和信息的竞争。

对各个企业而言，竞争能促使企业用更先进的设备和工艺来生产更优质的产品，对经济的发展起到推动作用。但对企业来说，竞争既是机遇，也是挑战。企业为了改善竞争地位往往需要大规模投资，投资成功的企业则盈利增加，但若投资失败则竞争地位更为不利。所以，面对不同程度的竞争，同一类型的企业也会采取不同的财务管理策略。

2. 财税环境。财税环境是指财政政策和税收政策的变动对企业财务管理的影响和制约关系。财政政策是国家调节宏观经济的重要手段之一，国家财政一方面以税收和上缴利润形式将企业利润的相当份额予以征收；另一方面又以财政支出的形式，如公共支出、投资支出、补贴支出等形式将财政收入加以分配。国家的财政状况及其与之相应的财政政策，对于企业资金供应和税收负担以至企业收入都有着重要的影响。因此，企业的财务管理应当适应这种政策导向，从而合理组织财务活动。

财政政策对企业财务管理形成以下影响。

（1）国家采取紧缩的财政政策时，会使企业纯收入留归企业的部分减少，企业现金流出增加，这样必然加深企业资金紧缺程度。与此相对应，企业应控制投资规模，增收节支，积极寻求新的资金来源渠道，以适当增加利润留存比例。

（2）国家采取扩张的财政政策时，会使企业纯收入留存部分增加、企业现金流入增加，这样必然使企业资金出现盈余。与此相对应，企业应积极寻求新的投资领域，扩大投资规模，减少对外筹资数量，适当增加派利比例。

税收政策对企业财务管理形成以下影响。

（1）差别税制的影响。由于对不同组织形式的企业，国家采用不同的税收政策，因此对投资者来说，采取不同的组织形式其经营要受税收制度的影响。如股份制企业股东的收益要双重征税，而独资或合伙企业只对业主个人计征所得税，对企业不征收所得税。所以，选择适当的组织形式是投资者从事投资时需要考虑的因素之一。

（2）税收政策对企业的筹资决策的影响。企业筹集资金的渠道主要有两类，一类是权益式筹资，如通过发行股票筹集资金；一类是负债筹资，如通过发行债券获取所需资金。税收制度对这两类筹资所发生的筹资成本采取不同的处理方法。对负债筹资所产生的利息费用一般可以在所得税前支付；而对权益筹资所产生的股息只能作为税后利润支付。因此，从税收对筹资成本的影响来看，企业必须在负债筹资和权益筹资之间作出权衡，以获取成本尽可能低的资金。

（3）税收政策对企业投资决策的影响。当企业有剩余资金时，要考虑如何将这部分资金进行投资以获取更大利益。企业可以购买其他公司的企业的股票以获取股息收益，也可以将资金借给其他资金需求者获取利息收入。

由于税收制度规定企业获取的其他企业以股息形式分配的税后利润在计算本企业应纳税所得额时，可予以调整，而企业购买国债获取的利息收入则不计入应纳税所得额，因此，企业在做投资决策时应对这些税收政策有所考虑。

（4）税收制度中对流转环节的规定会使企业纳税地点发生变化，从而影响企业资金流转。这对企业的采购、生产、销售决策都将产生影响。

3．金融环境。金融环境包括金融机构、金融工具、金融交易所、金融市场的因素。企业资金的取得，除了自有资金外，主要从金融机构和金融市场取得。金融政策的变化必然影响企业的筹资、投资和资产运营活动。所以，金融环境是企业财务管理最为主导的环境因素。

金融市场是政府进行金融宏观控制的对象。金融市场按对象分为外汇市场、资金市场和黄金市场三类，其中资金市场又可分为货币市场和资本市场两类。货币市场是解决企业短期融资即一年以内资金需要的拆借市场，其业务对象主要是短期证券，它变现能力强、期限短，又称短期资金市场；资本市场是解决企业固定资产投资等期限在一年以上资金的市场，其对象主要是长期证券，如股票、债券、抵押契约等。资本市场期限较长，又称长期资金市场或中长期资金市场。大的工商业经济中心多存在金融市场，如伦敦、纽约、巴黎、法兰克福、香港等城市，它们不但是本国或本地区的金融市场，同时也发展为重要的国际金融市场。

金融市场的主要作用是将社会上各企业、个人的闲散资金汇聚起来，通过一定条件有偿转让给缺乏资金的企业或个人。由于资金是企业进行生产经营的必要条件，除了主权资本以外，企业所需的资金主要通过金融机构和市场取得，因此，金融市场对企业财务管理的影响主要表现在筹资方面。企业必须选择合适的金融工具作为资金交易的工具，以相对降低风险和资金成本，同时应选择适合自身情况的交易场所，以相对节省交易费用。

财务管理人员必须熟悉金融市场的各种类型和管理规则，有效的利用金融市场来组织资金的供应和进行资本投资等活动。

4．法律环境。财务管理的法律环境是指企业和外部发生经济关系时所应遵守的各种法律、法规和规章。企业在其经营活动中，要和国家、其他企业或社会组织、企业职工或其他公民，及国外的经济组织或个人发生经济关系。国家管理这些经济活动和经济关系的手段包括行政手段、经济手段和法律手段三种。在经济改革中，行政手段逐步减少，而经济手段和法律手段日益增多，把越来越多的经济关系和经济活动的准则用法律的形式固定下来。同时，众多的经济手段和必要的行政手段的使用，也必须逐步做到有法可依，从而转化为法律手段的具体形式，真正实现国民经济管理的法制化。由此可见法律环境对企业来说是非常重要的。法律对企业来说是一把双刃剑，它一方面为企业经营提供了有限制的空间，另一方面也为企业在相应空间内自由经营提供了法律上的保护。社会主义市场经济条件下的企业生产经营，离不开法律环境对企业的影响。

整体上说，法律环境对财务管理的影响和制约主要表现在以下方面。

（1）在筹资活动中，国家通过法律规定了筹资的最低规模和结构，规定了筹资的前提条件和基本程序。

（2）在投资活动中，国家通过法律规定了投资的基本前提，投资的基本程序和应履行的手续。

（3）在分配活动中，国家通过法律规定了企业分配的类型和结构、分配的方式和程序、分配过程中应履行的手续以及分配的数量。

（4）在生产经营活动中，国家规定的各项法律也会引起财务安排的变动。

第五节　复 习 题

【思考题】

1．什么是旅游企业财务管理？旅游企业财务管理的内容有哪些？

2．旅游企业的目标是什么？旅游企业的目标对财务管理的要求是什么？

3．旅游企业财务管理的环境主要包括那些内容？这些环境是否会改变？

4．为什么说经济环境是影响旅游企业财务管理的重要因素？

5．金融市场的发达程度如何影响旅游企业的财务管理？

第二章　财务估价

【案例导读】

产权式酒店的投资选择

由“中信国安集团”投资30亿历时13年建造的“第一城”位于河北省香河，占地3 600亩，总建筑面积40多万平方米。始建于1992年，于2001年全面投入使用。包括旅游、商业、酒店、餐饮、会议、娱乐、休闲等。其建筑以明清两代北京城为蓝本，将老北京的城廓微缩过来，内九外七的城楼、城墙均按明代京城1：1修建，设有建国门、安定门、永定门、正安门等城楼，只是将城墙长度缩短，并改为内部两层的空腹长廊，作为客房、餐厅、办公场所，其设计由当初的老一辈建筑大师为其担纲。整个建筑外观古朴典雅、气势恢宏。截至目前，“第一城”的商业、餐饮、能容纳3 000人的大型会议中心、影视拍摄以及娱乐休闲设施已全部投入使用，在售的只是部分产权式酒店。

据了解，“第一城”的产权式酒店于2003年开始销售，并提出了一种个人投资理财模式。即每份投资10万元，投资期限最低3年，最长8年，在投资期限内，投资者每年可获得6%的现金回报和2.3%的消费代金卡，现金回报每半年一返。投资期满，投资者如不选择继续投资，即可以与当初购买时同等的价比同时转售给经营公司。

（资料来源：http://www.villachina.com）

财务估价是财务决策的基础。它是指对一项资产价值的估计。资产包括生产性实物资产、金融资产等。价值是指资产的内在价值，是资产未来现金流量的现值。现值的计算涉及货币的时间价值和投资的风险价值这两个基本的价值观念。因此，本章首先阐述货币时间价值的概念及其计算方法，风险价值的含义及其衡量，然后介绍两种最为常见的金融资产——债券和股票的估价方法。

第一节　货币的时间价值

一、货币时间价值的概念

货币的时间价值（Time Value of Money），又称为资金的时间价值。是指货币投入经济活动后随时间的推移所产生的增值。

货币的所有者可能将货币直接投入到生产活动中，也可能用货币购买股票、债券等金融资产，还可能把货币借给他人使用，无论怎么选择，货币最终将被投入到某项生产经营活动中去。经过一个生产经营周期，货币周转一次，增加一定数额，即“利润”。时间价值是利润的一部分，它在量上相当于在无风险和无通货膨胀条件下的社会平均资金利润率。一般用通货膨胀率很低条件下的政府债券利率来表现货币的时间价值。

二、货币时间价值的计算

在计算货币时间价值之前，需要理解并掌握现金流量图的作用和画法。

（一）现金流量图

把不同时点的收入和支出情况在一条数轴上表示出来，就形成了现金流量图(如图2-1)。

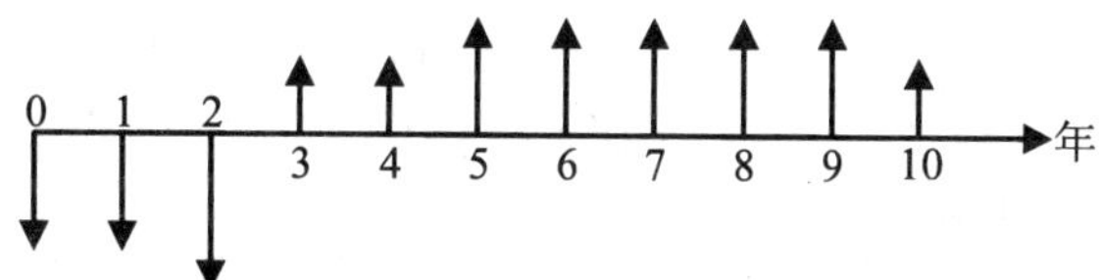

图 2-1　现金流量图

数轴上的刻度表示该时间段的末尾，同时也是下一时间段的起点。收支用带箭头的线段表示，线段的长短与收支的大小成正比。向上的箭头表示收入，向下的箭头表示支出。

通过现金流量图，各个时点收支情况清晰明了，能够保证计算快速而准确。

（二）终值（Future Value）与现值（Present Value）

终值是指现在一定量资金在未来某一时点上的价值，又称本利和。

现值是指未来某一时点上的一定量资金折算到现在的价值，又称本金。

终值与现值的计算可以选择单利计算方法，也可以选择复利计算方法。

1．单利终值与现值。

单利是指每期都按初始本金计算利息，单利终值的计算公式如下：

$$F=P(1+i\cdot n) \tag{2-1}$$

式中：F —— 终值；

P —— 现值；

i —— 利率（或称折现率，贴现率）；

n —— 计息期数。

若没有特别说明，计算中出现的利率均为年利率。

【例 2-1】　A 酒店将 10 万元借给 B 酒店用于某建设项目，利率为 10%，期限为 3 年。3 年后，A 酒店能收回多少钱？

$$F=10\times(1+10\%\times3)$$
$$=13（万元）$$

A 酒店能收回 13 万元。

由单利终值的计算公式可推导出单利现值的计算公式如下：

$$P=\frac{F}{1+i\cdot n} \tag{2-2}$$

由终值计算现值称为“折现”或“贴现”。

【例 2-2】 A 旅游公司预购买某债券，债券利率为 10%，期限为 3 年。A 旅游公司希望 3 年后取回 10 万元，现在需投入多少资金用于购买该债券？

$$P=10/(1+10\%\times3)$$
$$\approx7.69（万元）$$

现在需投入 7.69 万元用于购买该债券。

2．复利终值与现值。

复利是指每期都按上期期末本利和计算利息。

设 F_t 为第 t 期期末的本利和，按照复利计算方法，则有：

第 1 期期末的本利和为：$F_1=P\cdot(1+i)$

第 2 期期末的本利和为：$F_2=P\cdot(1+i)\cdot(1+i)=P\cdot(1+i)^2$

第 3 期期末的本利和为：$F_3=P\cdot(1+i)^2\cdot(1+i)=P\cdot(1+i)^3$

同理，第 n 期期末的本利和为：$F_n=P\cdot(1+i)^n$

因此，复利终值的计算公式如下：

$$F=P(1+i)^n \tag{2-3}$$

其中，$(1+i)^n$ 通常称作“复利终值系数”，用符号$(F/P,i,n)$表示。复利终值系数可以通过查阅附表 1（复利终值系数表）获得。该表的第一行是利率 i，第一列是计息期数 n，行与列交叉处即为$(1+i)^n$。

【例 2-3】 承例 2-1，采用复利计算方法，3 年后，A 酒店能收回多少钱？

$$F=10\times(1+10\%)^3$$
$$=10\times(F/P,10\%,3)$$
$$=10\times1.331$$
$$=13.31（万元）$$

A 酒店能收回 13.31 万元。

由复利终值的计算公式可推导出复利现值的计算公式如下：

$$P=F(1+i)^{-n} \tag{2-4}$$

其中，$(1+i)^{-n}$ 通常称作“复利现值系数”，用符号$(P/F, i, n)$表示，可以通过查阅附表 2（复利现值系数表）获得。查阅方法与“复利终值系数表”相同。

【例 2-4】 承例 2-2，采用复利计算方法，A 旅游公司现在需投入多少资金用于购买该债券？

$$P=10\times(1+10\%)^{-3}$$
$$=10\times(P/F,10\%,3)$$
$$=10\times0.751$$
$$=7.51（万元）$$

A 旅游公司现在需投入 7.51 万元用于购买该债券。

（三）普通年金（Ordinary Annuity）的终值与现值

年金是指一定时期内等额收支的系列款项，通常记作 A。

年金的形式多种多样，例如养老保险金、住房公积金、折旧、租金、等额分期偿还借款等。

按系列收支发生的时点不同，年金可以分为普通年金、即付年金、递延年金、永续年金等类型。即付年金、递延年金、永续年金等类型是在普通年金基础上的变形。因此，这里首先研究普通年金的计算，再利用普通年金的计算公式推导其他几种年金的计算公式。

1．普通年金终值。

普通年金是指从第一期起，在一定时期内每期期末等额收支的系列款项（如图 2-2）。

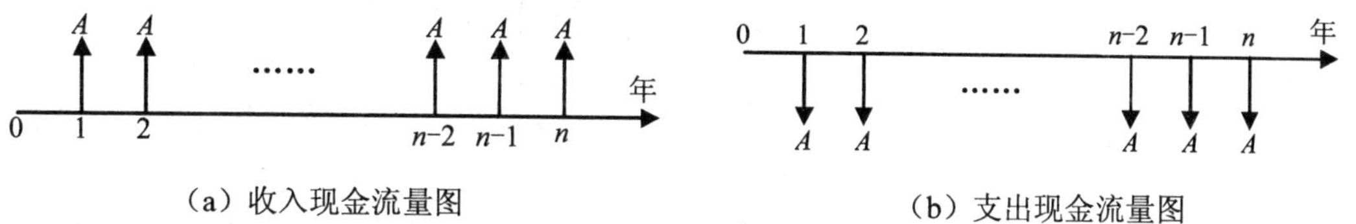

（a）收入现金流量图　　（b）支出现金流量图

图 2-2　普通年金现金流量图

为求普通年金的终值，可以将每个 A 看作现值，利用复利终值计算公式，求第 n 期期末终值，再求和。计算如下：

$$F=A\cdot(1+i)^{n-1}+A\cdot(1+i)^{n-2}+\cdots\cdots+A\cdot(1+i)^{2}+A\cdot(1+i)+A$$

利用等比数列求和公式，可得普通年金终值的计算公式如下：

$$F=A\left[\frac{(1+i)^{n}-1}{i}\right] \tag{2-5}$$

其中，分式称作“年金终值系数”，用符号$(F/A,i,n)$表示，可以通过查阅“年金终值系数表”获得。

【例 2-5】　A 旅游公司从现在起，每年年末存入银行 10 万元，银行存款利率为 5%，10 年后能有多少？

$$\begin{aligned}F&=10\times(F/A,5\%,10)\\&=10\times12.58\\&=125.8\text{（万元）}\end{aligned}$$

故　10 年后能有 125.8 万元。

与年金终值相对应的概念是偿债基金。偿债基金是指为了在未来一定时点积聚到一定数额的资金而分期等额支付的金额。

由年金终值的计算公式可推导出偿债基金的计算公式如下：

$$A=F\left[\frac{i}{(1+i)^{n}-1}\right] \tag{2-6}$$

其中，分式称作“偿债基金系数”，用符号$(A/F,i,n)$表示，等于“年金终值系数”的倒数。

【例 2-6】　B 酒店打算 3 年后偿还借款 10 万元，从现在起每年年末等额存入银行一笔款项，银行存款利率为 5%。B 酒店每年需要存入多少钱？

$$\begin{aligned}A&=10\times(A/F,5\%,3)\\&=10\times0.317\\&=3.17\text{（万元）}\end{aligned}$$

B 酒店每年需要存入 3.172 万元。

2．普通年金现值。

为求普通年金的现值，可以将每个 A 看作终值，利用复利现值计算公式，求第 1 期期初现值，再求和。

$$P=A\cdot(1+i)^{-1}+A\cdot(1+i)^{-2}+\cdots\cdots+A\cdot(1+i)^{-(n-1)}+A\cdot(1+i)^{-n}$$

等比数列求和，可得普通年金现值的计算公式如下：

$$P=A\left[\frac{1-(1+i)^{-n}}{i}\right] \tag{2-7}$$

其中，分式称作“年金现值系数”，用符号$(P/A,I,n)$表示，可以通过查阅“年金现值系数表”获得。

【例 2-7】 A 饭店租入某设备，租期为 10 年，每年年末需支付租金 2 000 元，利率为 10%，租金总额的现值是多少？

$$\begin{aligned}P&=2\,000\times(P/A,10\%,10)\\&=2\,000\times6.145\\&=12\,290\text{（元）}\end{aligned}$$

租金总额的现值是 12 290 元。

与年金现值相对应的概念是年资本回收额。年资本回收额是指在一定时期内分期等额回收初始投资的金额。

由年金现值的计算公式可推导出年资本回收额的计算公式如下：

$$A=P\left[\frac{i}{1-(1+i)^{-n}}\right] \tag{2-8}$$

其中，分式称作“资本回收系数”，用符号（$A/P,i,n$）表示，等于“年金现值系数”的倒数。

【例 2-8】 B 酒店取得借款 100 万元用于投资某项目，利率为 10%，期限为 5 年。B 酒店每年至少要收回多少资金？

$$\begin{aligned}A&=100\times(A/P,10\%,5)\\&=100\times0.264\\&=26.4\text{（万元）}\end{aligned}$$

B 酒店每年至少要收回 26.4 万元。

（四）几种特殊年金的终值与现值

1．即付年金（Annuity Due）的终值与现值。

即付年金是指从第一期起，在一定时期内每期期初等额收支的系列款项。即付年金与普通年金的区别仅在于发生的时点不同，一个是发生在每期期初，一个是发生在每期期末。如图 2-3。

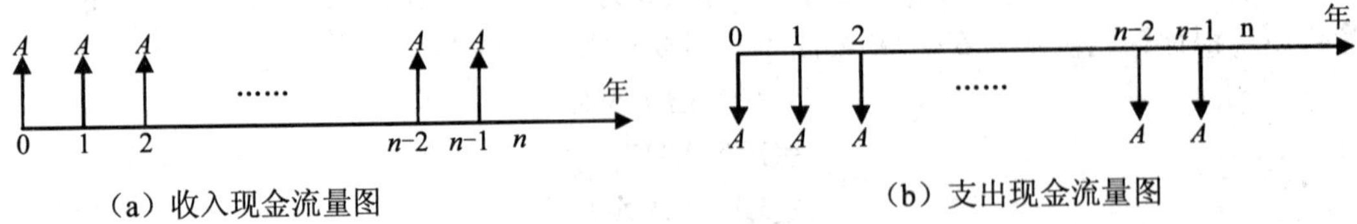

（a）收入现金流量图　　（b）支出现金流量图

图 2-3　即付年金现金流量图

为求即付年金终值的计算公式，可在第 n 期期末虚增一个 A。由普通年金终值的计算公式，此时 $F=A\cdot(F/A,i,n+1)$，然后再减去虚增 A，便得到即付年金终值的计算公式如下：

$$F=A[(F/A,i,n+1)-1] \tag{2-9}$$

【例 2-9】 承例 2-5A 旅游公司从现在起，每年年初存入银行 10 万元， 10 年后能有多少？

$$\begin{aligned}F&=10\times[(F/A,5\%,11)-1]\\&=10\times13.21\\&=132.1\text{（万元）}\end{aligned}$$

10 年后能有 132.1 万元。

为求即付年金现值的计算公式，可将第 1 期期初 A 虚减。由普通年金现值的计算公式，此时 $P=A\cdot(P/A,i,n-1)$，然后再加上虚减 A，便得到即付年金现值的计算公式如下：

$$P=A[(P/A,i,n-1)+1] \tag{2-10}$$

【例 2-10】 承例 2-7 每年年初支付租金，租金总额的现值是多少?

$$\begin{aligned}P&=2\,000\times[(P/A,10\%,9)+1]\\&=2\,000\times(5.759+1)\\&=13\,518\text{（元）}\end{aligned}$$

租金总额的现值是 13 518 元。

2．递延年金（Deferred Annuity）的终值与现值。

递延年金是指第一次收支发生在若干期（$m>1$）以后的年金。由图 2-4 可以看出，递延年金终值的计算方法与普通年金终值的计算方法相同。而递延年金现值的计算方法有多种，计算公式如下：

$$P=A(P/A,i,n)(P/F,i,m) \tag{2-11}$$

或

$$P=A(F/A,i,n)(P/F,i,m+n) \tag{2-12}$$

或

$$P=A(P/A,i,m+n)-A(P/A,i,m) \tag{2-13}$$

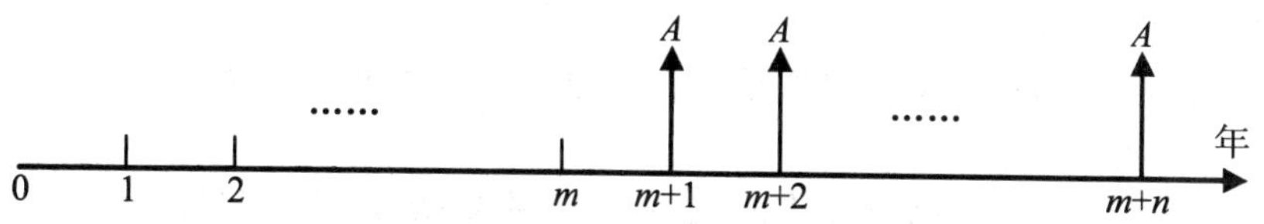

图 2-4 递延年金现金流量图

【例 2-11】 承例 2-7，从第 3 年年末开始支付租金，租金总额的现值是多少?

由题意 $m=2$，$n=8$，

$$\begin{aligned}P&=2\,000\times(P/A,10\%,8)\times(P/F,10\%,2)\\&=2\,000\times5.335\times0.826\\&=8\,813.42\text{（元）}\end{aligned}$$

租金总额的现值是 8 813.42 元。

3．永续年金（Perpetual Annuity）的现值。

永续年金是指无限期等额收支的年金，类似期限趋于无穷大的普通年金。永续年金的一个典型例子是存本取息。

由于永续年金无限期，没有终止的时间，因此没有终值，只有现值。通过普通年金现值可推导出永续年金现值的计算公式如下：

在公式（2-7）中，当$n\to\infty$时，得：

$$P=A/i \tag{2-14}$$

【例 2-12】 A 旅游集团拟建立一项永久性的基金项目，每年从基金中提取 1 万元，银行存款利率为 5%，现在应存入银行多少钱？

$$P=1/(5\%)$$
$$=20\text{（万元）}$$

现在应存入银行 20 万元。

（五）名义利率、实际利率和有效利率

在货币时间价值的计算中，通常假设按年计息，即每年计息一次。然而在实践中，常常会出现按半年、季、月或日等计息的情况。比如，某些债券按半年计息，有的抵押贷款按月计息，银行之间拆借资金按天计息。

当每年计息次数超过一次时，这时的年利率叫做名义利率，实际利率是按计息次数计算的利率。名义利率与实际利率的关系如下：

$$i=r/m \tag{2-15}$$

式中：i ——实际利率；

r ——名义利率；

m ——每年计息次数。

【例 2-13】 某项贷款月利率 5‰，分别计算按年、季计息时的名义利率和实际利率。

由月利率，求得名义利率：$r=i\cdot m=5‰\times12=6\%$

按年计息时：名义利率 $r=6\%$，实际利率 $i=6\%$

按季计息时：名义利率 $r=6\%$，实际利率 $i=6\%/4=1.5\%$

当每年计息次数超过一次时，这时的实际年利率叫做有效利率。有效利率与名义利率的关系推导如下：

假设计息年数为 n，每年计息次数为 m，已知现值 P 求终值 F。

可采取两种方法计算终值 F。

第一种方法：用实际利率求终值。此时，利率为 r/m，计息期数为 $m.n$。

$$F=P\times(1+r/m)^{m\cdot n}$$

第二种方法：用实际年利率（有效利率）求终值。此时，利率为 i'。

$$F=P\times(1+i')^{n}$$

两种方法的计算结果应相等，则有：

$$P\times(1+r/m)^{m\cdot n}=P\times(1+i')^{n}$$
$$(1+r/m)^{m}=1+i'$$

因此，有效利率与名义利率的关系式如下：

$$i'=(1+r/m)^m+1 \quad (2\text{-}16)$$

其中：i'——实际年利率（有效利率）

【例 2-14】 承例 2-13，计算有效利率。

$$i'=(1+5‰)^{12}-1$$
$$\approx 6.17\%$$

（六）利率（折现率）、计息期数

前面介绍的关于货币时间价值的计算均是已知利率（折现率）和计息期数。然而在实践活动中，有时利率（折现率）未知，有时计息期数未知，需要测算。比如，预测投资项目的利润率，预测多长时间收回初始投资或偿还借款等。

1．利率（折现率）的计算。

利率的计算可以通过前面的终值、现值、年金终值、年金现值的计算公式导出。现以普通年金现值为例，说明利率的计算方法。

已知 P、A、n，求 i。

第一步：计算 P/A，且令 $P/A=X$。

第二步：查阅"普通年金现值系数表"，若找到等于 X 的系数值，则该系数值对应的利率即为所求的 i。否则，进行第三步。

第三步：在表中寻找与 X 最接近的两个系数值，令为 X_1、X_2，且 $X_1>X>X_2$。读出 X_1、X_2 对应的利率，令为 i_1、i_2。再用线性插入法求 i，计算公式如下：

$$i=i_1+\frac{X_1-X}{X_1-X_2}\cdot(i_2-i_1) \quad (2\text{-}17)$$

【例 2-15】 A 旅游公司 10 年前投资 10 万元，10 年中每年年末收回投资 2 万元。此项投资的利润率是多少？

已知 $P=10$ 万，$A=2$ 万，$n=10$，则

$$P/A=10/2=5$$

查 n=10 的普通年金现值系数表（附表 4），没有找到恰好等于 5 的系数值，找到最接近 5 的两个系数值，分别为 $X_1=5.019$，$X_2=4.833$，相应的利率分别是 $i_1=15\%$，$i_2=16\%$。

因此，$i=15\%+[(5.019-5)\div(5.019-4.833)]\times(16\%-15\%)$
$=15.1\%$

2．计息期数的计算。

计息期数的计算方法与利率的计算方法相似。

【例 2-16】 B 酒店取得借款 100 万用于投资某项目，利率为 10%，预计该项目每年年末盈利 25 万。B 酒店多长时间能清偿借款？

已知 $P=100$ 万，$A=25$ 万，$i=10\%$，则

$$P/A=100/25=4$$

查 $i=10\%$的普通年金现值系数表，没有找到恰好等于 4 的系数值，找到最接近 4 的两个系数值，分别为 $X_1=4.355$，$X_2=3.791$，相应的期数分别是 $n_1=6$，$n_2=5$。

因此，$n=6+[(4.355-4)\div(4.355-3.791)]\times(5-6)$
$=5.37$（年）

第二节　投资的风险价值

资金投入经济活动后，在产生时间价值的同时，还会产生风险价值。这是因为，几乎所有的投资活动都存在一定的风险，只是风险的大小有所区别。因此，如何识别风险、衡量风险的大小、计算风险价值是科学确定投资收益率，进行投资决策的重要环节。

一、风险的概念与类别

风险是预期结果的不确定性。也就是说，风险可能带来超出预期的损失，也可能带来超出预期的收益。当风险存在时，投资者只能事先估计采取某种行动可能带来的结果，以及每种结果出现的可能性的大小，而行动的最后结果不能事先确定。如果采取某种行动事先确定只有一种结果出现，那么这种情况就称为无风险。风险是多种多样的，总的看来，可以分为市场风险和企业特有风险两类。

(一) 市场风险

市场风险是指那些影响所有企业的风险，如战争，自然灾害，经济衰退，通货膨胀等。这类风险涉及所有企业，不能通过多元化投资加以分散，因此又称为不可分散风险或系统风险。

(二) 企业特有风险

企业特有风险是指发生在个别企业的特有事项造成的风险，如罢工，诉讼，失去销售市场等。这类风险可以通过多元化投资来分散，因此又称为可分散风险或非系统风险。

按形成原因，企业特有风险分为经营风险和财务风险。

1. 经营风险（Business Risk）。经营风险是指因生产经营方面的原因给企业带来的风险。比如：技术革新、生产组织结构变化、新产品开发、材料价格变动等因素带来的风险。在财务管理中，常用经营杠杆系数（*DOL*）来衡量经营风险的大小。

2. 财务风险（Financial Risk）。财务风险是指由于举债而给企业带来的风险。这类风险主要表现在借入资金会对自有资金的盈利能力造成影响。当息税前资金利润率高于借入资金利息率时，会使自有资金利润率提高。反之，当息税前资金利润率低于借入资金利息率时，会使自有资金利润率降低，甚至陷入财务困境。在财务管理中，常用财务杠杆系数（*DFL*）来衡量财务风险的大小。

二、风险的衡量

风险可以用不同结果出现的概率来描述，利用方差、标准离差和标准离差率等指标进行衡量。

(一) 概率及概率分布

概率是用来表示随机事件发生可能性大小的数值。在投资活动中，投资收益率可视为一种随机变量，每种投资收益率出现的可能性大小可用概率表示，其概率介于 0 到 1 之间（包括 0 和 1），且所有可能出现的投资收益率的概率之和为 1。

例如：现有一个投资项目，经预测，该项目的未来情况如表 2-1。

表 2-1　投资收益率概率分布表

经济形势	发生概率	投资收益率
较好	0.2	20%
一般	0.5	10%
较差	0.3	5%

表 2-1 的内容可以解释为：该投资项目在经济形势较好时投资收益率为 20%；在经济形势一般时投资收益率为 10%；在经济形势较差时投资收益率为 5%。同时，三种结果出现的概率分别为 0.2、0.5 和 0.3，三个概率之和为 1。

在这个例子中，经济形势只有三种，相应的投资收益率也只有三种。这种只取有限个数值的随机变量称为离散型变量。当然，不仅仅只有这三种情况出现，投资收益率会有无数可能个值，这时随机变量称为连续型变量。

（二）期望值

期望值是随机变量的各个取值以相对应的概率为权数计算的加权平均数。它是反映随机变量集中趋势的一种量度，常用符号 $\overline{E}$ 表示。其计算公式如下：

$$\overline{E}=\sum_{i=1}^{n}X_iP_i \tag{2-18}$$

式中：X_i——第 i 种可能结果；

P_i——第 i 种可能结果的相应概率；

n——可能结果的数目。

上例中，投资项目的期望投资收益率为：

$$\overline{E}=20\%\times0.2+10\%\times0.5+5\%\times0.3=10.5\%$$

期望值是一个加权平均数，它并不反映风险程度的大小。

（三）离散程度

离散程度是反映随机变量偏离期望值的程度，是衡量风险程度大小的重要指标。表示随机变量离散程度的指标主要有方差、标准离差和标准离差率等。

1．方差。

方差是指随机变量与期望值离差平方的平均数，用来表示随机变量与期望值之间离散程度，常用符号 σ^2 表示。其计算公式如下：

$$\sigma^2=\sum_{i=1}^{n}(X_i-\overline{E})^2\cdot P_i \tag{2-19}$$

例 2-16 中，投资项目的方差为：

$$\sigma^2=(20\%-10.5\%)^2\times0.2+(10\%-10.5\%)^2\times0.5+(5\%-10.5\%)^2\times0.3=0.2725\%$$

2．标准离差。

标准离差是方差的平方根，常用符号 σ 表示。其计算公式如下：

$$\sigma=\sqrt{\sum_{i=1}^{n}(X_i-\overline{E})^2\cdot P_i} \tag{2-20}$$

例 2-16 中，投资项目的标准离差为：

$$\sigma=\sqrt{(20\%-10.5\%)^2\times0.2+(10\%-10.5\%)^2\times0.5+(5\%-10.5\%)^2\times0.3}\approx5.22\%$$

3．标准离差率。

标准离差率是标准离差与期望值之比,常用符号 v 表示。其计算公式如下：

$$v=\frac{\sigma}{\overline{E}} \quad (2\text{-}21)$$

上例中，投资项目的标准离差率为：

$$v=5.22\%/10.5\%\approx 49.71\%$$

（四）风险比较

衡量风险度大小的三个指标中，方差和标准离差是绝对指标，标准离差率是相对指标。一般情况下，我们利用标准离差率对多个投资项目的风险大小进行比较，标准离差率越大，风险越大，相反，标准离差率越小，风险越小。在期望值相同的情况下，可以直接利用方差或标准离差对多个投资项目的风险大小进行比较，方差或标准离差越大，风险越大；相反，方差或标准离差越小，风险越小。

【例 2-17】 现有 A、B 两个投资项目，经预测，项目的未来情况如表 2-2。

表 2-2 投资收益概率分布表

经济形势	发生概率	投资收益（万元）	
		A 项目	B 项目
较好	0.2	50	20
一般	0.5	10	10
较差	0.3	（10）	5

比较两个投资项目的风险大小。

$\overline{E}_A=50\times 0.2+10\times 0.5+(-10)\times 0.3=12$（万元）

$\overline{E}_B=20\times 0.2+10\times 0.5+5\times 0.3=10.5$（万元）

$\sigma_A=\sqrt{(50-12)^2\times 0.2+(10-12)^2\times 0.5+(-10-12)^2\times 0.3}\approx 20.88$（万元）

$\sigma_B=\sqrt{(20-10.5)^2\times 0.2+(10-10.5)^2\times 0.5+(5-10.5)^2\times 0.3}\approx 5.22$（万元）

$v_A=20.88/12=1.74$

$v_B=5.22/10.5\approx 0.497$

因为 $v_A>v_B$，所以 A 项目的风险大。

【例 2-18】 现有 A、B 两个投资项目，经预测，项目的未来情况如表 2-3。

表 2-3 投资收益概率分布表

经济形势	发生概率	投资收益（万元）	
		A 项目	B 项目
较好	0.2	40	20
一般	0.5	12	8
较差	0.3	（15）	5

比较两个投资项目的风险大小。

$\overline{E}_A=40\times 0.2+12\times 0.5+(-15)\times 0.3=9.5$（万元）

$\overline{E}_B=20\times 0.2+8\times 0.5+5\times 0.3=9.5$（万元）

$\sigma_A=\sqrt{(40-9.5)^2\times0.2+(12-9.5)^2\times0.5+(-15-9.5)^2\times0.3}\approx19.22$（万元）

$\sigma_B=\sqrt{(20-9.5)^2\times0.2+(8-9.5)^2\times0.5+(5-9.5)^2\times0.3}\approx5.41$（万元）

因为 $\sigma_A>\sigma_B$，所以 A 项目的风险大。

三、投资的风险价值

（一）投资风险价值的概念

投资者因冒风险进行投资而获得的超过资金时间价值的额外收益，称为投资风险价值，也称风险报酬，常用风险报酬率表示。

（二）投资风险价值的计算

风险报酬率的计算公式如下：

$$R_R=b\cdot v \tag{2-22}$$

式中：R_R——风险报酬率；

b——风险报酬系数；

v——标准离差率。

风险报酬系数可由企业领导或专家确定。

投资者进行投资所要求或期望的投资报酬率是无风险报酬率与风险报酬率之和，计算公式如下：

$$R=R_F+R_R \tag{2-23}$$

式中：R——投资报酬率；

R_F——无风险报酬率。

通常把短期政府债券的收益率作为无风险报酬率。

【例 2-19】　承例 2-17，设定 A、B 项目的风险报酬系数分别为 7%和 5%，无风险报酬率为 8%，计算两个项目的投资报酬率。

$$R_A=8\%+7\%\times1.74=20.18\%$$

$$R_B=8\%+5\%\times0.497=10.485\%$$

四、投资组合的风险价值

（一）投资组合的风险（Portfolio Risk）

投资组合是指投资者将若干资产按一定比例组合在一起作为投资对象。投资组合的收益是这些资产收益的加权平均数，但投资组合的风险并不是各资产风险的加权平均数。投资组合的风险不仅与各资产的风险有关，还与投资结构和各资产之间的相互关系等因素有关。

（二）投资组合风险的衡量

衡量投资组合风险的指标是投资组合的标准差，其计算公式如下：

$$\sigma_P=\sqrt{\sum_{i=1}^{n}\sum_{j=1}^{n}W_iW_j\sigma_{ij}} \tag{2-24}$$

式中：σ_p——投资组合的标准差；

W_i ——第 i 种资产在投资总额中的比例；

W_j——第 j 种资产在投资总额中的比例；

σ_{ij}——第 i 种资产与第 j 种资产的协方差；

n ——投资组合内资产种类总数。

协方差的计算公式如下：

$$\sigma_{ij}=\rho_{ij}\sigma_i\sigma_j \tag{2-25}$$

式中：ρ_{ij}——第 i 种资产与第 j 种资产的相关系数；

σ_i——第 i 种资产的标准差；

σ_j——第 j 种资产的标准差。

若投资于两种资产，投资组合的标准差为：

$$\sigma_P=\sqrt{W_1^2\sigma_1^2+W_2^2\sigma_2^2+2W_1W_2\rho_{12}\sigma_1\sigma_2} \tag{2-26}$$

【例 2-20】 A、B 两种证券的期望收益率分别为 25%和 15%，标准差分别为 20%和 10%，在投资组合中 A、B 两种证券所占比例分别为 80%和 20%，A、B 的相关系数为 0.5，投资组合的期望收益率和标准差分别是多少？

$$\overline{E}_P=25\%\times80\%+15\%\times20\%=23\%$$

$$\sigma_P=\sqrt{0.8^2\times0.2^2+0.2^2\times0.1^2+2\times0.8\times0.2\times0.5\times0.2\times0.1}\approx0.1709$$

（三）投资组合的风险价值

1．投资组合的风险与价值。

由于多元化投资可以把非系统风险分散掉，因而一个充分的投资组合只剩下系统风险。投资者因冒系统风险进行投资而获得的超过资金时间价值的额外收益，称为投资组合的风险价值。因此，计算投资组合风险价值的一个关键环节就是衡量其系统风险。

2．单项资产系统风险的衡量。

衡量系统风险的指标是贝他系数，用符号 β 表示，计算公式如下：

$$\beta_i=\frac{\sigma_{im}}{\sigma_m{}^2}=\frac{\rho_{im}\sigma_i\sigma_m}{\sigma_m{}^2}=\frac{\rho_{im}\sigma_i}{\sigma_m} \tag{2-27}$$

式中：T_i——第 i 种资产的系统风险；

σ_{im}——第 i 种资产与市场组合的协方差；

ρ_{im}——第 i 种资产与市场组合的相关系数；

σ_i——第 i 种资产的标准差；

σ_m——市场组合的标准差。

β 值的大小反映了这种资产收益的变动与整个市场收益变动之间的关系。如果 $\beta>1$，表明其收益的变动幅度大于市场变动的幅度；如果 $\beta<1$，表明其收益的变动幅度小于市场变动的幅度。

3．投资组合系统风险的衡量。

投资组合的贝塔系数用符号 β_P 表示，计算公式如下：

$$\beta_P=\sum_{i=1}^{n}W_i\beta_i \tag{2-28}$$

式中：符号含义如前。

4．资本资产定价模型（Capital Assets Pricing Model）。

资本资产定价模型的表达式为：

$$R_i=R_F+\beta_i(R_m-R_F) \tag{2-29}$$

式中：R_i——第 i 种资产的要求报酬率；

R_m——市场组合要求的报酬率；

其他符号含义如前。

利用公式（2-29），投资组合的风险和收益的关系表示如下：

$$R_P=R_F+\beta_P(R_m-R_F) \tag{2-30}$$

式中：R_p——投资组合要求的报酬率；

$\beta_p(R_m-R_F)$——为投资组合的风险报酬率。

【例 2-21】 现有三种股票构成证券组合，贝他系数分别是 0.8、1.5 和 2.0，所占的比例分别是 30%、50%和 20%，无风险报酬率为 5%，整个证券市场的平均报酬率为 10%。证券组合的风险报酬率和报酬率各是多少？

$$\beta_p=0.8\times30\%+1.5\times50\%+2.0\times20\%=1.39$$

风险报酬率＝1.39×(10%－5%)＝6.95%

报酬率＝5%＋6.95%＝11.95%

第三节　债 券 估 价

债券是发行人为筹措资金向社会公众发行的，保证按规定时间向债券持有人支付利息和偿还本金的凭证。在利用债券进行筹资时，必须给债券定价；在选择债券进行投资时，必须知道债券是否值得购买。因此，在筹资和投资活动中都需要对债券进行估价。

一、债券价值

债券持有期间现金流量的现值之和，称为债券的价值（Value of Bond）。债券价值主要由两个因素决定：现金流量和贴现率。债券的现金流量包括本金和利息，贴现率一般采用当时的市场利率或投资者要求的必要报酬率。

二、债券估价模型

（一）一般情况下的债券估价模型

一般情况下，债券票面利率固定，每年计算并支付利息一次，到期偿还本金。债券价值计算如下：

$$V=\sum_{t=1}^{n}\frac{M\cdot i}{(1+K)^t}+\frac{M}{(1+K)^n} \tag{2-31}$$

式中：V——债券价值；

i——票面利率；

M——债券面值；

K——折现率（市场利率或投资者要求的必要报酬率）；

n——债券期限。

【例 2-22】 某债券面值为 1 000 元，票面利率为 12%，每年计算并支付利息一次，期限为 10 年，市场利率为 10%，该债券价值为多少？

$$
\begin{aligned}
V &= 1\,000\times12\%\times(P/A,10\%,10)+1\,000\times(P/F,10\%,10)\\
&= 120\times6.145+1\,000\times0.386\\
&= 1\,123.4\text{（元）}
\end{aligned}
$$

（二）几种特殊情况下的债券估价模型

1．年付利息多次的债券估价模型。

有时候，一年内计算并支付利息的次数不只一次，有可能半年一次，也有可能一个季度一次等。此时，债券价值计算如下：

$$
V=\sum_{t=1}^{mn}\frac{M\cdot i/m}{(1+K/m)^{t}}+\frac{M}{(1+K/m)^{mn}} \qquad (2\text{-}32)
$$

式中：m——年付利息次数。

其他符号含义同公式 2-31。

【例 2-23】 承例 2-22，如果半年计算并支付利息一次，该债券价值为多少？

$$
\begin{aligned}
V &= 1\,000\times6\%\times(P/A,5\%,20)+1\,000\times(P/F,5\%,20)\\
&= 60\times12.46+1\,000\times0.377\\
&= 1\,124.6\text{（元）}
\end{aligned}
$$

2．永续债券估价模型。

永续债券是指定期支付利息至无限期的债券。永续债券没有到期日，其价值计算如下：

$$
V=I/K \qquad (2\text{-}33)
$$

式中：I——定期支付的利息额。

【例 2-24】 承例 2-22，如果没有到期日，该债券价值为多少？

$$
\begin{aligned}
V &= 120/10\%\\
&= 1\,200\text{（元）}
\end{aligned}
$$

3．零票面利率的债券估价模型。

零票面利率的债券没有利息支付，发行时以低于面值的价格出售，到期由发行人以面值偿还持券人。计算公式如下：

$$
V=M/(1+K)^{n} \qquad (2\text{-}34)
$$

【例 2-25】 承例 2-22，如果没有票面利率，到期由发行人以面值偿还持券人，该债券价值为多少？

$$
\begin{aligned}
V &= 1\,000\times(\mathrm{P/F},10\%,10)\\
&= 1\,000\times0.386\\
&= 386\text{（元）}
\end{aligned}
$$

4．到期一次还本付息且不计复利的债券估价模型。

计算公式如下：

$$V=(M+M\cdot i\cdot n)/(1+K)^n \quad (2\text{-}35)$$

【例 2-26】　承例 2-22，如果单利计息，到期一次还本付息，该债券价值为多少？

$$\begin{aligned}V&=(1\ 000+1\ 000\times12\%\times10)\times(\mathrm{P/F},10\%,10)\\&=2\ 200\times0.386\\&=849.2\text{（元）}\end{aligned}$$

三、债券的到期收益率

前面在计算债券价值时，我们假定贴现率（市场利率或投资者要求的必要报酬率）已知。但实践中，往往债券的价格已知，需要确定债券的收益水平，收益水平的高低是投资者决策的重要依据。衡量债券收益水平的一个重要指标是到期收益率。

到期收益率是指以特定价格购进债券后，一直持有至到期日可获取的收益率。它是使未来现金流入现值等于债券购买价格的折现率。

已知债券价格，求到期收益率，是计算债券价值的逆过程。令公式（2-31）～（2-35）中的债券价值 V 等于债券购买价格，就可求解 K，即为债券的到期收益率。

【例 2-27】　某债券面值为 1 000 元，票面利率为 12%，单利计息，到期一次还本付息，期限为 10 年，市场价格为 1 050 元，该债券的到期收益率为多少？

$$1\ 050=(1\ 000+1\ 000\times12\%\times10)\times(P/F,K,10)$$

$$(P/F,K,10)=0.477\ 3$$

查 $n=10$ 的复利现值系数表（附表 2），没有找到恰好等于 0.477 3 的系数值，找到最接近 0.477 3 的两个系数值，分别为 $X_1=0.508$，$X_2=0.463$，相应的利率分别是 $i_1=7\%$，$i_2=8\%$。

因此，$i=7\%+[(0.508-0.477)\div(0.508-0.463)]\times(8\%-7\%)$
$\approx7.687\%$

第四节　股票估价

一、股票价值

股票的价值（Value of Stock）是指其预期收益的现值。股票预期收益包括两部分：每期股利和出售时的卖价。

二、股票估价模型

目前，比较常用的股票估价模型有以下几种。

（一）有限期持有的股票估价模型

很多时候，投资者购买股票并不打算无限期持有，而是准备在未来某个时间出售。股票价值计算公式如下：

$$V=\sum_{t=1}^{n}\frac{D_t}{(1+K)^t}+\frac{P_n}{(1+K)^n} \tag{2-36}$$

式中：V——股票价值；

P_n——预期的股票出售价格；

K——投资者要求的必要报酬率；

D_t——第 t 期的预期股利；

n——预计持有股票的期数。

【例 2-28】 某股票，预计年股利为 2 元/股，2 年后出售时的市价为 25 元/股。投资者要求的必要报酬率为 10%，计算该股票的价值。

$$V=2/(1+10\%)+2/(1+10\%)^2+25/(1+10\%)^2$$
$$=24.132\text{（元）}$$

（二）无限期持有的股票估价模型

1．基本模型。

如果无限期持有股票，预期收益只有股利。股票价值的计算公式如下：

$$V=\sum_{t=1}^{\infty}\frac{D_t}{(1+K)^t} \tag{2-37}$$

2．股利零成长模型。

如果每期股利固定不变，即股利零成长，计算公式（2-37）可简化为：

$$V=\frac{D}{K} \tag{2-38}$$

式中：D——每期的预期股利。

【例 2-29】 承例 2-28，如果无限期持有该股票且年股利固定不变，其价值应为多少？

$$V=2/10\%=20\text{（元）}$$

3．股利固定成长模型。

如果每期股利不断增长，且增长率固定，公式（2-37）可简化为：

$$V=\frac{D_0(1+g)}{K-g}=\frac{D_1}{K-g} \tag{2-39}$$

式中：D_0——本年股利；

g——股利年增长率；

D_1——第 1 年的预期股利。

【例 2-30】 某股票本年发放股利 2 元/股，无限期持有该股票且年股利增长率为 3%，投资者要求的必要报酬率为 10%，其价值应为多少？

$$V=2(1+3\%)/(10\%—3\%)$$
$$\approx 29.429\text{（元）}$$

4．股利非固定成长模型。

在实际情况中，股利变动往往是不固定的，应灵活运用上述模型计算股票的价值。

【例 2-31】 某股票本年股利 2 元/股，预计第 1 年股利增长率为 5%，第 2 年增长率为 6%，第 3 年起增长率固定为 8%，投资者要求的必要报酬率为 15%，计算该股票的价值。

$D_1=2(1+5\%)=2.1$

$D_2=2(1+5\%)(1+6\%)=2.226$

$D_3=2(1+5\%)(1+6\%)(1+8\%)=2.404$

$$V=D_1(P/F,15\%,1)+D_2\times(P/F,15\%,2)+[D_3\div(15\%-8\%)]\times(P/F,15\%,2)$$
$$=2.1\times0.870+2.226\times0.756+34.343\times0.756$$
$$=29.476\text{（元）}$$

三、股票的预期收益率

已知股票价格，求收益率，是计算股票价值的逆过程。令公式（2-36）～（2-39）中的股票价值 V 等于股票购买价格，就可求解 K，即为股票的收益率。

【例 2-32】 某股票本年股利 2 元/股，年股利增长率为 8%，目前股票的市场价格为 25 元，计算股票的收益率。

根据股利固定成长模型，计算如下：

$$K=D_1/P+g$$
$$=2(1+8\%)/25+8\%$$
$$=16.64\%$$

第五节　复　习　题

【思考题】

1．财务估价在财务管理中起什么作用？

2．普通年金、即付年金、递延年金、永续年金的区别与联系是什么？

3．名义利率、实际利率、有效利率的区别与联系是什么？

4．简述标准离差率的经济含义。

5．简述系数的经济含义。

6．投资组合风险和收益如何衡量？

7．简述债券价值的含义。

8．债券估价模型的适用条件是什么？

9．股票价值的含义是什么？

10．股票估价模型的适用条件是什么？

【计算题】

1．A 酒店拟投资一个工程项目，预计第 1 年年初投入 50 万，以后连续两年每年年初投入 100 万，从第 3 年起，每年年末获得等额收益，项目的寿命期为 10 年，折现率为 10%，则每年收益至少为多少才能收回全部投资？

2．B 景区每隔 3 年需要对某设施进行检查维修，每次检查维修费用 1 万元，该设备使用年限为 15 年，银行利率为 6%，则现在应存入银行多少钱才能按时支付该设施的检查维修费？

3．C 旅游公司现有 3 个投资项目可供选择，经预测，各项目未来情况如表 2-4。三个项目的风险报酬系数分别为 6%，10%和 8%，无风险报酬率为 10%。比较三个项目风险的大小，并分别计算投资报酬率。

4．现有两种股票，标准离差分别是 2.86 和 4. 25，与市场组合的相关系数分别为 0.86 和 0.75，市场组合的标准离差为 2。这两种股票构成证券组合,所占的比例分别是 45%和 55%。无风险报酬率为 5%，整个证券市场的平均报酬率为 10%。该证券组合的风险报酬率和报酬率各是多少?

表 2-4　投资收益概率分布表　　（单位：万元）

经济形势	发生概率	投资收益		
		A	B	C
好	0.3	15	60	30
一般	0.4	10	20	10
差	0.3	5	（10）	（5）

5．某债券面值为 1000 元，票面利率为 12%，每年计算并支付利息一次，到期偿还本金，期限为 10 年，市场价格为 1050 元，该债券的到期收益率为多少？

6．某股票本年度每股支付股利 4 元。预计未来三年该股票进入成长期，股利第 1 年增长 8%，第 2 年增长 10%，第 3 年增长 12%。第 4 年及以后将保持其股利水平。市场利率为 10%，计算股票的价值。

第三章　旅游企业权益资本筹资

【案例导读】

上海锦江国际发展股份有限公司的筹资计划

上海锦江国际发展股份有限公司（以下简称“锦江国际”）是由上海新亚（集团）联营公司改制而成的。1993年6月，上海新亚（集团）联营公司以定向募集方式设立上海新亚（集团）股份有限公司，1994年11月，又改制为社会募集股份有限公司，发行B股1 000万股（锦江B股，900934），并于同年12月15日在上交所上市交易，1996年10月11日，公司A股2 500万股（G锦江，600754）在上交所上市交易。通过“送转股”、内部职工股上市、增发和股权分置等方式，截止到2006年12月31日，公司总股本达到60 324.07万股，流通A股44 724.07万股，其中实际流通A股12 885.16万股，限售流通A股31 838.91万股；流通B股15 600万股。

“锦江国际”是国内酒店业的龙头企业，其经营范围涉及宾馆、餐饮、食品生产及连锁经营、旅游、国际贸易、物业管理、商务咨询、技术培训、工程设计、摄影、汽车出租（涉及许可经营的凭许可证经营）。其中宾馆、餐饮、食品生产及连锁经营、旅游等为核心业务。截至到2006年12月，“锦江国际”投资、加盟和管理的星级酒店总数达到92家，经济型酒店65家。2006年度酒店投资业务、酒店管理业务及连锁餐饮业务的毛利率分别达到81.84%、92.33%、46.95%。

1. 行业发展趋势和市场竞争格局

2002年中国加入WTO之后，北京和上海又分别成功取得了2008年奥运会和2010年世博会的举办权，中国与各国的经济文化交流将更广泛、更深入。中国稳定的社会环境和丰富的旅游资源，持续吸引着世界各国的客人。1990～2006年间，我国城镇居民人均可支配收入年平均增长率为14.29%；农村人均纯收入年平均增长率为11.48%，我国居民收入不断提高，节假日增多以及带薪休假制度的执行，国内旅游呈现不断增长的趋势。根据国家有关部门统计，2006年我国入境旅游人数1.25亿人次，比上年增长3.87%；国内出境人数达3 452万人次，增长11.3%，其中因私出境占出境人数的83.4%；国内旅游人数13.94亿人次，比上年增长10.0%；全国旅游业总收入8 911亿元，比上年增长15.94%。据预测，我国出入境旅游、国内旅游和商务旅游等市场仍会适度增长。可见公司所处行业发展趋势良好。

“锦江国际”近几年一直致力于提高投资效益、产业规模和竞争能力，这些举措给公司的发展提供了条件。但市场竞争也正在加剧，一些国际酒店集团将其发展战略的重点放在中国，国内酒店集团发展步伐纷纷加快，公司在管理、品牌、网络、人才等方面的核心竞争力受到越来越大的挑战。

2. 公司战略规划

公司确立了“国际化、品牌化、市场化”的发展战略，以专业化的星级酒店管理为核心业务和发展方向，并通过投资“锦江之星”旅游有限公司和上海锦江国际旅馆投资有限公司分享经济型旅馆的发展成果，继续拓展连锁中西快餐的投资经营，进一步提升公司的核心竞争能力，保持本公司在国内同行业市场的领先地位，实现公司价值最大化。

为实施上述发展战略，公司2005年第一次临时股东大会作出决议，拟将若干酒店资产增资于上海锦江国际旅游投资有限公司，并继续对旗下酒店投资业务进行整合，择机转让与酒店管理业务不匹配的酒店资产，转让所得用于收购酒店品牌、酒店管理公司及网络建设等。通过上述资产及业务的进一步整合，公司与控股股东之间的分工协作关系将更加明晰，酒店集团将会更专注于发展酒店资产投资及经济型旅馆等业务。

3. 公司2007年度经营计划

在酒店管理业务方面，2007年公司将继续推进酒店管理公司规模化和国际化进程。年内新签管理合约不少于2 000间客房；强化酒店品牌建设，统一和强化成员酒店品牌形象；实施“忠诚客户计划”，培养、扩大锦江品牌忠诚客户群体；深化酒店标准和运作体系的建设与推广，继续在外管酒店推广实行品牌手册、核心标准；实现中央预订系统的全面应用，加大锦江酒店电子商务网站的推广力度；发挥锦江理诺士专业培训资源优势，强化酒店管理人才培养和储备。

在连锁餐饮业务方面，公司将继续发展中西快餐业务，上海“肯德基”将通过网络规则、优化布局，探索小店模式，持续开发新产品等方式继续保持市场领头羊的地位；“新亚大家乐”将通过关店调整与新开网点并进的方式，狠抓质量、提升品牌，逐步开拓长三角市场，争取年内扭亏为盈；“吉野家”将集中力量确保新店铺开发，强化组织系统，提升营运品质；“静安面包房”将建立标准，尝试特许加盟业务，引进国外先进技术和管理，提升品牌形象。

在股权投资方面，做好武汉锦江国际大酒店的试运营工作；积极关注公司参股的长江证券有限责任公司被石家庄炼油化工股份有限公司以新增股份方式吸收合并的进程，做好相关工作。

4. 2006年公司经营战略所需的资金、使用计划及资金来源情况

公司预计在2007年需要投入5 000万元至10 000万元资金，主要用于控股酒店的更新改造、连锁餐饮门店的新建及管理资源的投入等。这些资金来源渠道主要是自有资金和银行贷款。

（资料来源：中国旅游网（http://www.cnta.gov.cn）和国家统计局（http://www.stats.gov.cn））

旅游企业的设立和进行生产经营必须筹集到一定数量的资金。筹资管理是旅游企业财务管理的基础，也是旅游企业财务管理活动的起点。资金可以分为长期资金和短期资金两大部分，长期资金主要来自权益资本和长期负债。本章在介绍了筹资的目的、筹资渠道和方式、筹资原则之后，重点介绍了各种权益资本筹资方式，包括吸收直接投资、股票筹资和内部筹资三种方式的具体内容。

第一节　旅游企业筹资概述

一、旅游企业筹资的概念

旅游企业通过发行有价证券、借款、租赁、赊购等方式而使资金得以融通的活动即筹

资。筹资决策是旅游企业财务管理的重要内容之一，主要解决的问题是如何融通到旅游企业所需要的资金，包括为什么（Why）、向谁（Who）、什么时候（When）、筹集多少（How much）、如何筹集（How to do）等。筹资活动影响着旅游企业设立、生存、发展和财务管理目标的实现，可以看作是旅游企业一切活动的起点。

二、旅游企业筹资的目的

资金是旅游企业进行生产经营活动必需的资源要素，无论处在哪个生命周期阶段的旅游企业都存在不同强度、不同数量、不同时间的资金需求。旅游企业筹资需求的具体情况不同，其目的也有差异。概括起来，旅游企业筹资的目的主要有以下几个方面。

（一）筹集资本金

资本金（Registered Capital）是旅游企业在公司登记机关依法登记的全体股东或者发起人实缴或者认缴的出资额，即注册资本，它是所有者权益最基本的组成部分。按照我国《企业财务通则》的规定，企业设立时必须有法定资本金。法定资本金是指国家规定的设立企业必须筹集的最低资本金限额。我国《公司法》规定：股份有限公司注册资本的最低限额为人民币 500 万元；普通有限责任公司注册资本的最低限额为人民币 3 万元，一人有限责任公司注册资本的最低限额为人民币 10 万元。

对于资本金的确认，目前国际上主要有三种方式：一是法定资本金制（实收资本金制），即企业设立时必须确定资本金总额并一次性缴足；二是授权资本金制度，即允许实收资本与注册资本不相等，资本金可以分批缴纳；三是折中资本金制度，即确定资本金总额和第一期缴资的数额。我国股份有限公司和普通有限责任公司采用折中资本金制，即首次出资额不得低于注册资本的 20%，也不得低于法定资本金限额，其余部分由股东自公司成立之日起两年内缴足，其中投资公司可以在五年内缴足。一人有限责任公司采用法定资本金制，即股东一次足额缴纳公司章程规定的出资额。

（二）扩大规模

旅游企业成立后，在其持续的生产经营过程中，除了维持简单再生产外，还需要进行扩大再生产，以促进旅游企业发展。无论是对内扩大生产规模，还是对外投资都需要筹资。例如，开发新旅游产品、构建网上客房预订系统、对外投资开设新企业、员工培训等，往往都需要筹集一定数量的资金。为此，筹资就成为旅游企业扩大再生产和不断发展的重要条件。

（三）优化资本结构

即使资金充足，为了优化资本结构，旅游企业也可能进行筹资。资本结构是旅游企业各种资金的构成及比例关系，主要是指债务资金与权益资金的比例构成，其合理性直接关系到经营者、所有者、债权人等各相关利益者的利益。一般而言，债务资金比权益资金的成本要低，选择负债筹资可以降低资本成本，获取财务杠杆利益，增加所有者收益；但如果负债比例过高，会增加财务风险。因此，旅游企业应根据具体情况，通过适度地调节债务资金的比例，以实现资本结构优化。

（四）偿还债务

负债经营可以降低资本成本，获取财务杠杆利益，但需要按期偿付本息。当旅游企业没有足够的现金支付债务本息时，可以举借新债或筹集权益资金偿债，以维护企业的信用。但权益资金成本相对高，用权益资金偿债会减少所有者的收益；而为偿债而引起的被动负债被频繁使用，可能使企业的财务状况陷入恶化，尤其是在旅游企业没有明显的盈利前景时，债权人因为要承担更大的风险，会要求更高的收益，甚至拒绝借款，因此要合理使用负债筹资。

（五）其他目的

旅游企业可能还会因为提高企业知名度、调整控制权的集中程度等目的而进行筹资。发行股票，尤其是公开上市交易的股票，必须经过严格审查，企业的资产、负债、业务经营范围、经营成果等都必须公开。这实际上是给公司做免费广告，有助于提高公司的知名度。但发行股票会稀释公司的控制权，旅游企业可以用留存收益来回购公司股票，进而使控制权相对集中。

三、旅游企业的筹资渠道和方式

（一）旅游企业筹资渠道

筹资渠道（Sources of Funds）是指旅游企业取得资金的来源或途径。通常分为内部筹资渠道和外部筹资渠道两部分。

1．内部筹资渠道。

旅游企业内部的资金来源主要包括留存收益、计提折旧等形成的自有资金，是旅游企业的“自动化”筹资渠道。

2．外部筹资渠道。

（1）政府财政资金。政府财政资金是国有旅游企业的重要资金来源之一。财政资金的供应有财政直接投资拨款、税前还贷、税收减免和有偿贷款等形式。其中有偿贷款是政府把财政资金直接贷放或通过银行贷放给有关旅游企业使用，并收取一定的利息或资金占用费。财政性贷款利息较低，可以长期使用，但政策性很强，通常只投放给符合国家产业政策和能源、交通、通讯等基础产业。旅游业是我国调整产业结构的重点对象之一，2000—2004 年期间，国家累计投入 67.2 亿元国债资金支持各地的旅游基础设施建设，受惠项目达 600 多个，涉及全国 31 个省、市、自治区的 250 多个重点旅游景区。

（2）银行信贷资金。银行信贷资金是指商业或政策性银行金融机构向旅游企业提供的借贷资金。银行信贷资金有稳定、充沛的资金保障，贷款方式灵活，是目前我国旅游企业重要的资金来源之一。

（3）非银行金融机构资金。非银行金融机构资金是指保险公司、信托投资公司、租赁公司和企业集团财务公司等非银行金融机构向旅游企业提供的各种金融服务，包括信贷资金投放、企业证券承销和物质融通。此外依法设立的民间金融组织，比如典当组织也可向旅游企业提供贷款。这种筹资渠道的财力比银行信贷资金要小，但它的资金供应方式更灵活，并可提供其他方面的服务，因此具有十分广阔的发展前景。

（4）其他法人资金。其他法人资金是指其他企业法人或具有法人资格的事业组织向旅游企业提供的借贷资金或权益资金。在市场经济条件下，由于法人间的互相投资和商业信用的存在，使其他法人资金成为旅游企业资金的重要来源。近年来，我国旅游业发展迅速，民营企业以其灵活的经营机制和雄厚的资金实力等优势，成为旅游企业资金筹集的重要对象。比如浙江千岛湖向拥有 50 亿元资产的万向集团筹集 5 亿元资金进行旅游业的开发；桐庐县旅游总公司向浙江金都实业有限责任公司整体转让持有的浙江富春江旅游股份有限公司 49.6%的国有股权，筹集到 9 000 万元资金。

（5）民间资金。民间资金一般是个人资金。居民和职工个人的节余资金作为“游离”于银行和非银行机构之外的社会资金，也可以被旅游企业利用，成为旅游企业资金的补充渠道。旅游企业可以通过直接筹资方式取得，比如发行股票、债券等。

（6）境外资金。在我国实践中，对境外资金的判断一直混合采用“设立地标准”和“资本来源地标准”。所谓“设立地标准”，即在中国注册设立，符合中国法律规定的外商投资者为中国法人，反之就是境外投资者。“资本来源地标准”是根据公司设立资金的来源来判断是否属于外国投资者。本书采用“资本来源地标准”，以与我国商务部对境外资金的统计概念一致，即将来自中国本土（大陆）之外的资金视为外资，包括我国港澳台的资金。

境外资金是我国旅游企业重要的资金来源，可以通过向外国银行、外国政府及国际金融机构贷款、发行国际债券、吸收外国企业的直接投资等方式取得。据有关部门统计，二十多年来，我国涉外旅游饭店的数量增长了 50 多倍，我国旅游饭店业利用外资额达 200 多亿美元。近年来，我国旅游企业通过吸收外资，与外国合作伙伴结成战略联盟来提高企业竞争能力。比如中青旅将旗下的中青旅电子商务有限公司 40%的股份出售给国际度假交换公司（Resort Condominiums International，RCI），成立了中青旅-胜腾旅游服务公司。中青旅与 RCI 结盟的目的是为了抢占我国潜力巨大的出境旅游市场。

（二）旅游企业的筹资方式

筹资方式（Financing Tools）是指旅游企业筹集资金所采用的具体形式，体现了资金的属性。一般来说，我国旅游企业筹资方式主要有（1）吸收直接投资；（2）发行股票；（3）发行债券；（4）银行或非银行金融机构借款；（5）商业信用；（6）租赁；（7）留存收益等。按照资本的来源渠道、资本的性质、占用时间长短等标准可以将筹资方式做不同的分类。

1．按照资本的来源渠道，分为内部筹资和外部筹资。

内部筹资是指旅游企业通过留存收益、计提折旧等方式来取得资金。按照我国《公司法》的规定，留存收益包括盈余公积和未分配利润。企业的留存收益实际上是普通股股东的再投资，但由于资金来源于企业内部，不会发生筹资费用，使得留存收益的成本要低于普通股筹资。而使用计提折旧除了没有筹资费用外，还不需要对外支付股息和利息，其成本更是远低于外部筹资。因此，在实务中，内部筹资是旅游企业首选的一种筹资方式。

外部筹资是指旅游企业吸收其他经济主体的资金来满足需要。旅游企业在进行外部筹资时，因受到筹资环境中各种因素的综合影响，具体的实现方式也不尽相同。一般说来，分为外部直接筹资和外部间接筹资。外部直接筹资是指旅游企业进行的首次上市募集资金（IPO）、增发等股权筹资和发行债券筹资；外部间接筹资是指旅游企业向银行、非银行金融机构贷款等债务筹资活动。一般而言，外部筹资除了要对外支付利息或者股息，还要发生或多或少的筹资费用，其成本往往要高于内部筹资。

2．按照资本的性质，分为权益筹资和负债筹资。

权益筹资是指旅游企业通过吸收直接投资、发行股票和使用留存收益等方式取得股权资本。通过权益筹资所获得的资金属于旅游企业所有者，并供旅游企业长期使用，是旅游企业的永久性资本，包括资本金、资本公积、盈余公积和未分配利润等。

负债筹资是指旅游企业向债权人借入资金。债务资金的所有权仍属于债权人所有，旅游企业只是在借款合同期内享有使用权和经营权，并负有还本付息的义务。债务资金主要通过借款、发行债券、商业信用、租赁等方式筹集。

3．按照占用资本的时间长短，分为长期资金筹资和短期资金筹资。

长期资金是指旅游企业占用时间在一年以上的资金。旅游企业一般在购置固定资产、取得无形资产、进行对外长期投资时，需要筹集长期资金。旅游企业筹集长期资金通常可以采用吸收直接投资、发行股票和留存收益等权益筹资方式，长期借款、发行债券、融资租赁等负债筹资方式。

短期资金是指旅游企业占用时间在一年以内的资金。旅游企业在发生暂时性的资金周转困难时，需要筹集短期资金。旅游企业短期资金通常采用短期借款、商业信用和经营租赁等负债筹资方式来筹集。

4．按照筹资是否通过金融中介机构，分为直接筹资和间接筹资。

直接筹资是指旅游企业不通过金融中介机构，直接向资金所有者商议并取得资金。直接筹资的范围比较广，筹资能力更强。主要有吸收直接投资、发行股票、发行债券、商业信用等方式。

间接筹资是指旅游企业通过金融中介机构筹集资金，而不与资金所有者商议。间接筹资手续简单、效率高，但筹资范围比较窄，筹资能力相对弱。主要有借款和租赁等方式。

四、旅游企业筹资原则

旅游企业要根据组织内外部环境状况和战略目标，制定筹资方案，做出筹资决策，在满足组织对资金需求的情况下，提高筹资的效益和质量，以实现企业价值最大化目标。因此，旅游企业的筹资活动应该遵循以下的基本原则。

（一）做好投资方向和项目的可行性研究，并做出科学决策

旅游企业筹资往往是为了满足投资的资金需要，投资方向的选择和项目的经济、社会、技术等的可行性研究决定了筹资的数量、时间和方式的选择。所以在筹资活动开始前，必须先论证投资方向的合理性和项目的可行性，提供投资方案并做出科学决策。

（二）合理确定资金的需求量，控制资金投放时间

在选择投资方案之后，旅游企业要根据一定的科学方法确定资金的需求量。所筹集资金的数额，应当是既能满足投资方案的需求，又不能产生闲置。另外，要根据投资方案的进度要求合理安排资金的投放时机，尤其是投资期较长的项目，分时段投放资金，可以更方便监控资金的使用效率。

（三）选择综合效益高的筹资方式

在确定了资金的需求量后，旅游企业要安排合适的筹资方式，以实现筹资活动的目的。不同筹资方式在性质、成本、风险、获取的便利程度、筹资规模等方面表现不同。为实现资金筹集的经济性，旅游企业要对各种资金来源和筹资方式的资本成本和风险进行比较，选择成本相对低而风险相对小的筹资方式或筹资组合。此外，还需要考虑到具体的投资项目对资金需要的时间紧迫性要求。所以，旅游企业在选择筹资方式时，成本和风险不是用

来考察筹资方式的唯一要素，出现急需资金的情况时，应该优先考虑投资对资金需要的时间要求。如果因资金不到位，而拖延了工程周期，最终会影响到项目的未来收益。

（四）合理安排资本结构，适度进行负债经营

资本结构是旅游企业各种资金的比例构成，主要指债务资金与权益资金的比例构成。其合理性直接关系到投资者、债权人、公司管理者和员工等各方相关利益者的利益。一般而言，债务资金比权益资金的成本要低，选择负债筹资可以降低资本成本，获取财务杠杆利益，增加所有者收益；但如果负债比例过高，会增加财务风险。因此，旅游企业应根据具体情况，通过适度地调节债务资金的比例，以实现资本结构优化。

（五）依法筹资，兼顾各方相关利益者的合法权益

旅游企业的筹资活动要遵守国家法律法规的相关规定，比如《公司法》、《证券法》、《合同法》、《股票发行和交易管理暂行条例》、《企业债券管理条例》、《上市公司收购管理办法》、《上市公司股东持股变动信息披露管理办法》、《企业财务通则》等一系列法律法规制度，以保障各方利益相关者的权益。

第二节　吸收直接投资

一、吸收直接投资的目的

吸收直接投资（No-Stock Invested Capital）是指旅游企业以协议等形式吸收政府、其他法人组织、自然人等直接投入的资金，形成旅游企业资本金的一种筹资方式。它与发行股票、利用留存收益都属于旅游企业筹集权益资金的重要方式，吸收直接投资不以股票为媒介，主要适用于非股份制旅游企业筹集权益资本。

投资者对旅游企业进行直接投资的主要目的是取得受资旅游企业的所有权和控制权；受资旅游企业吸收直接投资的主要目的是获取永久性的资金或特殊资源，比如获得出资方的商誉、土地使用权、先进的技术和设备、市场销售网络等。

二、吸收直接投资的形式

投资者常常采用货币资产、实物资产和无形资产三种形式直接投资于旅游企业。前者是货币性投资，后两者属于非货币性投资。

（一）吸收货币性资产投资

所谓货币性资产，是指货币资金及将来对应一笔固定的或可确定的货币资金量的资产，包括货币资金、应收账款、应收票据、其他应收款以及准备持有至到期的债券投资等。货币性资产具有很强的流动性，旅游企业可根据自身的经营计划或用于购置长期资产，或用于日常费用支付，所以货币性资产是受资企业乐于接受的一种资金。我国《公司法》规定：有限责任公司全体股东的货币出资金额不得低于注册资本的百分之三十。

（二）吸收非货币性资产投资

所谓非货币性资产，是指在将来不对应一笔固定的货币资金量的资产。如固定资产、存货、无形资产以及不准备持有至到期的债券投资、股权投资等。吸收非货币性资产的形式有两种。

1．吸收实物资产投资。投资者以可用货币估价并可以依法转让的实物资产作价投资到旅游企业。这些实物资产可以是流动资产（存货）；也可以是固定资产（各种建筑物、机器设备等）。

2．吸收无形资产投资。投资者以专利权、商标权、土地使用权、商誉、专有技术等可用货币估价并可以依法转让的无形资产作价投资到旅游企业。包括技术型无形资产和非技术型无形资产。由于无形资产的价值相对于实物资产而言，具有很大的不确定性，因此企业在接受这种投资时必须谨慎，应进行有关的调查和可行性研究。在吸收无形资产投资时，应符合法定比例。

三、吸收直接投资的评估

旅游企业在吸收直接投资时，货币性资产可以按其实际金额计价，非货币性资产投资则要用一定的方式对其进行合理的评估作价，以核实资产的真正价值。正确评估非现金资产的价值，直接关系到筹资方和投资方的责权利益、利润分配和风险分担等。

（一）吸收货币性资产投资的评估

按照现行《会计准则》的规定，企业在接收货币性资产投资时，不论是人民币还是外币，均应按接收日我国外汇管理局公布的外汇市场汇率换算成本企业的记账本位币计价。比如受资企业是以人民币为记账本位币的，则应将各种外币资金换算成人民币计价；受资企业是以某种外币为记账本位币的，则应将人民币资金换算成该种外币计价。

（二）吸收实物资产投资的估价

对于实物资产投资的评估要根据资产的情况而定，一般可以采用以下方式处理。

1．对于全新购入并作投资的实物资产，必须要以购物发票和各种运费、保险费等单据为凭证进行估计。

2．对于非全新的固定资产投资，可以采用重置成本法和收益现值法来估价。

（1）重置成本法。重置成本法是以被评估资产的现行重置成本减去资产的损耗或贬值等，从而确定出被评估资产价格的一种评估方法。其计算公式表示如下：

$$\begin{aligned}\text{被评估资产评估值} &= \text{重置成本} - \text{资产贬值} \\ &= \text{重置成本} - (\text{实体性贬值} + \text{功能性贬值} + \text{经济性贬值})\end{aligned} \tag{3-1}$$

① 重置成本

重置成本是指现在购建相同或相似资产所需支付的现金或现金等价物的金额。目前国际上流行的重置成本估算方法是物价指数法，其基本原理是用资产价格变动指数估算重置成本。其计算公式表示如下：

$$\text{重置成本} = \text{历史成本} \times \frac{\text{评估资产时物价指数}}{\text{购置资产时物价指数}} \tag{3-2}$$

② 资产的贬值

- 实体性贬值。实体性贬值是指由于持续使用所导致的物理性损耗而造成的资产价值降低。实物资产在使用过程中，其价值将通过折旧逐步转移到产品或服务中，并在销售收入中得到实现。实体性贬值实质上是资产的已摊销额。
- 功能性贬值。功能性贬值是指由于技术相对落后造成的贬值。实务中，主要根据资产的效用、生产加工能力和工耗、物耗、能耗水平等功能方面的差异造成的成本增加或效益降低，相应确定功能性贬值额。同时，还要注意替代设备、替代技术、替代产品的影响，行业技术装备水平现状和资产更新换代速度。

通常情况下，功能性贬值的估算可以按照下列步骤进行：

第一步，将被评估资产的年运营成本与功能相同、但性能更好的新型资产的年运营成本进行比较。

第二步，计算二者的差异，确定净超额。由于企业支付的运营成本是在税前扣除的，企业支付的超额运营成本会引起税前利润额下降，所得税额降低，使得企业负担的运营成本低于其实际支付额。因此，净超额运营成本是超额运营成本扣除其所得税以后的余额。

第三步，估计被评估资产的剩余寿命。

第四步，以适当的贴现率将被评估资产在剩余寿命内每年的净超额运营成本贴现，这些贴现值之和就是被评估资产功能性贬值。其计算公式如下：

$$\text{被评估资产功能性贬值额}=\sum_{t=1}^{m}\frac{\text{被评估资产年超额净运营成本}}{(1+i)^t} \qquad (3\text{-}3)$$

式中：m——被评估资产的剩余寿命；

i——贴现率；

t——时期数。

- 经济性贬值。经济性贬值是指由于外部环境变化造成资产的贬值。主要是根据由于产品销售困难而开工不足或停止生产，形成资产的闲置，价值得不到实现等因素，确定资产的经济性贬值额。当该资产使用基本正常时，不计算经济性贬值。

资产的各种贬值，在实际评估中也常常使用成新率和贬值率来做分析。二者的关系可以用计算公式表示如下：

$$\text{贬值率}=\frac{\text{被评估资产的各种贬值之和}}{\text{资产的重置成本}} \qquad (3\text{-}4)$$

$$\text{成新率}=1-\text{贬值率} \qquad (3\text{-}5)$$

因而，公式（3-1）还可以表示如下：

$$\begin{aligned}\text{被评估资产评估值}&=\text{重置成本}\times\text{成新率}\\&=\text{重置成本}\times(1-\text{贬值率})\end{aligned} \qquad (3\text{-}6)$$

（2）收益现值法。收益现值法是将评估对象剩余寿命期间每年的预期收益，用适当的市场贴现率进行贴现，累加得出评估基准日的现值，以此估算资产价值的方法。其计算表达式如下：

$$\text{被评估资产评估值}=\sum_{t=1}^{m}\frac{\text{被评估资产各年预期收益}}{(1+i)^t} \qquad (3\text{-}7)$$

预期年收益额应考虑的因素是销售收入和经营成本。为了合理确定预期年收益，应由评估专家对被评估资产过去年份的收益趋势进行分析和判断，最后确定未来可能的收益值。贴现率在确定时，可以采用社会平均资金收益率，行业平均收益率，相应的市场利率加风险报酬率（行业内的）等标准。

3．对于原材料和其他物资投资，要根据市场价格状况而定。如果市价变化不大的，可按账面价值计价，如果市价变化幅度较大的，则按当时市场价格估价。

吸收实物资产投资时，可以委托专业资产评估机构进行估价，旅游企业财务人员一般也要承担大部分的评估工作。如果吸收直接投资是为了组建中外合资企业，在对实物资产估价时要注意考察其同类资产的国际市场价格，不至于高估外国投资者资产的实际价值。

（三）吸收无形资产投资的评估

投资者以专利权、专有技术、商标权、土地使用权、商誉等无形资产直接投资到旅游企业，根据无形资产的类型不同，评估方法有不同的选择。

1. 技术型无形资产评估。技术型无形资产主要包括两个方面的内容：其一是知识产权中的专利权，工业版权；其二是专有技术，包括设计图纸，加工工艺、材料配方等。技术型无形资产的特点是直接与工业技术相关，适宜采用重置成本法来评估其资产价值。

2. 非技术型无形资产评估。非技术型无形资产是相对于技术型无形资产而言的，它包括商标、商誉、著作权、租赁权、特许经营权等，与技术型无形资产相比，非技术型无形资产具有以下特征：①以企业整体为荷载；②属经营管理技术型；③是企业长期经营的累积资源。非技术型无形资产评估价值适宜采用收益现值法。

在实际评估时，有许多的变化因素要考虑进去，如无形资产的经济寿命和法律期限、未来可能的收益、可能被其他技术替代的速度等。总之，无形资产的估价一般不应高于使用该无形资产可能增加的收益，或者不应高于该无形资产各期的技术转让费总额。

四、吸收直接投资的评价

（一）吸收直接投资的优点

1. 能提高企业的资信和借款能力。吸收直接投资所筹集的资金属于自有资金，能增强企业的信誉和借款能力，对扩大企业经营规模、充实企业实力具有重要作用。

2. 实物资产、无形资产投资能尽快形成经营能力。直接从投资者那里获取的先进设备和技术，有利于尽快形成生产能力、尽快开拓市场。

3. 筹资企业的财务风险较低。吸收直接投资可以根据企业的经营情况向投资者支付报酬，比较灵活，所以财务风险较小。

（二）吸收直接投资的缺点

1. 筹资资本成本较高。由于直接投资的投资者承担较高的风险，相应要求的回报率较高，特别是在企业经营状况良好的情况下，更显示出其较高的筹资成本。

2. 不利于企业的经营运作。一方面由于其没有有价证券作为媒介，涉及产权转让的一些资产重组事项难于操作；另一方面，由于投资者一般都希望获得与其投资数量相适应的经营管理权，在外部投资者较多的情况下，容易分散企业的控制权，不利于企业的统一经营管理。

第三节　股票筹资

一、股票的概述

股票（Stock）是指股份有限公司为筹措权益资本而发行的有价证券，是持股人拥有公司股份的所有权凭证。

股票持有者是公司股东（Stockholder），股东按其股本在公司股本总额中所占比重拥有相应的权利，并承担必要的义务。有限责任公司股东的出资凭证，不能称为“股票”，而是出资证明书，有些国家也称为“股单”。

公司设立时，由章程规定并经主管当局核准可以发行的股本总额是公司的核定股份（Shares Authorized）。如果公司需要发行比核定股份更多的股票，必须修改章程，并再次经主管当局核准。核定股份总额中由股东认股、缴款并已发放的股票称为已发行股票；尚未发行的称为未发行股票。由于某些原因由公司重新购回或持有的已发行股票称为库藏股（Treasury Stock）；已经发行且确实由股东持有的股票，称为发行在外股票（Stock Out-standing）。它们之间的关系可以表示如下：

$$\begin{aligned}&\text{核定股票份数}=\text{已发行股票份数}+\text{未发行股票份数}\\&\text{已发行股票份数}=\text{发行在外股票份数}+\text{库藏股票份数}\end{aligned}\tag{3-8}$$

（一）股票的特征

1．无期性。无期性是指股票投资者一旦购买某一公司股票，不能在中途随意向公司要求退股抽回资金。

2．收益性和风险性。股东可以从发行公司获得一定的股息或红利收入，并可能通过低买高卖获得价差收入。但股利政策和股票价格受到很多因素的影响，股东收益表现出较大的不确定性，甚至使投资者利益受损。正因为股票投资风险性较高，所以其收益也较高。

3．流通性。流通性是指股票可以在资本市场上自由转让，还可以作为负债筹资的抵押品。

4．有限责任性。股东仅以所持有股份为限，对公司债务承担有限责任。如果公司破产，股东其他个人财产不因破产而受清算。

（二）股票的种类

不同的投资者对于风险的承受能力是不同的。为了满足不同的需要，公司往往发行各种风险程度不一的有价证券。因此，采用一定的标准和方法将股票进行适当的分类是必要的。

1．股票按股东的权利义务来划分，分为普通股和优先股。

普通股（Common Stock）是指股份有限公司发行的代表着股东享有平等的权利、义务，不加特别限制，股利不固定的股票。它是股票最基本的形式之一，也是发行量最大、最重要的股票形式。

优先股（Preferred Stock）是指公司分派股利和剩余资产过程中，顺序优先于普通股的股票。优先股股东不享受经营者选举权，也不享有重大决策权或决策权受限。但我国《公司法》规定，如公司连续3年不支付优先股股利时，优先股股东可以出席或委托代理人出席股东会并行使投票表决权。优先股一方面不需要偿还本金，是公司权益资本的一种筹集方式；另一方面按固定利率支付股利，又具有债券性质，因此将它归为混合型证券。

2．股票按是否记名来划分，分为记名股票和无记名股票。

记名股票（Stock Certificate Registered in the Name of the Owner）是指在股票票面上记载股东姓名或名称的股票，同时，公司的股东名册上还须记载股东的姓名、住所、持股份数、股票编号和取得股份的日期等资料。记名股票的转让必须办理过户手续，变更股票票面上的记名和股东名册上的资料。公司章程一般规定记名股票不得转让给对抗公司。

无记名股票（Stock Certificate not Registered in the Name of the Owner）是指在股票票面

上不记载股东姓名的股票。无记名股票的转让，由股东将该股票交付给受让人后即发生转让的效力，较之记名股票更为方便流通，因而，无记名股票更为普遍。无记名股票属于向社会公众发行的股票，按照我国《股票发行与交易管理暂行条例》的规定，无记名股票发行数不少于拟发行股本总数的25%。

我国《公司法》规定：公司向发起人、法人发行的股票应为记名股票；向社会公众发行股票可以是记名股票也可以是无记名股票。

3．股票按照有无面值划分，分为有面值股票和无面值股票。

股票票面上注明一定金额的股票为有面值股票（Par Value Stock）。如票面上标明100元、500 元等。股票发行时，如不标明股票票面的金额，只载明所占公司股本总额的比例或股份份数的股票称为无面值股票（True No- Par Value Stock）。根据我国《公司法》的规定，公司不得发行无面值股票。

4．股票按投资主体划分，分为国家股、法人股和社会公众股。

国家股是指有权代表国家的部门或机构以国有资产投资于旅游企业所形成的股份。国家为国有旅游企业所有者，但不参与直接经营。

法人股是指企业法人单位，或具有法人资格的事业单位和社会团体以其依法可以支配的资产投资于公司非上市流通股权所形成的股份。法人股股东可以参与其投资的旅游企业的经营活动。

社会公众股是指我国境内个人和机构以其合法财产投资于公司可上市流通股权所形成的股份。

目前，我国深沪两市中国家股、法人股和社会公众股大体各占三分之一。

5．股票按发行对象和上市地区划分，可分为A股、B股、H股、N股和S股等。

A股是指供我国大陆地区个人或法人买卖的，以人民币标明票面金额并以人民币认购和交易的股票。

B股、H股、N股和S股是指专供外国和我国港澳台地区投资者买卖的，以人民币标明票面金额但以外币认购和交易的股票。其中B股在上海、深圳上市；H股在香港上市；N股在纽约上市；S股在新加坡上市。目前，我国境内居民也可以投资B股。

二、股票的发行

股票发行是指股份有限公司为了筹集股本，在一级市场按照法律规定的条件和程序，向投资者发行股票的活动。

（一）股票发行的目的

股份公司发行股票的目的是多种多样的，概括起来可以分为两类：一是为筹集资金而发行股票，这是股份公司发行股票的最基本和最主要的目的。二是股份公司出于其他特殊目的而发行股票。

1．为筹集资金而发行新股。

股份公司通过发行股票可以获得长期稳定的经营资金，有利于公司持续经营。股份公司设立之初，常以发行新股的方式来筹集公司的原始权益资本。股份公司成立以后，会因为扩大经营范围和规模，提高公司竞争力的需要而发行新股筹集资金。

2．为其他目的而发行新股。

（1）并购与反并购。公司扩张有两条途径：一是依靠内部积累不断扩张，一是兼并或收购其他公司。后者能更快实现公司扩张的目的。并购公司常常通过发行新股来换购目标公司股票，或用发行新股募集的资金购买目标公司的方式进行并购，而目标公司为解除被接管的威胁，也常以发行新股的方式实施反并购。

（2）股票的分割。股票的分割又称为拆股，公司经营成功，成长迅速，往往引起股价迅速上涨，当股价上涨到一定程度，可以将原有股票按一定比例进行分割，以降低股票的价格。主要有两方面原因：一是股票的面值降低，便于购买和转让，以吸引更多的大众投资者，进而可能提高股票的市场价格；二是股票的适当价格有利于公司价值的极大化。

公司发行新股，除了上述目的外，还存在其他一些目的。例如，向股东派发股票股利；将公司发行的可转换债券转换为股票；将公司资产重估增值部分转化为资本金；为了达到上市公司的条件；为了发行更多的债券而发行新股票等。

（二）股票的发行方式

1．按股票发行的目的，分为设立发行和增资发行。

（1）设立发行。设立发行是指股份有限公司为设立而发行新股。股份有限公司的设立，可以采取发起设立或者募集设立的方式。所谓发起设立，是指由发起人认购公司应发行的全部股份而设立公司。发起人以书面形式认购公司章程规定的股份，并按所认领股份的票面价额交纳全部股款。所谓募集设立，是指由发起人认购公司应发行股份的一部分，其余股份向社会公开募集或者向特定对象募集而设立公司。我国《公司法》规定：募集设立时，发起人认购的股份不得少于公司股份总数的35%；但法律、行政法规另有规定的，从其规定。

（2）增资发行。增资发行是指已成立的股份有限公司为筹措资金而发行新股。常用的增资发行方法有股东分摊、第三者分摊和公开招股三种形式。股东分摊又称配股，是指股东按原来持股数占公司总股份的比例，以新股优先认购权对新发行的股票进行分摊认购。以配股方式筹资是最流行的增资方式，其筹资的确定性极高，但筹资范围较小。第三者分摊和公开招股分别指以非公开发行和公开发行方式进行增资活动。

2．按股票发行推销是否面向社会大众，分为公开发行和非公开发行方式。

（1）公开发行（Public Placement）。公开发行又称公募发行，是指向不特定对象或向累计超过200人的特定对象发行证券。它具有扩大发行对象，增加资金筹集量，提高股票流动性和公司知名度等优势，但手续繁杂，发行成本高。

按发行有无中介机构参与，公开发行又可分为直接发行（Direct Placement）和间接发行（Indirect Placement）。直接发行是指发行公司不通过投资银行或证券公司等中介机构，自行办理发行事宜，并承担发行风险的发行方式。而间接发行是指发行公司不直接参与股票发行，而是委托投资银行或证券公司等中介机构代理发行的方式。

（2）非公开发行（Private Placement）。非公开发行又称私募发行，是指发行新股时，向累计不超过200人的特定对象发行证券。其特定对象主要是指与发行公司有特殊关系的自然人或法人，比如公司董事、职工、与公司有资本协议关系的其他公司或银行。这种发行方式筹备时间短、费用低，手续简单，但股票发行范围小，流通性差，较适用于未具信誉的公司。我国股份有限公司采用发起设立方式即属于非公开发行。

（三）股票发行的条件

公司发行股票必须具有股票发行资格。我国《公司法》和《证券法》等法律规定，具有股票发行资格的企业是股份有限公司，包括已成立的和经批准拟成立的股份有限公司。股份有限公司发行股票必须要具备法律的条件。根据我国《证券法》规定，公司公开发行新股，应当符合下列条件：

1．具备健全且运行良好的组织机构；

2．具有持续盈利能力，财务状况良好；

3．最近三年财务会计文件无虚假记载，无其他重大违法行为；

4．经国务院批准的国务院证券监督管理机构规定的其他条件。

（四）股票发行价格

股票发行价格是股份公司在募集公司股本或增资发行新股时所确定的股票价格，是股票在一级市场的发售价格，并非二级市场上的交易价格。发行公司要在全面评估公司净资产、未来盈利能力和股票市场的基本情况等各种因素的基础上确定发行价格。如市场整体价格水平及其变动趋势，本行业上市公司市盈率水平，市场平均市盈率等等。以募集设立方式设立公司首次发行的股票价格，由发起人决议。公司增资发行新股的股票价格，由股东大会决议。

1．股票发行价格的种类。

（1）平价发行。平价发行是指以股票的票面价值作为发行价格，此种情况相对来说比较少见。

（2）溢价发行。溢价发行是指以超过股票票面价值的价格发行股票，发行价格超过票面价值部分称为溢价。目前，我国的股份公司发行股票多数采用溢价发行。

（3）折价发行。折价发行是指以低于面值的价格发行股票。

我国《公司法》规定，股票可以按平价发行，也可溢价发行，但不得折价发行。

2．股票发行价格的确定。

在实践中，通常用市盈率法确定股票发行价格，即用计算得出的公司每股净收益乘以发行市盈率。其计算公式如下：

$$发行价格=每股净收益\times发行市盈率 \tag{3-9}$$

式中：每股净收益一般采用发行前3~5年平均每股收益作为依据，参考发行后收益增长潜力进行修正后得出；发行市盈率是根据与发行公司同类型、同行业的上市公司当前市盈率确定的。

按上述公式计算出的发行价格还需要通过竞价或协商调整成最终使用的发行价格。竞价是有关交易所按照申购价格优先、同价位按申购时间优先的原则，将申购价格由高向低排序，并累计认购量，申购累计量刚好等于或大于发行量时对应的价格即是发行价格。协商是承销商与发行公司协商，确定双方都能接受的发行价格。

（五）股票发行的推销方式

1．包销。包销是指证券公司将发行人的证券按照协议全部购入或者在承销期结束时将售后剩余证券全部自行购入的承销方式。在这种安排下，发行失败的风险完全由承销商承担。承销商为了避免承担过大风险，常组成承销团，由所有参与者共同承担发行风险，承销团由主承销和参与承销的证券公司组成。根据我国《证券法》的规定，向不特定对象公开发行的证券票面总值超过人民币 5 000 万元的，应由承销团承销。

2. 代销。代销是指证券公司代发行人发售证券，在承销期结束时，将未售出的证券全部退还给发行人的承销方式。采用此种方式，发行公司须承担发行失败的风险。根据我国《证券法》的规定，代销期限届满，向投资者出售的股票数量未达到拟公开发行股票数量70%的，为发行失败。发行人应当按照发行价并加算银行同期存款利息返还给股票认购人。

3. 直接销售。直接销售指由发行公司自行承担股票的销售工作。发行公司在向原股东配股或直接向金融投资机构销售股票时可以采用此种推销方式。

三、股票上市

发行股票的股份公司，依其股票能否在证券交易所内挂牌交易，可分为上市公司和非上市公司。上市公司是指其股票在证券交易所上市交易的股份有限公司。非上市公司是指依法发行股票，但其股票不能在证券交易所内上市交易，只能在场外交易市场进行转让的股份有限公司。

（一）股票上市的意义

1. 提高公司所发行股票的流动性和变现性，便于投资者认购、交易；

2. 促进公司股权的社会化，防止股权过于集中；

3. 提高公司的知名度；

4. 便于确定公司新股的发行价格和公司价值；

5. 促使上市公司在股东和社会大众的监督之下不断改善经营，提高经济效益。

但股票上市对公司又存在着负面影响，主要表现在：各种公开的要求可能暴露公司的商业秘密；股市的不正常波动可能扭曲公司的实际情况，损害公司的声誉；可能分散公司控制权。

（二）股票上市的条件

申请股票上市交易，应当聘请具有保荐资格的机构担任保荐人。我国《公司法》对股票上市规定的条件为：

1. 股票经国务院证券监督管理机构核准已公开发行；

2. 公司股本总额不少于人民币 3 000 万元；

3. 公开发行的股份达到公司股份总数的 25%以上；公司股本总额超过人民币 4 亿元的，公开发行股份的比例为 10%以上；

4. 公司最近 3 年无重大违法行为，财务会计报告无虚假记载。

证券交易所可以规定高于前款规定的上市条件，并报国务院证券监督管理机构批准。

（三）股票上市的程序

1. 申请。股份公司应先向证券交易所提交上市申请书及相关文件，这些文件包括如下几点：（1）上市报告书；（2）申请股票上市的股东大会决议；（3）公司章程；（4）公司营业执照；（5）依法经会计师事务所审计的公司最近三年的财务会计报告；（6）法律意见书和上市保荐书；（7）最近一次的招股说明书；（8）证券交易所上市规则规定的其他文件。

2. 审查批准。国务院证券监督管理机构或者国务院授权的部门应当自受理股票上市申请文件之日起 3 个月内，依照法定条件和法定程序作出予以核准或者不予核准的决定，发行人根据要求补充、修改发行申请文件的时间不计算在内；不予核准的，应当说明理由。

3．公告。股票上市交易申请经证券交易所审核同意后，签订上市协议的公司应当在规定的期限内公告股票上市的有关文件，并将该文件置备于指定场所供公众查阅。除公告前条规定的文件外，还应当公告下列事项：（1）股票获准在证券交易所交易的日期；（2）持有公司股份最多的前十名股东的名单和持股数额；（3）公司的实际控制人；（4）董事、监事、高级管理人员的姓名及其持有本公司股票和债券的情况。

4．上市交易。签订上市协议的公司办理有关将其股票在证交所上市交易的具体事宜。

（四）股票上市交易的暂停和终止

1．股票上市交易的暂停。按照我国《证券法》规定，上市公司有下列情形之一的，由证券交易所决定暂停其股票上市交易：

（1）公司股本总额、股权分布等发生变化不再具备上市条件；

（2）公司不按照规定公开其财务状况，或者对财务会计报告作虚假记载，可能误导投资者；

（3）公司有重大违法行为；

（4）公司最近三年连续亏损；

（5）证券交易所上市规则规定的其他情形。

2．股票上市交易的终止。按照我国《证券法》规定，上市公司有下列情形之一的，由证券交易所决定终止其股票上市交易：

（1）公司股本总额、股权分布等发生变化不再具备上市条件，在证券交易所规定的期限内仍不能达到上市条件；

（2）公司不按照规定公开其财务状况，或者对财务会计报告作虚假记载，且拒绝纠正；

（3）公司最近三年连续亏损，在其后一个年度内未能恢复盈利；

（4）公司解散或者被宣告破产；

（5）证券交易所上市规则规定的其他情形。

（五）旅游企业上市的基本情况

1990 年 12 月，上海、深圳证券交易所相继成立，我国旅游上市公司在证券市场上发行股票筹集资金，促进了我国旅游业的发展。按 2001 年证监会公布的《上市公司行业分类指引》和主营业务为旅游业、酒店业的标准，本书将部分沪、深两市 A 股旅游上市公司统计如表 3-1 所示。

表 3-1　沪、深两市 A 股旅游上市公司一统计（不完全统计）

序号	证券代码	证券简称	上市时间
1	600054	黄山旅游	1997 年 05 月 06 日
2	600138	中青旅	1997 年 12 月 03 日
3	600258	首旅股份	2000 年 06 月 01 日
4	600358	国旅联合	2000 年 09 月 22 日
5	600593	大连圣亚	2002 年 07 月 11 日
6	600754	锦江股份	1996 年 10 月 11 日
7	601007	金陵饭店	2007 年 04 月 06 日
8	000033	新都酒店	1994 年 01 月 03 日
9	000069	华侨城 A	1997 年 09 月 10 日
10	000428	华天酒店	1996 年 08 月 08 日
11	000430	S*ST 张股	1996 年 08 月 29 日
12	000524	东方宾馆	1993 年 11 月 18 日
13	000610	西安旅游	1996 年 09 月 26 日

（续表）

序号	证券代码	证券简称	上市时间
14	000613	SST 东海 A	1997 年 01 月 28 日
15	000802	北京旅游	1998 年 01 月 08 日
16	000888	峨眉山 A	1997 年 10 月 21 日
17	000978	桂林旅游	2000 年 05 月 18 日
18	002033	丽江旅游	2004 年 08 月 29 日
19	002059	世博股份	2006 年 08 月 10 日

资料来源：根据上市公司公告整理，截至到 2007 年 6 月 30 日。

四、普通股筹资

（一）普通股股东的权利

普通股是股份有限公司发行的无特别权利的股份，也是最基本、标准的股份。持有普通股股份者为普通股股东。依我国《公司法》的规定，普通股股东主要有如下权利：

1．表决权。出席或委托代理人出席股东大会，并依公司章程规定行使表决权。这是普通股股东参与公司经营管理的基本方式。

2．股份转让权。股东持有的股份可以自由转让，但必须符合《公司法》、其他法规和公司章程规定的条件和程序。

3．收益分配请求权。

4．优先认股权。

5．分配公司剩余财产的权利。

6．公司会计账簿和股东大会决议的查阅权。

7．公司章程规定的其他权利。

同时，普通股股东也对公司负有义务。我国公司法中规定了股东负有遵守公司章程、缴纳股款、对公司债务负有限责任、不得退股等义务。

（二）普通股的种类

股份有限公司可能发行若干等级的普通股票。通常按照其对股利的要求权和投票表决权可以分为 A 级普通股和 B 级普通股。A 级普通股通常没有投票权，而 B 级普通股一般均有投票权。如果发起人对公众大量发售 A 级普通股，而自己保留 B 级普通股，是想以相对少的投资取得公司的控制权。为了推销 A 级普通股，发起人必须在投票表决权与对股利和剩余财产分配权之间进行适当的平衡。一般说来，在股利和剩余财产分配权上，B 级股东次于 A 级股东。

普通股的另一种分级方法是从普通股中分出“发起人股”。发起人股类似于 B 级普通股，由发起人认购。发起人股东拥有投票权，但在公司设立之初的前几年没有分配股利的权利。这样，在公司初创阶段，发起人能够完全控制公司，但又不能大量抽走资金。

（三）普通股筹资的评价

普通股筹资是股份公司的一种主要的权益资本筹资方式，是进行其他筹资的基础。因此，从发行公司的立场来考察评价普通股筹资，可以归纳出以下几方面的优点和不利之处。

1．普通股筹资的优点。

（1）普通股所筹资金，为企业长期占用。普通股没有到期日，投资者一旦购买便不得退股，所筹资金是公司永久性的资本供给。按照有关法律规定，在公司存续期间，股东对其投入的资本除依法转让外，不得以任何方式抽走；对公司的留存收益，除按照利润分配政策向股东分配外，股东也不得以任何方式抽走。

（2）利用普通股筹资，可以提高企业的财务实力和信誉。普通股所筹资金将形成企业的股本和资本公积金，构成权益资本的重要部分。企业的权益资本越雄厚，对债权人的权益保障程度越高，再筹资能力也越强。

（3）利用普通股筹资，企业基本没有固定财务负担。企业是否向普通股股东分配股利、分配多少，取决于企业的盈利水平和股利分配政策，而不必经常考虑如何调剂现金还本付息。

2．普通股筹资的缺点。

（1）资本成本较高。普通股筹资与债务筹资相比，其资本成本较高。原因是：第一，对于投资者来说，普通股的风险高于债务，因而要求较高的报酬；第二，向股东支付的股利是从税后利润中支付的，没有抵税作用；第三，普通股的发行费用较高。

（2）发行新股可能分散企业的控制权。企业为了筹集资金而发行新股，可能会增加新股东，分散老股东对企业的控制权。

五、优先股筹资

优先股股票是指股份有限公司发行的、在利润和剩余财产请求权方面优先于普通股股东的股票。发行优先股股票是为了获得权益资金，但又按照某一固定的数额或比率分配股利，它兼具普通股股票和债券的特点，属于混合性证券。

优先股股票与普通股相比，在利润和剩余财产分配上具有优先请求权。在分配股利时，普通股股东必须在优先股股利支付后才能分得股利。如果公司破产清算，优先股先于普通股分配剩余财产。

（一）优先股的种类

发行优先股时，往往会附有很多条款，这些条款不仅包括优先股的面值、股利等规定，还包括诸如股利是否累积，能否参与分配剩余利润、是否可转换成普通股、能否赎回等方面的规定，依据这些附加条款，可以将优先股做如下分类。

1．根据股利是否累积，分为累积优先股和非累积优先股。

累积优先股（Accumulative Preferred），是指任何一年未支付的股利都可累积到以后年度支付的优先股。公司必须在付清拖欠的优先股股利之后，才能支付普通股股票的股利。多数公司发行的优先股是可以累积股利的，这是对优先股股东的利益保护，防止管理层有意回避支付优先股股利而将大部分盈余留归普通股股东。

非累积优先股（Non-Accumulative Preferred），是指未支付的股利不能累积到以后年度的优先股。

2．根据能否参与分配剩余利润，分为参与优先股和不参与优先股。

参与优先股（Participating Preferred），是指在取得优先股利后，还可以参与分享一定限额的或全部的剩余利润。如果是参与分享有一定限额，为部分参与优先股，参与全部剩余利润的为全部参与优先股。

不参与优先股（Non-Participating Preferred），是指其持有者只能取得规定的股利，对其余的剩余利润无权参与分配的优先股。大多数情况下公司发行的是不参与优先股。

3．根据是否可转换成普通股，分为可转换优先股和不可转换优先股。

可转换优先股（Convertible Preferred），是指按发行条款规定，可以在规定期限内按一定比率转换成普通股。转换比率是按优先股和普通股现行价格确定的，到期是否转换，完全取决于投资者的意愿及当时普通股和优先股价格变化情况。例如，公司每股优先股价格 15 元，每股普通股 5 元，则公司发行条款可以规定，2 年内以 1∶3 的比率转换成普通股。如果 2 年内，公司优先股价格与普通股价格的比率低于 3，优先股股东选择转换成普通股，则可以获得转换收益，否则选择保留优先股。

不可转换优先股（Non-Convertible Preferred），是指不能转换成普通股的优先股，它只能获得固定股利，而不能获得转换收益。

4．根据能否赎回，分为可赎回优先股和不可赎回优先股。

可赎回优先股（Redeemable Preferred），是指股份公司可以按一定价格回购的优先股。优先股没有到期日，其固定股利是公司永久性的财务负担，公司可以在发行时附加赎回条款，以减轻财务负担，但回购价格须高于优先股面值或发行价格。至于是否赎回，什么时候赎回，则由发行公司决定。

不可赎回优先股（Non-Redeemable Preferred），是指不能回购的优先股。公司很少发行不可赎回优先股。

（二）优先股筹资的评价

优先股股票兼具权益资本和债务的特征，正因为如此，发行优先股是一种更富有弹性的筹资方式。这里从发行公司的立场来评价优先股筹资的利弊。

1．优先股筹资的优点。

（1）优先股所筹资金，一般为企业长期占用。优先股一般没有到期日，实质上是一种永久性借款，即使是有赎回条款，对公司来说有很大的机动性，从而使公司的财务安排更富有弹性。

（2）发行优先股，股利支付有大的机动性，而负债须定期地、如数地履行支付义务。

（3）一般说来，优先股股票没有投票权，可以避免公司控制权的分散。

（4）优先股股本是公司的权益资本，可以保护债权人的利益。因此，发行优先股可增强公司未来的偿债能力。

2．优先股筹资的缺点。

（1）与债券相比，优先股的资本成本较高。优先股股利是以公司的税后净利发放，不具有税收抵免作用。另外，投资优先股的风险比债券大，因而优先股股利高于债券的利息。

（2）优先股筹资的限制较多。发行优先股通常有较多的限制条款。比如对普通股股利支付上的限制，对公司举债的限制等。

（三）优先股筹资的财务决策

优先股是一种兼具公司债券和普通股特点的混合型证券，在遇到以下的情形时，可以考虑和利用优先股筹资。

1．如果公司不想承担高额的普通股成本，又不愿因负债而削弱公司的偿债能力，可考虑发行优先股筹集资金。

2．如果公司预计未来有较大的盈利，但销售和利润的变动很不稳定，为了避免支付固定利息而带来的财务风险，也可以考虑采用优先股筹集资金。

3. 如果公司已用尽其举债能力，进一步举债会产生财务危机。股东又不愿因发行普通股而削弱控制权，也可以考虑采用优先股筹集资金。

第四节 内部筹资

内部筹资是指旅游企业通过留存收益、计提折旧等方式来取得资金。这里只简单介绍留存收益和计提折旧。留存收益是旅游企业在经营过程中所创造的，但由于旅游企业经营发展的需要或由于法定的原因等，没有分配给所有者而留存在企业的盈利。它包括盈余公积和未分配利润，其中盈余公积是有特定用途的累积盈余，未分配利润是没有指定用途的累积盈余。留存收益是旅游企业内部筹资的重要途径。旅游企业通过少发现金股利或发放股票股利甚至不发放股利，保留更多的税后利润以满足企业的资金需要。留存收益是旅游企业股东的财产，它的资金成本就是股东对旅游企业的普通股所要求的报酬率，实质上是一种机会成本。如果旅游企业能够将留存收益投资于报酬率更高的项目，这将会给股东带来更多的好处，另外，留存收益不必动用现金支付筹资费用，因此，留存利润筹资对旅游企业来说是非常有益的，也是非常乐意使用的。本书第八章将详细介绍利润分配的有关内容，此处不再赘述。

计提折旧也是企业内部筹资的重要来源。旅游企业计提折旧的目的是通过每个会计期提取一定的费用形成货币积累，使固定资产在使用期满后能够购置到和原来一样的固定资产，以维持企业原有的生产经营能力，从而实现实体资本保全。对一个持续经营的企业来说，计提折旧必须用于更新固定资产，它是股东投资于企业财产的一部分，同样要求获得其所需要的报酬率。

第五节 复习题

【思考题】

1. 旅游企业筹资的目的有哪些?
2. 旅游企业的筹资渠道和方式有哪些?
3. 旅游企业在筹资时应遵循哪些原则?
4. 吸收直接投资的方式有哪些？如何对不同资产进行估价？
5. 股票的种类有哪些?
6. 如何确定股票的发行价格?
7. 股票上市的条件和程序是什么?
8. 如何评价普通股筹资和优先股筹资?

第四章　旅游企业负债筹资

【案例导读】

首都旅游股份有限公司筹资收购海南南山文化公司股份

首都旅游股份有限公司（以下简称“首旅”）是由北京首都旅游集团有限责任公司作为主发起人，联合北京城乡贸易中心股份有限公司、清华同方股份有限公司、中国北京全聚德集团有限责任公司、北京市昌平区十三陵旅游服务开发总公司四家发起人，经北京市人民政府批准，以发起方式设立的股份有限公司。2000 年，首旅股份成功在上海证券交易所挂牌上市，股票代码 600258。

首旅股份下辖的分公司有民族饭店、北京展览馆、物业管理等三个分公司，控股子公司有神舟国旅、海南南山文化旅游开发有限公司、神舟投资、京伦饭店、新京伦国际酒店管理有限公司等，参股子公司有首汽股份、清华同方等。其中民族饭店、北京展览馆等是由首旅股份租用首旅集团土地使用权进行经营。神舟国旅原是首旅集团下属企业，系首旅股份上市后用现金购买首旅集团股权而成的控股公司。另外，作为首旅股份发展战略中的一个重要组成部分，公司开始向旅游资源地的开发和经营方向转移，除在海南三亚开发南山文化旅游区外，2003 年公司又成功地将位于宁夏回族自治区的沙湖景区收于旗下。这两个投资项目也是公司上市以来的两大重要投资项目。

根据公司提供的 2001~2003 年的中报和年报中的相关数据，以半年为一个周期，对公司的资产负债率、流动比率进行对比分析，具体数据如下图所示。

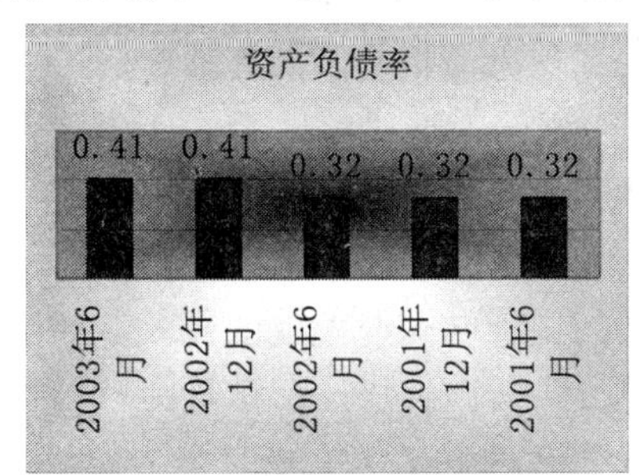

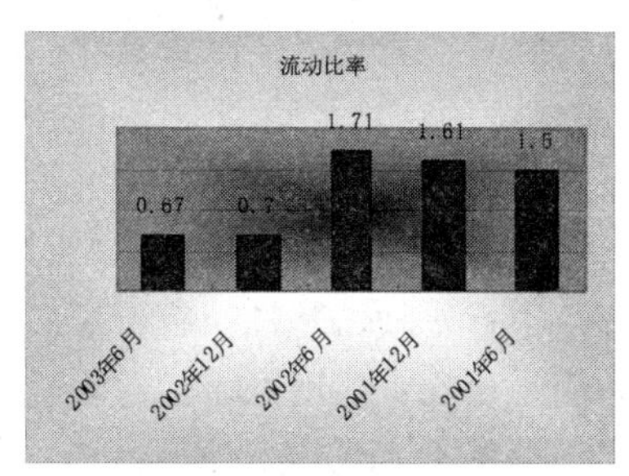

从上面的图表中，我们可以看到，公司的资产负债率在 2002 年有较大幅度的增加，这主要是因为公司因自筹 3 亿 3 千万元收购海南南山文化公司股份而增加负债所致，在此负债当中，短期负债约占三分之二，长期负债约占三分之一。由于短期负债的迅速增加，而且公司的流动资产规模也有一定下降，导致公司的流动比率迅速下降，只有 0.7 左右，这表明公司在短期范围内面临一定的财务风险，在对待债务的问题上需要引起一定的注意。

（资料来源：http://yc.bjstudent.org.cn《首都旅游股份有限公司发展战略报告》）

负债是旅游企业资金来源中一个重要的组成部分，在旅游企业的生产经营活动中发挥重要作用，影响旅游企业的资本结构和财务状况。负债筹资是指旅游企业向银行、其他非银行金融机构、企业单位等借入资金。本章将介绍旅游企业负债筹资的几种主要方式，包括长期借款、债券、租赁、短期借款和商业信用。

第一节 长期负债筹资

按照所筹资金可使用时间的长短，负债筹资可分为长期负债筹资和短期负债筹资两类。长期负债是指期限超过一年的负债。长期负债筹资主要有长期借款、债券和租赁三种方式。

一、长期借款筹资

（一）长期借款的概念

长期借款（Long-Term Loan），是指企业根据借款合同从有关银行或其他非银行金融机构借入的期限超过一年的需要还本付息的款项。

（二）长期借款的种类

长期借款的种类很多，主要有如下几种分类：

1. 按是否需要担保，可以分为信用贷款和担保贷款。

信用贷款，是指以借款人的信誉发放的贷款。

担保贷款，是指以一定的财产做抵押或以一定的保证人做担保为条件发放的贷款。担保贷款又分为保证贷款、抵押贷款、质押贷款。保证贷款，是指按《中华人民共和国担保法》规定的保证方式以第三人承诺在借款人不能偿还贷款时，按约定承担一般保证责任或者连带责任而发放的贷款。抵押贷款，是指按《中华人民共和国担保法》规定的抵押方式以借款人或第三人的财产作为抵押物发放的贷款。质押贷款，是指按《中华人民共和国担保法》规定的质押方式以借款人或第三人的动产或权利作为质物发放的贷款。

2. 按借款的用途，可以分为固定资产投资借款、更新改造借款、大修理借款、新产品试制借款、科研开发借款等。

3. 按提供贷款的机构，可以分为政策性银行贷款和商业银行贷款。

政策性银行贷款，是指执行国家政策性贷款业务的银行向企业发放的贷款。如国家开发银行为满足企业承建国家重点建设项目的资金需要提供贷款；进出口信贷银行为大型设备的进出口提供买方或卖方信贷。

商业银行贷款，是指由各商业银行向工商企业提供的贷款。这类贷款主要为满足企业生产经营的资金需要。此外，企业还可从信托投资公司取得实物或货币形式的信托投资贷款，从财务公司取得各种中长期贷款等。

（三）取得长期借款的条件

根据中国人民银行《贷款通则》，借款人申请贷款，应当具备产品有市场、生产经营有效益、不挤占挪用信贷资金、恪守信用等基本条件，并且应当符合以下要求：

1. 有按期还本付息的能力，原应付贷款利息和到期贷款已清偿；没有清偿的，已经做了贷款人认可的偿还计划。

2. 除自然人和不需要经工商部门核准登记的事业法人外，应当经过工商部门办理年检手续。

3. 已开立基本账户或一般存款账户。

4. 除国务院规定外，有限责任公司和股份有限公司对外股本权益性投资累计额未超过其净资产总额的 50%。

5. 借款人的资产负债率符合贷款人的要求。

6. 新建项目的企业法人所有者权益与项目所需总投资的比例不低于国家规定的投资项目的资本金比例。

（四）长期借款筹资的程序

旅游企业要从银行取得借款，需按一定的程序进行。

1. 借款申请。旅游企业需要贷款，应当向主办银行或者其他银行的经办机构直接申请。借款人应当填写包括借款金额、借款用途、偿还能力及还款方式等主要内容的《借款申请书》并提供以下资料：借款人及保证人基本情况；财政部门或会计（审计）事务所核准的上年度财务报告，以及申请借款前一期的财务报告；原有不合理占用的贷款的纠正情况；抵押物、质物清单和有处分权人的同意抵押、质押的证明及保证人拟同意保证的有关证明文件；项目建议书和可行性报告；贷款人认为需要提供的其他有关资料。

2. 借款审查。银行根据旅游企业的借款申请进行审查。首先，对借款人的信用等级进行评估。根据借款人的领导者素质、经济实力、资金结构、履约情况、经营效益和发展前景等因素，评定借款人的信用等级。评级可由银行独立进行，内部掌握，也可由有权部门批准的评估机构进行。其次，进行贷款调查。银行要对借款人的信用等级以及借款的合法性、安全性、盈利性等情况进行调查，核实抵押物、质物、保证人情况，测定贷款的风险度。然后，进行贷款审批。审查人员对调查人员提供的资料进行核实、评定，复测贷款风险度，提出意见，按规定权限报批。

3. 签订借款合同。银行审查同意贷款后，双方签订借款合同。借款合同主要包括如下四方面内容。

（1）基本条款。这是借款合同的基本内容，具体包括借款种类、金额、利率、期限、还款方式等。

（2）保证条款。这是保证借款能顺利归还的一系列条款，包括借款按规定的用途使用、有关的物资保证、抵押财产、担保人及其责任等内容。

（3）违约条款。这是对双方若有违约行为时应如何处理的条款，主要载明对旅游企业逾期不还或挪用贷款等如何处理和银行不按期发放贷款的处理等内容。

（4）其他附属条款。这是与借贷双方有关的其他条款，如双方经办人、合同生效日期等条款。

另外，保证贷款应当由保证人与贷款人签订保证合同，或保证人在借款合同上载明与贷款人协商一致的保证条款，加盖保证人的法人公章，并由保证人的法定代表人或其授权代理人签署姓名。抵押贷款、质押贷款应当由抵押人、出质人与贷款人签订抵押合同、质押合同，需要办理登记的，应依法办理登记。

4. 取得借款。借款合同生效后，旅游企业便可取得借款。贷款人要按借款合同规定按期发放贷款。贷款人不按合同约定按期发放贷款的，应偿付违约金。借款人不按合同约定用款的，应偿付违约金。

5．借款归还。旅游企业应按借款合同的规定按时足额归还借款本息。银行会在长期借款到期一个月之前，向借款旅游企业发送还本付息通知单。旅游企业在接到还本付息通知单后，要及时筹备资金，按时还本付息。

不能按期归还贷款的，借款旅游企业应当在贷款到期日之前，向银行申请贷款展期。是否展期由贷款银行决定。申请保证贷款、抵押贷款、质押贷款展期的，还应当由保证人、抵押人、出质人出具同意的书面证明。已有约定的，按照约定执行。中期贷款（5～10 年）展期期限累计不得超过原贷款期限的一半；长期贷款（10 年以上）展期期限累计不得超过 3 年。国家另有规定者除外。

二、债券筹资

（一）债券的概念

债券（Bonds），是指旅游企业为了筹集资金而发行的，约定在一定期限还本付息的有价证券。

（二）债券的基本要素

1．债券的票面价值。它包含两个方面：一是票面价值的币种。即以何种货币作为债券票面价值的计量单位。选择币种时主要依发行对象和实际需要来决定。一般来讲，如果发行对象是国内各类投资者，就选择国内货币作为债券票面价值的计量单位；如果发行对象是国外投资者，就选择债券发行地国家货币或国际通用货币作为债券价值的计量单位。二是债券的票面金额。债券票面金额的大小直接影响债券的发行成本及发行数量，从而影响筹资的效果。一般来说，票面金额较小，有利于债券发行，但发行费用较大；相反，票面金额较大，则发行费用较小，但不利于债券的发行。

2．债券的利率。债券的利率，是指债券持有者定期获取的利息与债券票面价值的比率。债券利率的高低是由发行债券的主体来决定的，但受资本市场资金的供求关系、发行者的资信级别、偿还期限、偿还方式等因素的影响。

3．债券的到期日。债券的到期日，是指偿还本金的日期。到期日的确定主要受发行者将来一段时间可调配的资金规模、市场利率的状况、证券市场的完善程度、投资者的投资行为等因素的影响。

4．债券的发行价格。债券的发行价格，是指债券发行时使用的价格，亦即投资者购买债券时所支付的价格。由于受市场利率的影响，债券发行价格可划分为三种类型：当市场利率与票面利率一致时，债券发行价格与其面值一致；当市场利率高于票面利率时，债券发行价格低于其面值；当市场利率低于票面利率时，债券发行价格高于其面值.。

在按期付息、到期一次还本的情况下，债券发行价格的计算公式为：

$$P=M\times(P/F,K,n)+M\times i\times(P/A,K,n) \tag{4-1}$$

式中：P——债券发行价格；

M——票面金额；

K——市场利率；

i——票面利率；

n——债券期限。

如果企业发行不计复利、到期一次还本付息的债券，则其发行价格的计算公式为：

$$P = M \times (1+i \times n) \times (P/F,K,n) \quad (4\text{-}2)$$

（三）债券的种类

债券的种类很多，主要有以下几种分类：

1．按是否记名，分为记名债券和无记名债券。

记名债券，是指在债券上记载持券人姓名或名称的债券。这种债券由债券持有人以背书方式或者法律、行政法规规定的其他方式转让，转让后由公司将受让人的姓名或者名称及住所记载于公司债券存根簿。

无记名债券，是指在债券上不需记载持券人姓名或名称的债券。这种债券由债券持有人将该债券交付给受让人后即发生转让的效力。

2．按能否转换为公司股票，分为可转换债券和不可转换债券。

若公司债券能转换为本公司股票，为可转换债券；反之为不可转换债券。一般而言，可转换债券的利率要低于不可转换债券的利率。

3．按发行主体，分为政府债券、金融债券、企业债券。

政府债券，是指国家和地方政府为了筹集资金而向投资者发行的债券。

金融债券，是指银行或非银行的金融机构发行的债券。

企业债券，是指企业为筹集资金而发行的债券。企业债券一般风险较大，因此利率也较高。通常国家为了保护投资者的利益，对企业债券的发行数量、时间、期限、利率等方面都有严格的规定。

4．按有无担保，分为抵押债券、担保债券、信用债券。

抵押债券，是指以债券发行单位的一定财产为抵押，债券到期时如债券发行单位不能还本付息，则持券人有权要求处理抵押品来支付。抵押债券按其抵押品的不同，分为不动产抵押债券、动产抵押债券和证券抵押债券。

担保债券，是指由一定保证人做担保而发行的债券。当发行单位没有足够的资金偿还债务时，持券人可要求保证人偿还。

信用债券，是指仅凭债券发行单位自身的信用发行的、没有抵押品做抵押或保证人做担保的债券。

5．按债券的偿还期限，分为短期债券和长期债券。

短期债券，是指债券到期偿还本金的期限在一年以内的债券。

长期债券，是指债券到期偿还本金的期限在一年以上的债券。

6．按利率的不同，分为固定利率债券和浮动利率债券

固定利率债券，是指债券发行单位将利率明确记载于债券上，按这一固定利率向持券人支付利息的债券。这种规定的利率不受市场利率的影响，持券人到期获取固定利息。

浮动利率债券，是指债券发行单位发放利息时利率水平按某一标准的变化而同方向调整的债券。浮动利率债券可使债券购买者在市场利率上下波动情况下避免其收益受通货膨胀的影响。

7．按利息的支付方式，分为一般付息债券、附息票债券、贴现债券。

一般付息债券，是指债券利息按债券面值计算，到期一次支付本息的债券。

附息票债券，是指债券上附有每期如一年或半年领取利息凭证的债券，每次利息到期时，凭息票领取利息。

贴现债券，是指债券发行价格低于其面值，而到期时按面额偿还的债券。该债券票面值与发行价格的差额即为债券购买者的利息。

8. 按债券的偿还方式，分为一次性偿还债券、分期偿还债券、通知偿还债券、延期偿还债券。

一次性偿还债券，是指债券发行单位在债券到期时一次性还本付息的债券。

分期偿还债券，是指债券发行单位在债券的偿还期内分期还本付息的债券。此种债券可减轻发行单位到期一次还本付息的财务负担。

通知偿还债券，是指债券发行单位在发行债券时附有条款，条款规定发行单位可随时提前还本付息的债券。

延期偿还债券，这种债券分两种情况：一是债券发行单位延长偿还期限的债券，二是债券购买者有权要求给予延期还本付息的债券。前一种情况是由债券发行单位根据自身的目的决定的，后一种情况是由债券购买者根据自身的利益决定的。

（四）债券的发行

1. 债券的发行条件。

我国新《证券法》规定公开发行公司债券，应当符合下列条件：

（1）股份有限公司的净资产不低于人民币三千万元，有限责任公司的净资产不低于人民币六千万元；

（2）累计债券余额不超过公司净资产的百分之四十；

（3）最近三年平均可分配利润足以支付公司债券一年的利息；

（4）筹集的资金投向符合国家产业政策；

（5）债券的利率不超过国务院限定的利率水平；

（6）国务院规定的其他条件。

公开发行公司债券筹集的资金，必须用于核准的用途，不得用于弥补亏损和非生产性支出。

上市公司发行可转换为股票的公司债券，除应当符合第一款规定的条件外，还应当符合新证券法关于公开发行股票的条件，并报国务院证券监督管理机构核准。

2. 债券的发行程序。

（1）申请。申请公开发行公司债券，应当向国务院授权的部门或者国务院证券监督管理机构报送下列文件：

① 公司营业执照；

② 公司章程；

③ 公司债券募集办法；

④ 资产评估报告和验资报告；

⑤ 国务院授权的部门或者国务院证券监督管理机构规定的其他文件。

有下列情形之一的，不得再次公开发行公司债券：

① 前一次公开发行的公司债券尚未募足；

② 对已公开发行的公司债券或者其他债务有违约或者延迟支付本息的事实，仍处于继续状态；

③ 改变公开发行公司债券所募资金的用途。

（2）审核。国务院证券管理部门根据有关规定，对公司的申请予以核准。国务院证券管理部门自受理债券发行申请文件之日起三个月内，依照法定条件和法定程序作出予以核准或者不予核准的决定。

（3）制定募集办法并予以公告。发行公司债券的申请经国务院授权的部门核准后，应当公告公司债券募集办法。公司债券募集办法中应当载明下列主要事项：

① 公司名称；

② 债券募集资金的用途；

③ 债券总额和债券的票面金额；

④ 债券利率的确定方式；

⑤ 还本付息的期限和方式；

⑥ 债券担保情况；

⑦ 债券的发行价格、发行的起止日期；

⑧ 公司净资产额；

⑨ 已发行的尚未到期的公司债券总额；

⑩ 公司债券的承销机构。

发行人应当依照法律、行政法规的规定，在债券公开发行前，公告公开发行募集文件，并将该文件置备于指定场所供公众查阅。发行人不得在公告公开发行募集文件前发行债券。

（4）发行。发行人公告募集办法后，开始在公告所定的期限内募集借款。我国新《证券法》规定，发行人向不特定对象发行的证券，法律、行政法规规定应当由证券公司承销的，发行人应当同证券公司签订承销协议。证券承销业务采取代销或者包销方式。

证券代销，是指证券公司代发行人发售证券，在承销期结束时，将未售出的证券全部退还给发行人的承销方式。

证券包销，是指证券公司将发行人的证券按照协议全部购入或者在承销期结束时将售后剩余证券全部自行购入的承销方式。

代销或者包销协议，应载明下列事项：

① 当事人的名称、住所及法定代表人姓名；

② 代销、包销证券的种类、数量、金额及发行价格；

③ 代销、包销的期限及起止日期；

④ 代销、包销的付款方式及日期；

⑤ 代销、包销的费用和结算办法；

⑥ 违约责任；

⑦ 国务院证券监督管理机构规定的其他事项。

另外，向不特定对象发行的证券票面总值超过人民币五千万元的，应当由承销团承销。证券的代销、包销期限最长不得超过九十日。

（五）债券上市

1．债券上市的条件。

我国新《证券法》规定，公司申请公司债券上市交易，应当符合下列条件：

（1）公司债券的期限为一年以上；

（2）公司债券实际发行额不少于人民币五千万元；

（3）公司申请债券上市时仍符合法定的公司债券发行条件。

2．债券上市的程序。

申请公司债券上市交易，应当向证券交易所报送下列文件：

（1）上市报告书；

（2）申请公司债券上市的董事会决议；

（3）公司章程；

（4）公司营业执照；

（5）公司债券募集办法；

（6）公司债券的实际发行数额；

（7）证券交易所上市规则规定的其他文件。

公司债券上市交易申请经证券交易所审核同意后，签订上市协议的公司应当在规定的期限内公告公司债券上市文件及有关文件，并将其申请文件置备于指定场所供公众查阅。

3．债券上市交易的暂停与终止。

公司债券上市交易后，公司有下列情形之一的，由证券交易所决定暂停其公司债券上市交易：

（1）公司有重大违法行为；

（2）公司情况发生重大变化不符合公司债券上市条件；

（3）发行公司债券所募集的资金不按照核准的用途使用；

（4）未按照公司债券募集办法履行义务；

（5）公司最近二年连续亏损。

其中，公司有第 1 项、第 4 项所列情形之一经查实后果严重的，或者有第 2 项、第 3 项、第 5 项所列情形之一，在限期内未能消除的，由证券交易所决定终止其公司债券上市交易。公司解散或者被宣告破产的，由证券交易所终止其公司债券上市交易。

（六）债券的信用评级

企业公开发行债券通常需要由债券评信机构评定等级。债券评级既是企业走向市场的需要，也是投资者进行投资决策的依据。

1．债券评级的概念。

债券评级（Bond Ratings），是指某一特定机构对债券到期还本付息的履行能力或风险程度所作出的评定。这个特定机构就是评级机构，其测定的结果，可以根据债券履约能力大小或风险程度高低划分为不同的级别，通常用简单明了的符号表示。一般，债券的履约能力强、风险程度低，其获得的级别就高，反之就低。

2．债券评级的程序。

（1）评级申请。发行公司提出评级申请，同时提交有关资料。相关资料包括公司概况、财务状况与计划、长期债务与自有资本结构、债券发行概要等。

（2）评级机构评定债券等级。评级机构组织由有关专家组成的评级工作小组，对有关资料进行调查、审查，并与发行公司座谈，最后由专家组经过投票确定债券等级，并征求发行公司意见，如有疑义，返回再评，再评结果即为最终结论，并向社会公示。

（3）评级机构跟踪检查。评级机构还要对债券从发售到清偿的整个过程进行追踪调查，并定期审查，以确定是否有必要修正该债券级别。若需要对债券级别调高或调低，则通知发行公司并予以公告。

3．债券信用评级报告。

债券信用评级报告是债券评级的重要书面文件。评级报告包括概述、声明、评级报告正文、跟踪评级安排和附录等五部分。

（1）概述部分。概要说明评级报告的情况，包括发行人和受评债券的名称、信用级别及释义、资信评级机构及人员的联系方式和出具报告的时间等内容。

（2）声明部分。全面登载资信评级机构关于评级情况的声明事项。

（3）正文部分。包括评级结论及评级结论分析两个部分。

评级结论包括发行人名称、受评债券名称、信用级别及释义、评级结论的主要依据等，并简要说明本次评级的过程和发行人、受评债券的风险程度。

评级结论分析部分至少应包括下列内容：

① 对发行人的简要分析；

② 对受评债券的简要分析；

③ 对证券行业的简要分析；

④ 分析发行人风险因素；

⑤ 描述和分析发行人及其董事、监事、经理及其他高级管理人员过去三年内发生的违法违规及违约事实；

⑥ 分析发行人财务状况；

⑦ 分析有关偿债保障措施对受评债券风险程度的影响；

⑧ 分析发行人履行债券义务的能力、可信程度和抗风险能力。

（4）跟踪评级安排部分。明确说明对受评债券存续期内的跟踪评级时间、评级范围、出具评级报告的方式等内容，持续揭示受评债券的信用变化情况。

（5）附录部分。收录其他相关的重要事项，主要包括资信评级机构简要介绍、尽职调查报告等。

4．国内外债券评级的进展。

目前国际上流行的债券等级是3等9级。国际上公认的最具权威性的信用评级机构，主要有美国标准·普尔公司和穆迪投资服务公司。上述两家公司负责评级的债券很广泛，包括地方政府债券、公司债券、外国债券等，由于它们占有详尽的资料，采用先进科学的分析技术，又有丰富的实践经验和大量专门人才，因此它们所做出的信用评级具有很高的权威性。标准·普尔公司信用等级标准从高到低可划分为：AAA级、AA级、A级、BBB级、BB级、B级、CCC级、CC级C级。穆迪投资服务公司信用等级标准从高到低可划分为：Aaa级、Aa级、A级、Baa级、Ba级、B级、Caa级、Ca级和C级（见表4-1）。

表 4-1　债券信用等级表

标准·普尔公司		穆迪公司	
AAA	最高级	Aaa	最高质量
AA	高级	Aa	高质量
A	上中级	A	上中质量
BBB	中级	Baa	下中质量
BB	中下级	Ba	具有投机因素
B	投机级	B	通常不值得正式投资
CCC	完全投机级	Caa	可能违约
CC	最大投机级	Ca	高质投机性，经常违约
C	规定盈利付息但未能盈利付息	C	最低级

标准·普尔公司还采用“＋”“－”来区别同级债券的优劣；穆迪公司则在表示债券级别的英文字母后面，加注 1，2，3，分别代表同级债券质量的优、中、差。目前，这两种方式均为各国所采用，并结合自己的实际情况制定了相应的债券等级。

我国的债券评级工作正在开展，但尚无统一的债券等级标准和系统评级制度。根据中国人民银行的有关规定，凡是向社会公开发行的企业债券，需要由经中国人民银行认可的资信评级机构进行评信。这些机构对发行债券企业的企业素质、财务质量、项目状况、项目前景和偿债能力进行评分，以此评定信用级别。

上海远东资信评估有限公司是规模较大、业务范围较广、发展水平较为成熟的中国主要评级机构之一。其标识体系旨在衡量受评对象的偿债能力和意愿，见表 4-2。

表 4-2　上海远东资信评估有限公司标识体系表

AAA	长期偿债能力极强，信用风险损失可能性最小，受外部环境影响最小
AA	长期偿债能力很强，受外部环境影响较小
A	长期偿债能力较强，但在外部环境恶化时偿债能力会有所波动
BBB	目前有足够的偿债能力，但在外部环境恶化时可能没有足够的偿债能力
BB	债务违约率较低，但在外部环境恶化时偿债能力较为脆弱
B	目前仍有部分偿债能力，但在外部环境恶化时偿债能力将进一步削弱，未来的债务违约率较高
CCC	目前存在债务违约的可能，在外部环境恶化时偿债能力难以维持
CC	目前债务违约率极高，对外部环境恶化的抵御能力极弱
C	濒临破产倒闭或已申请破产

远东资信在 AAA 到 B 等级标识中使用“＋”和“－”标记，以区分在同一等级中资信能力的相对状况，AAA 不设“＋”标记。

三、租赁筹资

（一）租赁的概念

租赁（Lease），是指由出租人以收取租金为条件，在契约合同规定的期限内，将资产租让给承租人使用的业务活动。

（二）租赁的特点

1. 所有权与使用权分离。在租赁期内，所租物品归承租人使用，承租人在享有使用权的同时，一般还对租用物品负有维修、保养的责任，但是，出租人始终拥有租赁物品的所有权。租赁期满后，承租人可根据租赁合同，留购、续租、另订租约或退回租赁物等。

2. 融资与融物相结合。租赁是以商品形态与货币形态相结合提供的信用活动，它在向企业出租设备的同时，解决了企业的资金需求，具有信用、贸易双重性质。融资与融物相结合使得作为专营租赁业务的专业租赁公司或兼营租赁业务的机构具有金融机构和贸易机构的双重职能。

3. 租金的分期归还。在租金的偿还方式上，租赁与银行信用、消费信用一样，采取了分期回流方式，出租人的资金一次投入，分期收回。承租人交付租金的次数和金额由承租人与出租人具体磋商议定。

（三）租赁的类型

租赁的类型很多，主要有经营租赁和融资租赁两类。

1. 经营租赁。经营租赁，是指为了解决临时所需而以支付租金方式取得租赁物的使用权。经营租赁的特点主要有以下几个方面。

（1）出租人不仅提供租赁资产，还要提供维修、保养、人员培训等项服务。

（2）在一定条件下，承租人可以提前解约退还设备或改租更先进的设备。经营租赁契约通常包括解约条款，根据这一条款，承租人在约定的租赁期结束以前有权取消租赁契约，返还租赁设备。这表明，如果出租人的设备滞后，或承租人的经营状况不佳，不再继续需要租赁设备，承租人有权中止租赁合同。

（3）租赁期限较短。租赁资产的经济寿命一般远远长于每一次的租赁期限。同一台设备在其寿命周期内往往要经历几个租期，设备的全部价值和收益要从多个承租人手中收回。

（4）租赁期结束后，承租人一般需退还租赁资产。但是，出租人也可以要求承租人或者续约租赁，或者购买租赁资产，以收回租赁资产的全部成本。

2. 融资租赁。融资租赁，是指旅游企业需要筹措资金、添置设备时，不是以直接购买的方式投资，而是以支付租金的形式向租赁公司借用设备，租赁公司按照企业选定的机器设备，先行融通资金，代企业购入，以租赁方式将设备租给企业有偿使用，从而以融物的形式为企业融通了资金。融资租赁的特点主要有以下几个方面。

（1）出租人只提供租赁资产，并不提供与租赁资产有关的维修、保养、保险、咨询等项服务。

（2）由于设备是承租企业选定的，所以出租人对设备的性能、物理性质、老化风险以及维修保养不负责任。

（3）融资租赁业务不能随意解约。承租人必须按合同规定，分期、及时、足额地向出租人缴纳租金，租赁公司以此收回投资并获得收益。租赁期内，任何一方都不得单方解约或退约。

（4）融资租赁的租赁期较长，有的相当于设备的寿命期。

（5）租赁期满后，租赁资产处理的方法一般有三种：将原设备退还给租赁公司；另订合同，要求以低租金续租；留购，即承租人按双方“商定价格”把设备买下来，作为租赁资产所有权转移的法律手段。目前我国大多采用第三种方法。

（四）融资租赁的程序

经营租赁的程序比融资租赁简单，这里主要介绍融资租赁的程序。办理融资租赁业务步骤如下。

1．选择租赁公司。企业决定采用租赁方式获取某项设备时，首先需要了解各个租赁公司的经营范围、业务能力以及与其他金融机构的关系和资信情况，取得租赁公司的融资条件、租赁费率等资料，并加以比较，从而择优选定。

2．办理租赁委托。企业选定租赁公司后，便可向其提出申请，办理委托。筹资企业需填写租赁申请书，说明所需设备的具体要求，同时还要提供企业的财务状况文件，包括资产负债表、利润表和现金流量表等。

3．谈判。有关设备的谈判包括：技术谈判、商务谈判、租赁谈判、维修谈判。

4．签订合同。办理融资租赁业务一般要签订两个合同，一个是购货合同，一个是租赁合同。根据上述谈判的结果，经承租企业确认后，由租赁公司与制造厂家签订购买技术设备的购货合同。有的租赁公司规定，承租人应在购货合同中联署签名，以表示对设备的确认。

与此同时，租赁公司与承租人签订租赁合同。融资租赁合同的内容分为一般条款和特殊条款两部分。

一般条款的主要内容包括：合同说明；名词解释；租赁设备条款；租赁设备交货、验收和税款、费用条款；租期和起租日期条款；租金支付条款。

特殊条款的主要内容包括：购货合同与租赁合同的关系；租赁设备的所有权；租期中不得退租；对出租人负责和对承租人保障；对承租人违约和对出租人补救；设备的使用、保管、维修和保养；保险条款；租赁保证金和担保条款以及租赁期满对设备的处理条款等。

在签订租赁合同时，根据企业状况，有时租赁公司要求企业提供一定的租赁保证金。我国规定按合同价格的10%～15%交纳租赁保证金。

5．购进设备、办理验货与投保。由租赁公司负责购进设备。承租企业收到租赁设备，要进行验收。验收合格签发交货及验收证书并提交给租赁公司，租赁公司据以向厂商支付设备价款。同时，承租公司向保险公司办理投保事宜。

6．支付租金。

（五）租赁的租金

在租赁协议中，承租企业和租赁公司共同关注的一个核心问题是租金的数额和支付方式。

1．租赁租金的构成。

不同租赁类型的租金构成有所不同：经营租赁的租金包括租赁资产购买成本、租赁期间利息、租赁物件维护费、业务及管理费、税金、保险费及租赁物的陈旧风险补偿金等。融资租赁的租金包括设备价款和租息两部分，其中租息又可分为租赁公司的融资成本、租赁手续费等。设备价款是租金的主要内容，它由设备的买价、运杂费和途中保险费等构成。融资成本是指租赁公司为购买租赁设备所筹资金的成本，即设备租赁期间的利息。租赁手续费包括租赁公司承办租赁设备的营业费用和一定的盈利。租赁手续费的高低一般无固定标准，可由承租企业与租赁公司协商确定。

2．租金的支付方式。

（1）按支付时期长短，可以分为年付、半年付、季付和月付等方式。

（2）按支付时期先后，可以分为先付租金和后付租金两种方式。先付租金是指在每期期初支付；后付租金是指在每期期末支付。

（3）按每期支付金额，可以分为等额支付和不等额支付两种方式。

3．租金的计算方法。

在我国租赁业务中，计算租金的方法一般采用等额年金法。等额年金法是利用年金的有关计算公式计算每期应付租金的方法。在等额年金法下，又分为后付租金和先付租金两种情况。

（1）后付等额租金的计算。承租企业与租赁公司商定的租金支付方式，大多为后付等额租金，即普通年金。根据普通年金的计算公式，每年年末应付租金数额的计算公式如下：

$$A = P \div (P/A,i,n) \tag{4-3}$$

【例 4-1】　某旅游企业租入一台设备，设备价款为 5 万元，租期为 10 年，到期后设备归企业所有，租赁双方商定每年年末等额支付租金，折现率为 20%，该企业每年年末应支付的租金是多少？

$$\begin{aligned} A &= 5 \div (P/A,20\%,10) \\ &= 5 \div 4.192 \\ &= 1.193\text{（万元）} \end{aligned}$$

（2）先付等额租金的计算。承租企业有时可能会与租赁公司商定，采取先付等额租金的方式支付租金。根据即付年金的计算公式，每年年初应付租金数额的计算公式如下：

$$A = P/[(P/A,i,n-1)+1] \tag{4-4}$$

【例 4-2】　承例 4-1，如采用先付等额租金方式，则每年年初应支付的租金是多少？

$$\begin{aligned} A &= 5 \div [(P/A,20\%,9)+1] \\ &= 5 \div (4.031+1) \\ &\approx 0.994\text{（万元）} \end{aligned}$$

四、长期负债筹资方式的优缺点比较

长期借款、债券和租赁，作为长期负债筹资方式，都可以解决企业长期资金的不足，企业对于债务的归还可作长期安排。这三种方式又具有各自的特点（见表 4-3），企业可根据自身的条件和要求进行选择。

表 4-3　长期负债筹资方式优缺点比较表

筹资方式	优　点	缺　点
长期借款筹资	筹资速度快 借款弹性好 筹资成本低	限制条款多
债券筹资	筹资对象广、市场大	风险高 限制条件多 成本高
租赁筹资	筹资速度快 限制条款少 到期还本负担轻	资金成本较高

第二节　短期负债筹资

短期负债是指期限不超过一年的负债。短期负债筹资主要有短期借款和商业信用两种方式。

一、短期借款筹资

（一）短期借款的概念

短期借款（Short-Term Loan），是指企业根据借款合同从有关银行或其他非银行金融机构借入的期限不超过一年的需要还本付息的款项。

（二）短期借款的种类

短期借款的种类主要有如下几种。

1．按是否需要担保，分为信用借款和抵押借款。

2．按借款的用途，分为生产周转借款、临时借款和结算借款。

3．按利息支付方法，分为收款法借款、贴现法借款和加息法借款。

4．按偿还方式，分为一次性偿还借款和分期偿还借款。

（三）短期借款的信用条件

按照国际惯例，银行发放短期借款往往带有一些信用条件，主要有以下几种。

1．信贷限额。信贷限额，是指银行对借款人规定的无担保贷款的最高额。如借款人超过规定限额继续向银行借款，银行则停止办理。一般来讲，企业在批准的信贷限额内，可随时使用银行借款。但是，如果企业信誉恶化，即使银行曾经同意按信贷限额提供贷款，企业也可能得不到借款。这时，银行不会承担法律责任。

2．周转信贷协定。周转信贷协定，是指银行具有法律义务地承诺提供不超过某一最高限额的贷款协定。在协定的有效期内，只要企业借款总额未超过最高限额，银行必须满足企业任何时候提出的借款要求。

周转信贷协定与信贷限额的区别在于：信贷限额一般不具有法律约束力，银行并不承担必须提供全部信贷限额的义务。而周转信贷协定具有法律约束力，银行有正式承担在限额内提供贷款的义务，如果银行拒绝贷款，则可视为违法。另外，企业采用周转信贷协定，除支付利息以外，还要支付承诺费。承诺费是对贷款限额的未使用部分收取的费用，是银行向企业提供此项贷款的一种附加条件，一般收取周转信贷限额内未使用部分的0.5%。

【例4-3】　银行向某旅游企业提供的周转信贷限额为5 000万元，承诺费率为0.5%，企业年度内使用了4 000万元，该企业应向银行支付承诺费多少元？

承诺费＝1 000×0.5%

＝5（万元）

3．补偿性余额。补偿性余额，是指银行要求借款人在银行中保持按贷款限额或实际借用额的一定百分比（通常为10%～20%）计算的最低存款余额。银行要求补偿性余额是为了降低贷款风险，补偿其可能遭受的损失。但是，补偿性余额提高了借款的实际利率，增加了借款企业的负担。

【例 4-4】 某旅游企业向银行借款 100 万元，年利率 10%，银行要求保留 20%的补偿性余额。该项借款的实际利率为多少？

$$实际利率 = 10\% \div (1-20\%) \times 100\% = 12.5\%$$

（四）短期借款利息的支付方式

短期借款利息的支付方式有三种：收款法、贴现法和加息法。

1．收款法。收款法（又称利随本清法），是指在借款到期时向银行支付利息的方法。收款法使得借款企业一次性偿还借款本息，增加了企业的财务负担，加大了无法偿付的风险。

2．贴现法。贴现法，是指银行向企业发放贷款时，先从本金中扣除利息部分，而到期时借款企业再偿还全部本金的一种计息方法。贴现法使得企业可利用的贷款额只有本金扣除利息后的差额，提高了借款的实际利率。

【例 4-5】 某企业从银行取得借款 100 万元，期限 1 年，年利率 10%，按照贴现法付息，该项贷款的实际利率为多少？

$$实际利率 = 10 \div 90 \times 100\% = 11.1\%$$

3．加息法。加息法，是指在分期等额偿还借款的情况下，银行要求企业在借款期限内分期偿还本息之和。加息法使得借款企业实际上只平均使用了借款本金的一半，却支付了全额利息，提高了借款的实际利率。

【例 4-6】 承例 4-5，如采用加息法付息，该项贷款的实际利率为多少？

$$实际利率 = (100 \times 10\%) \div (100 \div 2) \times 100\% = 20\%$$

二、商业信用筹资

（一）商业信用的概念

商业信用，是指在商品交易中由于延期付款或预收货款所形成的企业间的借贷关系，是企业之间的一种直接信用关系。

（二）商业信用的形式

商业信用主要有以下三种形式。

1．应付账款。应付账款，是指企业购买货物暂未付款而欠对方的账项。买卖双方发生商品交易，买方收到商品后不立即付款，可延期到一定时间以后付款。

2．预收货款。预收货款，是指卖方在交付货物之前向买方预先收取部分或全部货款。在这种形式下，卖方要先向买方收取货款，但要延期到一定时期以后交货，这等于卖方向买方先借一笔资金。紧俏商品、生产周期长、资金需要量大的商品的交易往往采用这种信用形式。

3．商业汇票。商业汇票，是指企业进行延期付款商品交易时，开具的反映债权债务关系的票据。根据承兑人的不同，商业汇票可分为商业承兑汇票和银行承兑汇票。商业承兑汇票，是指由收款人开出，经付款人承兑，或由付款人开出并承兑的汇票。银行承兑汇票，是指由收款人或承兑申请人开出，由银行审查同意承兑的汇票。商业汇票的支付期最长不超过6个月。

（三）商业信用的条件

商业信用条件，是指卖方对信用期间和现金折扣所作的具体规定。信用期间，是指卖方允许买方从购货到付款之间的时间。例如，卖方允许买方在购货后的30天内付款，则信用期间为30天。现金折扣，是指卖方对买方在商品价格上所做的扣减。例如，“1/10”表示10天内付款，便可享受1%的折扣。

信用条件主要有以下两种形式。

1．延期付款，但不提供现金折扣。卖方允许买方在商品交易发生后一定时期内按发票金额支付货款的情形。例如“net 40”，是指在40天内按发票金额付款。

2．延期付款，但早付款有现金折扣。在这种信用条件下，买方若提前付款，卖方可给予一定的现金折扣，如买方不享受现金折扣，则必须在一定时期内付清账款。例如“1/10、*n*/30”，是指如果买方在10天内付款，便可享受1%的折扣，否则，必须在30天内付清账款。

如果买方放弃折扣，便要承受因放弃折扣而造成的隐含利息成本。放弃现金折扣的成本计算如下：

$$放弃现金折扣的成本=[折扣百分比\div(1-折扣百分比)]\times[360\div(信用期-折扣期)]\times 100\% \tag{4-5}$$

【例4-7】 某旅游企业购进一批货物，卖方提供的信用条件是“1/10、*n*/30”。该企业放弃现金折扣的成本是多少？

$$\begin{aligned}放弃现金折扣的成本&=[1\%\div(1-1\%)]\times[360\div(30-10)]\times 100\%\\&=18.18\%\end{aligned}$$

三、短期负债筹资方式的优缺点比较

短期借款和商业信用作为短期负债筹资方式，都可以解决企业短期资金的不足，都需要短期内偿还。这两种方式之间又有所区别（见表4-4）。

表4-4 短期负债筹资方式优缺点比较表

筹资方式	优　点	缺　点
短期借款筹资	——	限制条款多
商业信用筹资	筹资便利 筹资成本相对较低 限制条件少	期限一般较短 放弃现金折扣的成本较高

第三节　复习题

【思考题】

1．简述长期负债筹资的主要方式及各自的特点。

2．简述长期借款的种类及筹资的程序。

3．简述债券的种类及基本要素。

4．债券发行的条件及程序是什么？
5．债券发行价格的确定方法是什么？
6．描述债券上市的条件及程序。
7．债券评级的含义及基本程序是什么？
8．简述国内外债券评级工作现状。
9．简述租赁的类型及各自的特点。
10．租赁租金的构成、支付方式及计算方法如何？
11．简述短期负债筹资的主要方式及各自的特点。
12．简述短期借款的种类及信用条件是什么？
13．简述信贷限额与周转信贷协定的主要区别。
14．简述短期借款利息的支付方法。
15．简述商业信用条件的内涵及形式。

【计算题】

1．某旅游企业以融资租赁的方式从租赁公司租入一台设备，设备价款为 3 万元，租期为 5 年，租赁公司要求每半年支付一次租金，折现率 15%，该旅游企业每次应支付的租金是多少？

2．某旅游企业现有一笔应付账款，卖方提供的信用条件是“3/10，*n*/30”，该旅游企业在 10～30 天之间可利用该笔应付账款投资于某个项目，项目的投资收益率为 50%。该旅游企业是否应放弃现金折扣？

第五章　旅游企业资本结构决策

【案例导读】

“黄山旅游”的筹资结构

黄山旅游发展股份有限公司（以下简称“黄山旅游”）根据公司董事会决议，拟投资 2 870 万元把原公司下属的莲花宾馆改建并命名为“徽商故里大酒店”。

根据 2006 年 3 月 31 日公告的财务指标，“黄山旅游”的资本结构如下：负债总额 23 897.27 万元，其中：长期负债 2 935.08 万元，流动负债 20 962.18 万元；股东权益 71 226.20 万元；资产总额 95 428.48 万元。股东权益比率为 75%，资产负债率为 25%。

“黄山旅游”的莲花宾馆改建工程所需要的 2 870 万元资金应该如何筹集？是采用长期负债，还是权益筹资？是用长期借款筹资，还是发行长期债券？是发行股票，还是利用留存收益？采用不同的筹资方式对公司的资本结构会产生什么样的影响？

从“黄山旅游”的资本结构可以看出，公司在以前的筹资活动中有明显的“强股权”偏好，这也几乎是我国上市公司共同的筹资偏好。根据相关的研究结果显示，我国上市公司的外部筹资比例远高于内部筹资，那些“未分配利润为负”的上市公司几乎是完全依赖于外部筹资；在外部筹资中，长期债务筹资规模呈逐年下降趋势，相反，股权筹资规模却大幅度攀升，在资本总额中的平均比重早已大大超过了 50%。

梅耶斯和麦杰拉夫（Myers 和 Majluf，1984）提出了“融资优序理论”，其主要观点为：（1）公司偏好内部筹资；（2）如果需要外部筹资，公司首先选择最安全的证券。即先考虑债务筹资，然后考虑混合性证券筹资，最后才是股权筹资。

另一方面，实证结果显示：从美、英、德、法、加、日、意等西方七国的平均水平来看，内部筹资比例高达 55.71%，外部筹资比例为 44.29%；在外部筹资中，来自资本市场的股权筹资仅占筹资总额的 10.86%，来自金融机构的债务筹资占 32%。这种财务安排正好映证了“融资优序理论”，但却与我国上市公司的筹资结构截然不同，是什么原因造成了这个差异呢？

（资料来源：新浪财经：http://biz.sina.com.cn）

资本成本和资本结构是现代财务管理的重要基础。旅游企业要实现价值最大化目标，必须合理控制包括资本在内的所有投入资源的成本，还可以通过合理地运用财务杠杆使股东控制的资产价值大于他们投入的资金，财务杠杆作用的大小又得益于合理的资本结构决策。本章主要介绍了个别资本成本和加权资本成本的概念和计算方法，在分析了经营杠杆、财务杠杆和复合杠杆的作用原理之后，讨论如何进行最佳资本结构决策，即使旅游企业加权平均资本成本最低、企业价值最大的资金结构。

第一节　资 本 成 本

一、资本成本的概念和作用

（一）资本成本的概念

所谓资本成本（Cost of Capital），是指旅游企业为取得和使用资金而付出的代价。资金是旅游企业进行生产经营活动所必需的重要资源要素，根据其占用时间的长短，分为短期资金和长期资金，通常将长期资金视为资本（Capital）。本书的资本成本专指权益资金和长期债务资金等长期资本成本。

资本成本由资本筹集费和资本占用费两部分组成，如图 5-1 所示。资本筹集费是指在资金筹集过程中支付的各项费用，如发行有价证券所支付的印刷费、发行手续费、保荐人佣金、律师费、资信评估费、公证费、广告费、注册费等。资本占用费是指因使用资金而支付的费用，如向股东支付的股利、向债权人支付的利息等。资本占用费是资金成本的主要内容，在资金的使用过程中将会定期或不定期地经常发生；而资本筹集费通常在筹资阶段就一次性支付，并从名义筹资总额中扣除，来计算实际筹资数额。

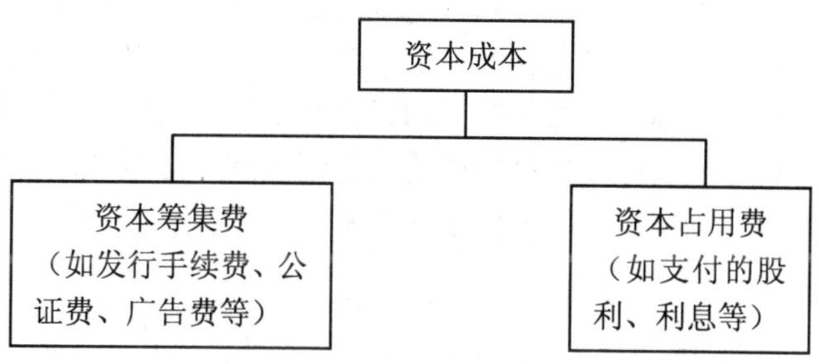

图 5-1　资本成本示意图

资本成本可以用绝对数表示，也可以用相对数表示。用绝对数表示为总资本成本，即资本占用费与资本筹集费之和；用相对数表示则为资本成本率，即资本占用费与实际筹资数额的比率。用公式表示如下：

$$K=D+f \tag{5-1}$$

式中：K——总资本成本，以绝对数值表示；

D——资本占用费；

f——资本筹集费。

$$K=\frac{D}{P-f}\text{或}K=\frac{D}{P(1-F)} \tag{5-2}$$

式中：K——资本成本率，以百分比表示；

P——名义筹资总额；

F——筹资费用率，是筹集费用与筹资总额之比。

公式（5-1）和（5-2）是计算资本成本的理论公式，在它的基础上，不同筹资方式的资本成本应根据各自的特点进行调整，得到确切的资本成本计算公式。相比较而言，相对数比绝对数具有更强的可比性，在实务中，为了便于比较，通常采用资本成本率，除了有特殊注明外，本书的资本成本也指资本成本率。

（二）资本成本的作用

从旅游企业筹资管理来看，资本成本是选择资金来源、进行筹资决策的重要依据。

在条件相同的情况下，权益筹资的资本成本比债务筹资的资本成本高。旅游企业一般通过计算和比较各筹资方案的资本成本，并选择资本成本最低的方案。当然在选择筹资方案时，还要考虑各种筹资方式使用期长短、偿还条件等因素，但资本成本直接关系到筹资的经济效益，是不容回避的首要问题。

从旅游企业投资管理来看，资本成本是评价投资项目可行性、比较投资方案优劣的主要经济标准。

从企业理财的角度看，资本成本是投资项目所必须达到的最低报酬率水平，只有在投资项目的预期报酬率大于其资本成本时，项目才可行，否则将被弃用。从投资者的角度看，资本成本就是要求的必要报酬率，它与投资项目的风险程度成正比例关系。在财务理论分析中，资本成本、必要报酬率甚至预期报酬率均可被视为同义词，可相互交替使用。在进行投资决策时，资本成本常常被当作计算净现值的贴现率、计算内含报酬率的基准收益率，并根据净现值、内含报酬率等动态指标的计算结果进行方案选择。

从旅游企业经营管理来看，资本成本是衡量企业经营成果的基准。

旅游企业运用资产进行生产经营目的是追求资产的增值。资本成本是旅游企业运用资产进行生产经营必须取得的最低收益水平。如果旅游企业的息税前利润率高于其综合资本成本，说明企业经营有方，实现了资产的增值；否则就是经营不善，业绩欠佳，需要改善经营管理，以提高息税前利润率或降低资本成本率。

二、资本成本的计算

资本成本有多种计量方法。在比较各种筹资方式的优劣时，使用个别资本成本；在进行资本结构决策时，使用加权资本成本。

（一）个别资本成本（Individual Cost of Capital）

个别资本成本是指筹集和占用某种长期资金所付出的成本。旅游股份有限公司可以通过对外长期借款、发行债券、发行优先股和普通股，对内利用留存收益等方式筹集长期资金。因此，旅游企业的个别资本成本可分为长期借款成本、债券成本、优先股成本、普通股成本和留存收益成本。其中前两者为长期债务资本成本，后三者为权益资本成本。

1. 长期债务资本成本（Cost of Debt）。长期债务资本成本包括筹资费用和借款利息。按照税法规定，债务的利息允许在企业所得税前支付，这样筹资企业实际上可以少缴纳一部分所得税，这样筹资企业实际负担的债务利息为：利息×（1－所得税率），从而使债务资本成本更低。

（1）长期借款成本（Cost of Long-Term Loan）。不同的长期借款合同可能规定有不同的还本付息条件，在不考虑资金时间价值的情况下，这里只讨论固定利率，按年付息，一次还本的长期借款成本，其近似计算公式如下：

$$K_L=\frac{I_L(1-T)}{L(1-F_L)} \qquad (5\text{-}3)$$

式中：K_L——长期借款成本；

I_L——长期借款年利息；

T——所得税率；

L——长期借款名义筹资总额；

F_L——长期借款筹资费用率。

因为是固定年利率，公式（5-3）还可以表示为下列形式：

$$K_L=\frac{R_L(1-T)}{(1-F_L)} \tag{5-4}$$

式中：R_L——长期借款年利率，其余符号含义不变。

当长期借款的筹资费用率很小时，可以忽略不计，公式（5-4）可以改写为下列形式：

$$K_L=R_L(1-T) \tag{5-5}$$

【例 5-1】 鑫辉饭店拟将饭店的所有客房重新装修，经测算，装修工程共需要资金 500 万元，鑫辉饭店打算向银行贷款筹集全部工程款。与银行谈判的贷款条件是：银行提供 500 万元的贷款，年利率为 6%，借款期 5 年，每年付息一次，到期一次还本，筹资费用率为 0.2%，鑫辉饭店适用企业所得税率为 33%。则该项长期贷款的资本成本为多少？

$$K_L=\frac{500\times6\%\times(1-33\%)}{500\times(1-0.2\%)}=4.028\%$$

因为该例的筹资费用率很小，可以改用公式（5-5）简算为：

$$K_L=6\%\times(1-33\%)=4.02\%$$

若不是固定利率，则用整个借款期的简单平均年利息或年利率代替公式（5-3）～（5-6）中的 I_L 或 R_L。如果在借款合同中规定有“补偿性余额”条款时，公式（5-3）中的长期借款总额（L）应该是扣除了补偿性余额后的实际借款总额，相应地，公式中的长期借款年利率（R_L）应该是扣除了补偿性余额后的实际利率。相关概念和计算公式请参见本书第四章第二节，这里就不再赘述。

如果考虑资金时间价值，长期借款的税前成本是使长期借款的现金流入现值等于其现金流出现值的贴现率，即是使长期借款的净现值等于零的贴现率。再从长期借款的税前成本中扣除利息的抵税效应，就得到了长期借款的税后成本，也即是长期借款的实际成本。可以按照以下两个计算步骤进行：

第一步，用插值估算法计算税前长期借款成本。

$$L\times(1-F_L)=\sum_{t=1}^{n}\frac{I_L}{(1+K)^t}+\frac{P}{(1+K)^n} \tag{5-6}$$

式中：P——第 n 年年末应偿还的本金；

K——所得税前的长期借款资本成本。

第二步，将所得税前长期借款成本（K）调整成税后成本。

$$K_L-K(1-T) \tag{5-7}$$

式中：K_L——所得税后的长期借款成本。

【例 5-2】 仍用例 5-1 的资料，鑫辉饭店该项长期借款的现金流量和考虑资金时间价值的资本成本计算如表 5-1 所示。

表 5-1　鑫辉饭店长期借款现金流量计算表　　（单位：万元）

时点	现金流入	现金流出	净现金流量
0	500	500×0.2%=1	499
第 1—4 年末	0	500×6%=30	（30）
第 5 年年末	0	500+500×6%=530	（530）

第一步，计算税前资本成本。

当 $K=6\%$时，该借款的净现值为：

$$NPV_{(i=6\%)}=499-30\times(P/A,6\%,4)-530\times(P/F,6\%,5)$$
$$=-1.022<0$$

根据上述计算结果，再选择 $K=7\%$进行测算，该借款的净现值为：

$$NPV_{(i=7\%)}=499-30\times(P/A,7\%,4)-530\times(P/F,7\%,5)$$
$$=19.494>0$$

然后用插值估算法计算税前资本成本（K）：

$$K=7\%-(7\%-6\%)\times\frac{19.494}{19.494-(-1.022)}=6.05\%$$

第二步，计算税后资本成本。

$$K_L=K(1-T)=6.05\%\times(1-33\%)=4.05\%$$

（2）债券成本（Cost of Bond）。债券成本由发行债券支付的筹资费用和债券利息组成。与长期借款相同的是，债券利息按《税法》规定也允许在企业所得税前支付，同样具有抵税作用，但债券的筹资费用一般较高，不能做扣减处理。在实务中，债券的筹资额应按具体发行价格确定。在不考虑资金时间价值的情况下，这里只讨论固定利率，按年付息，到期一次还本的债券成本，其计算公式为：

$$K_B=\frac{I_B(1-T)}{B(1-F_B)} \tag{5-8}$$

式中：K_B——债券成本；

I_B——债券年利息；

T——所得税率；

B——债券按发行价格计算的筹资总额；

F_B——债券的筹资费用率。

【例 5-3】 鑫辉饭店拟发行债券筹集客房装修工程所需要的 500 万元资金。该债券面值 500 万元，年利率为 6%，债券期限 5 年，每年付息一次，到期一次还本，筹资费用率为 4%，鑫辉饭店适用企业所得税率为 33%。在发行价格分别为 600 万元、500 万元、400 万元的情况下，该债券的资本成本计算如表 5-2 所示。

从表 5-2 的计算结果可以看出，债券成本与发行价格成反比，当发行价格越高时，债券成本越低；发行价格越低时，债券成本越高。这是因为债券的发行价格决定了债券实际筹资总额，而债券利息的计算和本金偿还却均以面值为标准。上述计算没有考虑资金时间价值，如果考虑资金时间价值，其计算原理和方法与长期借款相同，这里就不再赘述。

表 5-2 鑫辉饭店长期债券成本计算分析表

债券发行价格（万元）	债券成本（%）
600	$\frac{500\times6\%\times(1-33\%)}{600\times(1-4\%)}=3.49\%$
500	$\frac{500\times6\%\times(1-33\%)}{500\times(1-4\%)}=4.19\%$
400	$\frac{500\times6\%\times(1-33\%)}{400\times(1-4\%)}=5.23\%$

2．权益资本成本（Cost of Equity Capital）。旅游企业的权益资本主要通过发行普通股、优先股和留存收益来筹集。权益资本成本包括筹资费用、股息和股利。与债务资本不同的是，权益资本的股息和股利是在所得税后支付，不具有抵税效应，即支付多少就是实际负担多少。因此，权益资本成本一般高于长期债务资本成本。

（1）优先股成本（Cost of Preferred Stock）。优先股成本主要是发行优先股支付的发行费用和优先股股息。一般而言，优先股的股息具有固定性，与债务利息相似。在实务中，与债券相同的是，优先股的筹资额也按具体发行价格计算。从某种意义上说，优先股相当于每年支付利息的无限期债券。优先股成本的计算原理与债券很相似，计算公式如下：

$$K_P=\frac{I_P}{P_P(1-F_P)} \tag{5-9}$$

式中：K_P——优先股成本；

I_P——优先股股息；

P——优先股按发行价格计算的筹资总额；

F_P——优先股筹资费用率。

【例 5-4】 鑫辉饭店拟发行优先股筹集客房装修工程所需要的 500 万元资金。该优先股面值 500 万元，预定年股利率为 6%，筹资费用率 4%，鑫辉饭店适用企业所得税率 33%。在发行价格分别为 600 万元、500 万元的情况下，该优先股的资本成本计算如表 5-3 所示。

表 5-3 鑫辉饭店优先股成本计算分析表

优先股发行价格（万元）	优先股成本
600	$\frac{500\times6\%}{500\times(1-4\%)}\times100\%=5.21\%$
500	$\frac{500\times6\%}{500\times(1-4\%)}\times100\%=6.25\%$

表 5-2 和表 5-3 的计算结果显示，在相同条件下，优先股成本比债券成本要高，是因为优先股股利在税后支付，不享有税收抵减优惠。

（2）普通股成本（Cost of Common Stock）。普通股成本与优先股成本基本相同，但是，普通股的股利要受到旅游企业的经营状况和股利政策的影响，一般是不固定的。因此，普通股成本的计算较为困难，需要建立一些必要的假设，并简化计算过程。这里重点讨论目前常用的三种估算模型，即股利贴现模型法、资本资产定价模型和风险溢价模型。

① 股利贴现模型。

- 零成长模型。零成长模型是假设未来普通股股利不变，则其支付过程是一个永续年金，从而与优先股成本计算原理相同，其计算公式如下：

$$K_C=\frac{D_C}{P_C(1-F_C)} \tag{5-10}$$

式中：K_C——普通股成本；

D_C——普通股固定年股利；

P_C——普通股按发行价格计算的筹资总额；

F_C——普通股筹资费用率。

- 固定成长模型。旅游企业进行生产经营活动是为了在保全企业价值的情况下，不断追求增值，普通股股东也要求自己的投资报酬应该与企业价值一同增加。固定成长模型假设普通股股利以固定的年增长率递增，这与固定成长股票估价模型的假设是一致的，普通股成本的固定成长模型如下：

$$K_C=\frac{D_1}{P_C(1-F_C)}+g \tag{5-11}$$

式中：K_C——普通股成本；

D_1——普通股预计第一年股利，$D_1=D_0\times(1+g)$；

g——普通股股利年增长率。

【例 5-5】 鑫辉饭店拟发行普通股筹集客房装修工程所需要的 500 万元资金。普通股面值 500 万元，预定第一年股利率为 6%，以后每年递增 3%，筹资费用率为 4%，则在发行价格分别为 600 万元、500 万元的情况下，该普通股的资本成本计算如表 5-4 所示：

表 5-4 鑫辉饭店普通股资本成本计算分析表

普通股发行价格（万元）	普通股成本
600	$\frac{500\times6\%}{600\times(1-4\%)}\times100\%+3\%=8.21\%$
500	$\frac{500\times6\%}{500\times(1-4\%)}\times100\%+3\%=9.25\%$

表 5-3 和表 5-4 的计算结果显示，在相同条件下，普通股成本比优先股成本要高，是因为普通股的收益分配权和剩余财产请求权均落后于优先股，再加上普通股股利具有较大的不确定性。因此，普通股股东要求比优先股更高的报酬。此外，当股利以固定比率增长时，在股利零成长计算出的成本基础上，加上该固定比率即是固定成长普通股成本，这反映出普通股股东的要求，即在资本保全基础上，希望获得更大的资本增值。

② 资本资产定价模型（CAPM）。

对于那些并不发放现金股利的公司，股利贴现模型就不适用了，这时可以用资本资产定价模型来计算普通股的资本成本。该模型的假设是在市场均衡的条件下，投资者要求的报酬率就是筹资者付出的资本成本。其计算公式如下：

$$K_C=R_i=R_F+\beta_i\times(R_M-R_F) \qquad (5\text{-}12)$$

式中：K_C——普通股成本；

R_C——某普通股预期报酬率；

R_C——整个股票市场平均报酬率；

R_P——无风险报酬率；

β——某普通股的贝塔系数。

【例 5-6】 鑫辉饭店拟发行普通股筹集客房装修工程所需要的 500 万元资金。其普通股的 β 值为 1.2，市场无风险报酬率为 6%，股票市场平均报酬率为 8%。则该普通股的成本为多少？

$$K_C=R_i=6\%+1.2\times(8\%-6\%)=8.4\%$$

与股利贴现模型相比，资本资产定价模型（CAPM）具有更大的适用性。在运用时，不需要估计公司的长期增长率，也不需要考察公司是否发放股利，股利是否增长等问题，能较为有效地减少了主观因素的影响。

第三，风险溢价模型

从前面章节的论述中，我们知道普通股股东比公司债权人承担了更多的风险，必须提供给普通股股东比债权人更高的期望收益率。风险溢价模型提出在债务成本基础上加上普通股股东更高的期望收益率，以此作为普通股成本的估计值。其计算公式如下：

$$K_C=K_D+RP_C \qquad (5\text{-}13)$$

式中：K_C——普通股成本；

K_D——债务成本（税前）；

RP_C——普通股对债务的期望风险溢价。

风险溢价模型最大的优势是债务成本能比较准确的计算出来。在确定债务成本时，如果旅游企业发行有债券，则按税前债券成本计算；如果旅游企业没发行债券，则按公司全部长期借款的税前平均成本估计。

RP_C 没有直接的计算方法，通常用经验估计。根据西方国家的经验，RP_C 大多分布在 3%~5%之间，当市场利率达到历史高点时，RP_C 通常较低，在 3%左右；当市场利率达到历史低点时，RP_C 通常较高，在 5%左右；当市场利率处在平均状态时，则 RP_C 在 4%左右。

【例 5-7】 鑫辉饭店拟发行普通股筹集客房装修工程所需要的 500 万元资金。该旅游企业按面值发行的债券成本为 4.19%，目前市场利率处在历史低点，则该批普通股的成本为多少？

$$K_C=K_D+RP_C=4.19\%+5\%=9.19\%$$

（3）留存收益成本（Cost of Retained Earning）。普通股股权资本通常由普通股和留存收益形成，其中普通股股权是外部股权，留存收益是内部股权。留存收益是所得税后形成的，其所有权属于股东，实质上相当于股东对旅游企业的追加投资。留存收益成本是一种机会成本（Opportunity Cost），股东放弃一定的股利，是希望将来获得更多的股利，即要求与直接购买股票的投资者取得同样的收益，唯一的差别就是留存收益没有或只有很少的筹资费用。这里只采用固定成长模型分析留存收益成本，其计算公式如下：

$$K_F=\frac{D_1}{P_C}+g \tag{5-14}$$

式中：K_R——留存收益成本；

D_1——普通股预计第一年股利；

g——普通股股利年增长率。

【例 5-8】 鑫辉饭店拟用留存收益来筹集客房装修工程所需要的 500 万元资金。鑫辉饭店已发行面值 500 万元的普通股，预定第一年股利率为 6%，以后每年递增 3%，筹资费用率为 4%。在该普通股发行价格分别为 600 万元、500 万元的情况下，鑫辉饭店的留存收益成本计算如表 5-5 所示。

表 5-5 鑫辉饭店留存收益成本计算分析表

普通股发行价格（万元）	留存收益成本（%）
600	$\frac{500\times 6\%}{600}+3\%=8\%$
500	$\frac{500\times 6\%}{500}+3\%=9\%$

（二）加权平均资本成本（Weighted Average Cost of Capital，WACC）

为了提高筹资的经济性和时效性，旅游企业实际上不是只以某一种方式从某种渠道取得资本成本较低的资金，而是从不同渠道、用不同方式筹措资金，即形成资金组合。这时旅游企业不仅需要计算个别资本成本，还需要计算加权平均资本成本。加权平均资本成本代表着企业全部长期资金的总成本，因而又称为综合资本成本。

加权平均资本成本通常是以各种资本占全部资本的比重为权数，对个别资本成本进行加权平均确定的。其计算公式如下：

$$K_{WACC}=\sum_{i=1}^{n}K_i\times W_i \tag{5-15}$$

式中：K_{WACC}——加权平均资本成本；

K_i——第 i 种资本的个别资本成本；

W_i——第 i 种资本占全部资本的比重，即权数。

【例 5-9】 鑫辉饭店 2005 年末资金来源情况如下：（1）面值发行 5 年期债券 400 万元，每年付息一次，到期一次还本，年利率 6%，筹资费用率为 2%；（2）面值发行累积优先股 200 万元，年股利率 8%，筹资费用率为 3%；（3）面值发行普通股 100 万股，每股面值 10 元，预计第一年股利 1 元，以后每年增长 3%，筹资费用率为 4%。该企业适用企业所得税率为 33%，则该旅游企业 2005 年末加权平均资本成本计算分析如表 5-6 所示。

表 5-6 鑫辉饭店企业 2005 年末加权平均资本成本计算表

长期资金	资金额（万元）	长期资金比重（%）	个别资本成本	加权资本成本（%）
长期债券	400	25.0	$\frac{6\%\times(1-33\%)}{(1-2\%)}\times 100\%=4.10\%$	1.03

（续表）

长期资金	资金额（万元）	长期资金比重（%）	个别资本成本	加权资本成本（%）
优先股	200	12.5	$\frac{8\%}{(1-3\%)}\times 100\%=8.24\%$	1.03
普通股	1 000	62.5	$\frac{1}{10\times(1-4\%)}\times 100\%+3\%=13.42\%$	8.39
合计	1 600	100.0	—	10.45

1．计算2005年末资金总额。

$$2005\text{年末资金总额}=400+200+100\times 10=1\ 600\ (\text{万元})$$

2．计算各长期资金占总资金的比重。

$$\text{长期债券的比重}=\frac{400}{1\ 600}\times 100\%=25\%$$

$$\text{优先股的比重}=\frac{200}{1\ 600}\times 100\%=12.5\%$$

$$\text{普通股的比重}=\frac{1\ 000}{1\ 600}\times 100\%=62.5\%$$

3．计算个别资金成本。

$$K_B=\frac{6\%\times(1-33\%)}{1-2\%}\times 100\%=4.10\%$$

$$K_P=\frac{8\%}{1-3\%}\times 100\%=8.24\%$$

$$K_C=\frac{1}{10\times(1-4\%)}\times 100\%+3\%=13.42\%$$

4．计算加权资本成本。

$$K_{WACC}=4.12\%\times 25\%+8.24\%\times 12.5\%+13.42\%\times 62.5\%=10.45\%$$

从例5-9计算结果可以看出，到2005年末，鑫辉饭店资本总额中股权资本占75%，债务资本占25%，在这样的安排下，鑫辉饭店的综合资本成本为10.45%。我国旅游上市公司在筹集资本时，也表现出同样的“强股权”偏好，即外部筹资优先于内部筹资，外部筹资中股权筹资优先于债务筹资。本章篇头案例中“黄山旅游”的股东权益比率为75%，资产负债率为25%就是有力的例证。这样的筹资偏好与西方发达国家“内部筹资优先，债务筹资次之，股权筹资最后”的筹资顺序有很大的不同。近年来，国内有许多学者已经注意到我国上市公司股权筹资偏好的问题，并从多个角度对其成因进行了研究。

上述例5-9的资金权数是按账面价值（Book Value）确定的。按账面价值确定资金权数，其资料直接从资产负债表上获取，数据真实可行。但账面价值是历史数据，易偏离现行的市场价值，尤其是当二者的偏离程度较大时，计算出的资本成本误差较大，可能导致错误的筹资决策。为了克服账面价值容易偏离市场价值的缺陷，在实务中，旅游企业可以采用市场价值权数和目标价值权数。

市场价值权数（Market Value）是指以资金的现行市场价格确定权数，从而计算综合资本成本。采用市场价值更能反映旅游企业实际资本成本，有利于做出符合实际的筹资决策。但是，资本市场的价格变动频繁，选取市场价值数据难度很大。

目标价值权数（Target Value）是指以资金未来预计的目标市场价格确定权数，从而计算综合成本。目标价值权数能体现企业目标资本结构，按目标价值权数计算的综合资本成本更适合用于旅游企业未来筹资的需要。但是，旅游企业很难客观合理地确定资金的目标价值。

第二节 杠杆理论

按照资本资产定价模型，由股东承担的不可分散风险由两部分组成——经营风险（Business Risk 或 Operating Risk）和财务风险（Financial Risk）。区分这两种风险很重要，因为它们以不同的方式影响着报酬率。在很多情况下，旅游企业不能控制其经营风险，因为它是一项投资的固有风险。相比较而言，旅游企业的财务风险则取决于它的负债金额大小，即负债越多，财务风险越大。换而言之，旅游企业的财务风险取决于企业财务杠杆的大小，财务杠杆越大，财务风险也越大。而负债规模是由企业具体的财务安排决定，所以财务风险是可以控制的。

"杠杆"一词来源于机械杠杆，运用机械杠杆能使你举起更重的东西，通过合理地运用财务杠杆能使股东控制的资产价值大于他们投入的资金。除了财务杠杆外，还有经营杠杆和复合杠杆。本节将介绍三种杠杆的作用原理及利用程度的量度。

一、经营杠杆

经营杠杆（Operating Leverage）是指旅游企业对经营成本中固定成本的利用。它是由于生产产品和提供劳务过程中，同时存在固定成本和变动成本而引起的。运用营业杠杆，企业可以获得一定的营业杠杆利益，并承受相应的营业风险。

(一) 营业杠杆利益 (Benefit on Operating Leverage)

营业杠杆利益是指旅游企业利用固定成本总额不变的特性，在一定的产销规模内适度扩大营业额，给旅游企业带来的额外收益。在没有引起固定成本变动的条件下，扩大营业额，单位固定成本会相应减少，从而带来比营业额的增长率更大的息税前利润（Earnings Before Interest and Taxes，EBIT）增长率。

【例 5-10】 假设鑫辉饭店营业额在 160~600 万元变动时，固定成本总额为 80 万元，变动成本率为 50%，现以 300 万元为起始营业额，则其营业杠杆利益和风险情况分析如表 5-7 所示。

表 5-7 鑫辉饭店营业杠杆利益和风险分析表

营业额（万元）	变动成本（万元）	固定成本（万元）	EBIT（万元）	营业额增长率（%）	EBIT 增长率（%）
160	80	80	0	-46.7	-100.0
200	100	80	0	-33.3	-71.4
300	150	80	70	0	0
400	200	80	120	33.3	71.4
500	250	80	170	66.7	142.9
600	300	80	220	100.0	214.3

以表 5-7 中营业额为 400 万元和 200 万元为例，当营业额增加到 400 万元，比起始营业额 300 万元增加了 33.3%时，则 EBIT 从 70 万元增加到 120 万元，相应增加了 71.4%，

即 EBIT 的增长率是营业额增长率的 2.14 倍左右，远远超过营业额的增长率，这即是获得了经营杠杆利益。相反，如果营业额降低到 200 万元，比起始营业额 300 万元降低了 33.3%，而 EBIT 会以更快的速度下降，相应减少了 71.4%，即 EBIT 的下降率是营业额下降率的 2.14 倍左右，这就是经营杠杆风险。

（二）经营杠杆系数（Degree of Operating Leverage，DOL）

经营杠杆的利用程度用经营杠杆系数来反映，它表示在某一营业水平下，*EBIT* 的变动率与营业额变动率的倍数，用公式表示如下：

$$DOL=\frac{\Delta EBIT\%}{\Delta S\%}=\frac{EBIT\text{增长}}{\text{营业增长}\%}=\frac{\frac{\Delta EBIT}{EBIT}}{\frac{\Delta S}{S}}=\frac{\frac{\Delta EBIT}{EBIT}}{\frac{\Delta Q}{Q}} \tag{5-16}$$

式中：S——营业额；

Q——营业量；

$EBIT$——息税前利润；

Δ——增量。

为方便计算，公式（5-16）常常做如下简化。

1．用营业额（S）表示：

$$DOL(\text{营业额})=\frac{S-VC}{S-VC-F} \tag{5-17}$$

式中：VC——变动成本总额；

F——固定成本总额，其余符号含义不变。

2．用营业量（Q）表示：

$$DOL(\text{营业量})=\frac{\frac{\Delta Q(p-v)}{Q(p-v)-F}}{\frac{\Delta Q}{Q}}=\left(\frac{\Delta Q(p-v)}{Q(p-v)-F}\right)\left(\frac{Q}{\Delta Q}\right)=\frac{Q(p-v)}{Q(p-v)-F} \tag{5-18}$$

式中：P——单位营业额价格，其余符号含义不变。

3．用息税前利润（EBIT）表示：

$$DOL(EBIT)=\frac{Q(p-v)}{Q(p-v)-F}=\frac{EBIT+F}{EBIT}=1+\frac{F}{EBIT} \tag{5-19}$$

【例 5-11】　假设鑫辉饭店营业额在 160~600 万元变动时，固定成本总额为 80 万元，变动成本率为 50%，现以 300 万元为起始营业额，则其经营杠杆系数为多少？

$$DOL(300\text{万元})=\frac{300-300\times 50\%}{300-300\times 50\%-80}=\frac{150}{70}\approx 2.14$$

计算结果表示，当起始营业额为 300 万元时，鑫辉饭店的 DOL 为 2.14，意味着营业额变化 1%，会引起 EBIT 变化 2.14%，反之亦然。但要注意的是，DOL 的计算是以起始营业额为准，而非以变动后的营业额为准。因此，若分别以 400 万元、160 万元为起始营业额，则其 DOL 计算如下：

$$DOL(400\text{万元})=\frac{400-400\times 50\%}{400-200-80}=\frac{200}{120}\approx 1.67$$

$$DOL(160万元)=\frac{160-160\times50\%}{160-160\times50\%-80}=\frac{80}{0}\to\infty$$

以上计算表明：（1）在一定营业额和固定成本总额的范围内，起始营业额和 DOL 成反比变化。即起始营业额越高，DOL 越小，反之亦然。（2）经营杠杆系数在起始营业额盈亏平衡点前递增，并在此点达到无穷，超过此点后递减。

二、财务杠杆

财务杠杆（Financial Leverage）是指企业对债务的利用。运用财务杠杆，旅游企业既可获得一定的财务杠杆利益，也要承担相应的财务风险。

（一）财务杠杆利益的概念

财务杠杆利益（Benefit on Financial Leverage）是指利用债务筹资给企业带来的额外收益。企业在生产经营过程中，当权益资金不足时，就要举借债务资金。在资本结构一定、负债规模不变的条件下，企业的债务利息是固定的，并需按期支付。此时，如果企业的 EBIT 增加，则单位 EBIT 所负担的债务利息相应减少，EPS 相应增加，从而使 EPS 的增长率大于 EBIT 的增长率，企业将获得财务杠杆利益。反之，如果企业的 EBIT 减少，则单位 EBIT 所负担的债务利息相应增加，EPS 将相应减少，从而使 EPS 的下降率大于 EBIT 的下降率，企业将承担财务杠杆风险。如果企业无负债，EPS 的变动率与 EBIT 的变动率一致。

【例 5-12】 根据例 5-9 的资料，鑫辉饭店 2005 年末负债和优先股情况如下：面值发行 5 年期债券 400 万元，每年付息一次，到期一次还本，年利率 6%；面值发行可累积优先股 200 万元，年股利率 8%。适用企业所得税率为 33%。如果在这样的债务和优先股规模下，鑫辉饭店的 EBIT 在 0—220 万元之间变动时，变动成本率为 50%，现以起始营业额为 300 万元，起始 EBIT 为 70 万元，则其财务杠杆利益和风险情况分析如表 5-8 所示。

表 5-8 鑫辉饭店财务杠杆利益和风险分析表 （单位：万元、%）

EBIT	债务利息	税前利润	所得税	税后净利	优先股利	扣除优先股利的净利	EBIT 增长率	扣除优先股利的净利增长率
0	24	（24）	0	（24.00）	16*	（40.00）	（100.0）	（369.9）
20	24	（4）	0	（4.00）	16*	（20.00）	（71.4）	（235.0）
70	24	46	15.18	30.82	16	14.82	0	0
120	24	96	31.68	64.32	16	48.32	71.4	226.0
170	24	146	48.18	97.82	16	81.82	142.9	452.1
220	24	196	64.68	131.32	16	115.32	214.3	678.1

注：*本例优先股是可累积优先股，可将股利视为已发放。

以表 5-8 中 *EBIT* 为 120 万元和 20 万元为例，当 *EBIT* 增加到 120 万元时，比起始 *EBIT* 增长了 71.4%，*EPS* 增长了 226%，即 *EPS* 增长率是 *EBIT* 的增长率的 3.16 倍左右，远远超过 *EBIT* 的增长率，这即是获得了财务杠杆利益。相反，如果 *EBIT* 降低到 20 万元时，比起始 *EBIT* 降低了 71.4%，*EPS* 会以更快的速度下降，相应减少了 235%，即 *EPS* 下降率是 *EBIT* 下降率的 3.29 倍左右，这就是经营杠杆风险。特别是在 *EBIT* 不足以支付债务利息时，没有支付的债务利息不能抵减所得税，这将会进一步加快税后净利的下降速度。

对于一个全权益资本的旅游企业，股东获得的报酬率与旅游企业获得的报酬率是相同的。而对于一个杠杆筹资的旅游企业而言，所有者获得的报酬率是支付了债权人利息后的报酬率，即股东是剩余所有者。只有在旅游企业全部资金的息税前利润率高于同期的债务利率时，杠杆经营才能增加所有者收益，否则，财务杠杆将使财务风险增加。

（二）财务杠杆系数（Degree of Financial Leverage，DFL）

通常用财务杠杆系数来衡量财务杠杆的利用程度。财务杠杆系数是指在一定的债务规模条件下，EPS（或权益资本净利润）的变动率相当于EBIT变动率的倍数。计算公式表示如下：

$$DFL=\frac{\Delta EPS/EPS}{\Delta EBIT/EBIT} \tag{5-20}$$

在无优先股的条件下，公式（5-20）的简化计算公式如下：

$$DFL=\frac{EBIT}{EBIT-I} \tag{5-21}$$

式中：I——债务资本的利息费用。

在有优先股情况下，因为优先股股利通常是固定的，但以税后利润支付，这样公式（5-20）的简化计算公式如下：

$$DFL=\frac{EBIT}{EBIT-I-PD/(1-T)} \tag{5-22}$$

式中：PD——优先股股利。

【例5-13】 仍用例5-12的资料，如果起始EBIT为70万元，鑫辉饭店的财务杠杆系数为多少？

$$DFL(70万元)=\frac{70}{70-400\times6\%-200\times8\%\div(1-33\%)}=\frac{70}{22.12}\approx3.16$$

计算结果表示，当鑫辉饭店的EBIT变化1%，会引起EPS变化3.16%，反之亦然。同样要注意的是，DFL的计算是以起始EBIT为准，而非以变动后的EBIT为准。因此，若分别以120万元、47.88万元为起始EBIT，则其DFL计算如下：

$$DFL(120万元)=\frac{120}{120-400\times6\%-200\times8\%\div(1-33\%)}=\frac{120}{72.12}\approx1.66$$

$$DFL(47.88万元)=\frac{47.88}{47.88-400\times6\%-200\times8\%\div(1-33\%)}=\frac{47.88}{0}\to\infty$$

以上计算表明：（1）在一定负债规模范围内，起始EBIT和DFL成反比变化。即起始EBIT越高，DFL越小，反之亦然。（2）在起始EBIT扣除债务利息和优先股股息后为零时，DFL在此点达到无穷，此点前递增，超过此点后递减。

三、复合杠杆

（一）复合杠杆的概念

复合杠杆（Total Leverage）是指经营杠杆和财务杠杆联合作用的结果。如前所述，由于经营杠杆的作用，使得营业额较小的变动能引起EBIT较大的变动；由于财务杠杆的作用，使得EBIT较小的变动能引起EPS较大的变动。正因为这一传动效应，即便营业额细小的变化最终也会引起 EPS 较大幅度的变动。所以可将经营杠杆和财务杠杆结合在一起，来综合地讨论营业量（额）变动对每股净收益的影响。而且常常将经营杠杆称为第一阶段杠杆，而将财务杠杆称为第二阶段杠杆。

（二）复合杠杆系数（Degree of Total Leverage，DTL）

复合杠杆系数是经营杠杆系数和财务杠杆系数的乘积。可用公式表示如下：

$$DTL=DOL\times DFL=\frac{\Delta EBIT/EBIT}{\Delta S/S}\times\frac{\Delta EPS/EPS}{\Delta EBIT/EBIT} \tag{5-23}$$

为便于计算，公式（5-23）可以简化为：

$$DTL=\frac{Q(p-v)}{Q(p-v)-F-I} \tag{5-24}$$

或

$$DTL=\frac{S-VC}{S-VC-F-I} \tag{5-25}$$

【例 5-14】 鑫辉饭店在起始营业额为 300 万元，起始 EBIT 为 70 万元的情况下，根据前面例 5-11 和例 5-13 的计算结果，可以计算出鑫辉饭店的复合杠杆系数为：

$$DTL=DOL\times DFL=2.14\times 3.16=6.76$$

计算结果表示，鑫辉饭店的营业额变化 1%，会引起 EPS 变化 6.76%。这是因为营业额变化 1%时，会引起 EBIT 变化 2.14%；而 EBIT 变化 1%，会引起 EPS 变化 3.16%，在二者的共同作用下，复合杠杆系数的作用超越了经营杠杆系数或财务杠杆系数的单独影响作用。

第三节 资本结构决策

一、资金结构的概念和种类

（一）资本结构的概念

资本结构（Capital Structure）是指旅游企业各种资金的构成及比例关系。它有广义和狭义之分，广义的资本结构是指旅游企业全部资金的构成及比例关系。狭义的资本结构特指旅游企业各种长期资金（长期债务与权益资金）的构成及比例关系。因为短期资金的需要量和筹集是经常变化，而且在整个资金总量中所占的比重不稳定，故将其列作营运资金（Operating Capital）。本书采用狭义的资本结构，即长期债务资金与权益资金的构成，常常又被称为“杠杆资本结构”（Leverage Capital Structure）。因此，资本结构决策就是决定债务与权益的比例问题，即债务资本在资本结构中占有多大比重。

（二）资本结构的种类

旅游企业资本结构有单一资本结构和混合资本结构两种类型。

单一资本结构。单一资本结构，是指旅游企业的长期资金仅用单一性质的资金构成，一般是指旅游企业的长期资金均由权益资金构成。这种资本结构的特点是：在无优先股的情况下，旅游企业没有固定还本付息的负担，可以提高旅游企业的资信和筹资能力，但资本成本很高，并且无法获得负债经营的财务杠杆效益。

混合资本结构。混合资本结构，是指旅游企业的长期资金由长期债务资金和权益资金构成，这种资本结构的特点是：由于债务成本一般低于权益成本，这种资本结构的综合资本成本较低，在旅游企业息税前利润率高于长期债务成本率的情况下，旅游企业可以获得财务杠杆效益。但是，长期负债的固定利息支付和固定的还本期限，形成旅游企业的固定负担，财务风险较大。

二、资本结构决策

旅游企业现行的资本结构合理吗？如果不够合理，目标资本结构是什么？要解决这些问题，就需要按照一定标准、一定方法做出资本结构决策。

（一）资本结构合理化的标准

用以衡量旅游企业资金结构是否合理的标准主要有以下几点。

1．综合的资金成本最低，企业为筹资所花费的代价最少。

2．筹集到能供企业使用的资金最充分，能确保企业长短期经营和发展的需要。

3．股票市价上升，股东财富最大，企业总体价值最大。

4．企业财务风险最小。

要使旅游企业资金结构完全满足上述标准往往十分困难。在实务中，旅游企业常常择其一或部分，组合作为旅游企业的价值判断准则，并确定相应的决策方法。比如，为追求“股东财富最大化”，则通过比较不同筹资方案的每股收益来确定最优方案；为追求“综合资本成本低”，则通过比较不同筹资方案的加权平均资本成本来确定最优方案。通常把在一定条件下使旅游企业加权平均成本最低，企业价值最大的资金结构当作最优资本结构。

（二）最优资金结构决策

最优资本结构（Optimum Capital Structure）就是旅游企业最佳的资金组合形式。是指在一定条件下使旅游企业加权平均成本最低，企业价值最大的资金结构。

从理论上讲，最优资金结构是存在的，但由于旅游企业内部和外部环境和条件的变化，寻找最优资金结构是很困难的。下面主要介绍两种确定最优资本结构的方法，即每股收益分析法和比较企业价值法。

1．每股收益分析法。

每股收益分析法认为能提高每股收益的资本结构是合理的；反之则不够合理。企业每股收益的高低不仅受特定资本结构的影响，还要受到具体销售水平变动的影响。每股收益分析法的基本思路是，通过确定每股收益无差别点进而分析这三个变量间的数量关系，以得到旅游企业资本结构的最优解。

每股收益分析法的核心是确定每股收益无差别点。所谓每股收益无差别点是指每股收益不受到筹资方式影响的息税前利润水平。即在该息税前利润水平上，不同筹资方式的每股收益都相等。按照某一息税前利润水平计算的每股收益的公式为：

$$EPS=\frac{(EBIT-I)(1-T)-PD}{N} \qquad (5\text{-}26)$$

式中：EPS——每股收益；

$EBIT$——税息前利润；

I——企业负债资金应付利息；

T——企业所得税税率；

PD——优先股股利总额；

N——流通在外的普通股股数。

$$\frac{EBIT-I_1(1-T)-PD}{N_1}=\frac{(EBIT-I_2)(1-T)-PD}{N_2} \tag{5-27}$$

式中：I_1——筹资方案（1）应负担的利息费用；

I_2——筹资方案（2）应负担的利息费用；

N_1——筹资方案（1）流通在外的股份数；

N_2——筹资方案（2）发售在外的股份数。

【例 5-15】 某景区为增加接待能力，拟新建一家经济型酒店 S，需筹资 200 万元，预计建成后年营业额为 300 万元，变动成本率为 60%，固定成本为 80 万元，企业所得税税率为 40%。提出两个筹资方案：（1）发行普通股筹资，每股发行价 20 元，共发行 10 万股；（2）债务筹集 100 万元，债务利率为 12%，其余采用普通股筹集，每股发行价 20 元。

两个筹资方案在 EPS 无差别点时：

$$EPS_1=EPS_2$$

$$\frac{(EBIT-0)(1-T)}{N_1}=\frac{(EBIT-I)(1-T)}{N_2}$$

即

$$EBIT=\frac{N_1 I}{N_1-N_2}$$

$$=\frac{10\times100\times12\%}{10-\frac{100}{20}}=24\text{（万元）}$$

此时

$$EPS_1=EPS_2=\frac{24\times(1-40\%)}{10}=1.44$$

上述计算结果表明，当 S 经济型酒店的 $EBIT$=24 万元时，两种筹资方案的 EPS 相等，采用两种方案无差异；当 $EBIT$ 大于 24 万元时，采用负债筹资较为有利；反之，应该以多发行普通股为宜。根据例 5-15 的条件，S 经济型酒店的 $EBIT$ 预计为 40 万元，则应采用筹资方案（2）更有利。

为了更清楚地理解每股收益、特定的资本结构和销售水平这三个变量间的数量关系，需要求旅游企业资本结构的最优解。在例 5-15 的数据基础上，假设营业额分别为 200 万元、260 万元、300 万元和 400 万元，则两种筹资方案对应的 $EBIT$ 和 EPS 值汇集在表 5-9 中。

表 5-9 S 经济型酒店两种筹资方案的 EBIT-EPS 对应值

筹资方案	营业额（万元）	*EBIT*（万元）	*EPS*（元/股）
方案（1）：发行普通股	200	0	0.00
	260	24	1.44
	300	40	2.40
	400	80	4.80

（续表）

筹资方案	营业额（万元）	*EBIT*（万元）	*EPS*（元/股）
方案（2）： 50%债务 50%发行普通股	200	0	（1.44）
	260	24	1.44
	300	40	3.36
	400	80	8.16

从表 5-9 的计算可以得到营业额（或 *EBIT*）与 *EPS* 的关系图，如图 5-2 所示。两种方案每股收益无差别点的营业额为 260 万元，*EBIT* 为 24 万元。如果营业额（或 *EBIT*）高于无差别点，则财务杠杆高的筹资方案能够带来较高的每股收益；如果营业额（或 *EBIT*）低于无差别点，则财务杠杆低的筹资方案为好。

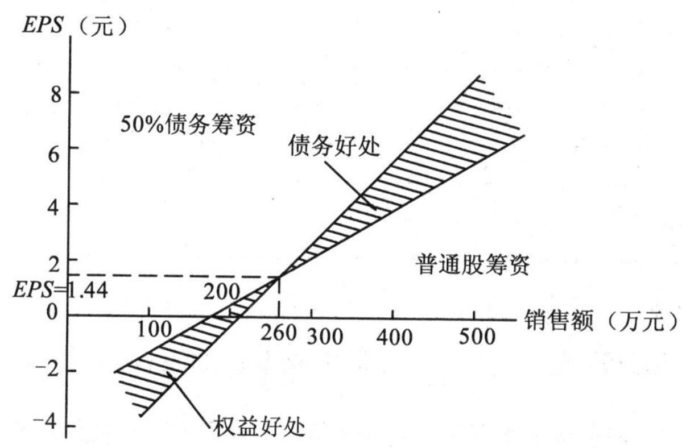

图 5-2　S 经济型酒店两种筹资方案的销售额与每股收益关系

2．比较公司价值法。

比较公司价值法是以综合资本成本最低，同时公司价值最大为标准来衡量资本结构是否合理的方法。其基本思路如下：

（1）公司价值的估算。

根据MM理论，公司价值等于其债务和股票的市场价值之和。

$$V=B+S \tag{5-28}$$

式中：V——公司的总价值；

B——公司债务市场价值；

S——公司股票市场价值。

为简化起见，假设公司债务市场价值等于其面值，公司处于零成长，无优先股，税后利润全部以股利形式支付给股东，则其普通股的价值计算公式如下：

$$S=\frac{(EBIT-I)(1-T)}{K_S} \tag{5-29}$$

式中：K_S——公司普通股的资本成本或普通股预期报酬率，采用资本资产定价模型计算。

$$K_S=R_S=R_F+\beta(R_M-R_F) \tag{5-30}$$

（2）综合资本成本的估算。

$$K_{WACC}=\frac{B}{V}K_B(1-T)+\frac{S}{V}K_S \tag{5-31}$$

式中：K_S——税前债务资本成本。

（3）公司最佳资本结构的确定。

公司价值最大，同时综合资本成本最低的资本结构，即最佳资本结构。现举例说明。

【例 5-16】 根据例 5-15 的分析，S 经济型酒店在 EBIT 等于 40 万元的情况下，应选择方案（2），即 50%负债，50%发行普通股。这一资本结构是否是 S 经济型酒店的最佳资本结构？目前，无风险报酬率为 6%，股票市场平均投资报酬率为 10%。经测算，S 酒店在不同债务水平下的利率和普通股成本如表 5-10 所示。试测算 S 经济型酒店的最佳资本结构。

表 5-10 不同债务水平下 S 经济型酒店的债务利率和普通股成本

债务市场价值（万元）	债务年利率（%）	股票 β 值	普通股成本（%）
0	—	1.50	12.0
20	8.0	1.55	12.2
40	8.3	1.65	12.6
60	9.0	1.80	13.2
80	10.0	2.00	14.0
100	12.0	2.30	15.2
120	15.0	2.70	16.8

根据表 5-10 的资料，运用公式（5-28）、（5-29）和（5-31）计算出不同债务水平下 S 经济型酒店的公司市场总价值（V）和综合资本成本，如表 5-11 所示。

表 5-11 不同债务水平下 S 经济型酒店的公司价值和综合资本成本

市场价值（万元）			资本成本（%）		
债务（B）	权益（S）	总价值（V）	债务（K_B）	权益（K_S）	K_{WACC}
0	200.0	200.0	—	12.0	12.00
20	188.9	208.9	8.0	12.2	11.49
40	174.7	214.7	8.3	12.6	11.18
60	157.3	217.3	9.0	13.2	11.05
80	137.1	217.1	10.0	14.0	11.05
100	110.5	210.5	12.0	15.2	11.40
120	78.6	198.6	15.0	16.8	12.09

从表 5-11 可以看出，在没有负债的情况下，公司总价值即是股票价值。当公司举借债务，随着债务水平不断提高，公司价值上升，综合资本成本下降，当债务达到 60 万元时，企业价值最大，综合资本成本最低。债务为 80 万元时，两项指标很接近 60 万元的水平，因此，可以确定，S 经济型酒店的最佳资本结构应该是债务在 60～80 万元之间，即负债比率在 30%～40%之间，因此，方案（2）提出的资本结构不合理。

（三）资本结构决策的影响因素

1．旅游企业外部的主要影响因素。

（1）政府政策、法律的影响。政府为了规范市场秩序，进行宏观调控，要用政策和法规限制企业的行为，比如为了紧缩银根，政府提高存款准备金和再贴现率，使金融机构收缩贷款规模，从而使旅游企业负债比率下降。

（2）经济周期的波动。在市场经济下，任何国家的经济都是在波动中发展的，大致表现出复苏、繁荣、衰退和萧条的周期循环，即经济周期。一般而言，在经济衰退、萧条阶段，由于宏观经济不景气，多数旅游企业经营困难，财务状况不佳，甚至恶化。因此，应尽可能压缩负债，甚至零负债。而在经济复苏、繁荣阶段，由于经济走出低谷，市场需求旺盛，大部分旅游企业的销售顺畅，利润水平不断上升，此时应适当增加负债，使旅游企业得以迅速发展。

（3）证券市场的状况。对于旅游上市公司来说，证券市场主要从两个方面影响企业的负债率：一是证券市场总的趋势。“牛市”时，投资者为了获得较大的收益，更注重于股票投资；“熊市”时，投资者为了降低风险，更倾向于投资债券，从而使旅游企业的资产负债率较高。二是旅游公司证券的竞争力。证券竞争力弱的公司更倾向于采用保留盈余的筹资方式，从而使企业的负债率较低。

（4）债权人和信用等级评定机构。债权人主要考虑的是，如果旅游企业债务过多会损害其偿债能力，这可能会使自己面临更多的风险。信用等级评定机构通常用利息保障倍数等指标来判断企业的信用等级，它们的态度将决定债权人的态度。

（5）行业和民族文化因素。在行业因素上，当旅游企业处于行业竞争激烈时，其资产负债率应该低一些。因为行业进入壁垒较小，企业利润微薄。反之，其资产负债率就可以高一些。Collirns 和 Sekely 于 1983 年对总部设立在 9 个不同国家的 411 家企业的资本结构进行调查，结果显示：总部设于不同国家的企业的资本结构有着显著差别。因此，他们认为文化制度因素可能是导致资本结构国际差异的首要因素。

（6）利率水平的变动趋势。如果企业财务人员认为利率暂时较低，但不久后可能上升的话，便会大量发行长期债券，从而在若干年内把利率保持在较低水平上。

2．旅游企业内部的主要影响因素。

（1）企业的规模。大企业容易采取多角化经营来回避风险，因为相同的负债水平带来的破产风险较小，这样会采取更高的负债。从另一个角度考虑，企业规模越大，筹资的方法越多，如通过证券市场发行股票、吸收国家和法人单位投资等，因此，负债比率一般较低。而小企业由于面临更大的破产风险，其长期融资（主要是股东和债券融资）成本相对较高，所以小企业更倾向于短期融资。

（2）企业资产结构。资本密集型企业一般拥有较多的不动产，这些资产适合用作贷款抵押，故财务杠杆相对较高。技术密集型或劳动力密集型企业，其资产构成中流动资产偏多，应选择财务杠杆相对低的资本结构。

（3）企业的成长与销售稳定性。成长性好，销售稳定的旅游企业，筹资能力强，同时也有较好的现金流量，保证负债的还本付息。这种旅游企业可以利用财务杠杆作用，使企业每股净收益有更大提高。

（4）获利能力和举借能力。在实践中，投资报酬率高、获利能力强的旅游企业一般较少采用负债筹资，尤其是那些有一定规模，并处于巩固稳定期的旅游企业。一方面，这些旅游企业不急需外部资金供其发展之用，另一方面，因为有较好的获利能力，旅游企业往往有较多的留存收益，故利用内部积累就可满足资金需要。另外，有时旅游企业为了保持较好的举债能力，则倾向于在正常情况下少使用负债筹资，以保证企业随时可按较低利率发行债券或取得长期借款。

（5）企业所有者和管理人员的态度。如果旅游企业的股票为众多投资者持有，没有绝对控制权，则可能更倾向于发行新股来筹集资金。相反，如果旅游企业被少数股东所控制，一般会尽量避免股权筹资。另外，喜欢冒险的财务管理人员，可能会安排比较高的负债比例，而持稳健态度的财务管理人员则可能使用较少的债务。

第四节 复 习 题

【思考题】

1．什么是资本成本？资本成本的作用是什么？

2．加权资本成本的权数有哪些？各自的优缺点是什么？

3．什么是经营杠杆、财务杠杆和复合杠杆？

4．什么是资本结构？进行资本结构决策时的合理化标准有哪些？

5．什么是最优资本结构？如何确定最优资本结构？

【计算题】

1．某旅游企业欲投资修建一个大型休闲娱乐中心，项目资金来源情况如下：（1）银行借款 300 万元，年利率 4%，手续费为 4 万元；（2）发行债券 500 万元，面值 100 元，发行价为 102 元，年利率 6%，发行手续费率为 2%。（3）发行优先股 200 万元，年股利率 10%，发行手续费率为 4%。（4）发行普通股 600 万元，每股面值 10 元，每股发行价 15 元，第一年每股股利为 2.40 元，以后每年增长 5%，手续费率为 4%。（5）留存收益 400 万元。经测算，该项目年投资收益为 248 万元，企业所得税率为 33%。该旅游企业是否应该按照上述方案筹措资金修建这个大型休闲娱乐中心？

2．某旅游饭店企业 2005 年营业额为 270 万元，变动成本率为 60%，固定成本总额 45 万元。企业资产总额 500 万元，资产负债率为 40%，债务资金利率为 10%，企业全年支付优先股股利 3 万元，企业所得税税率为 33%。分别计算经营杠杆系数、财务杠杆系数和复合杠杆系数。

3．某旅行社 2005 年的资金结构如下：债务资金 200 万元，年利率为 10%；优先股 200 万元，年股利率为 12%；普通股 600 万元，每股面值 10 元。公司计划增资 200 万元，如果发行债券，年利率为 8%，如果发行股票，每股市价为 20 元，企业所得税率为 33%，试计算每股收益无差别点，并判断是发行债券还是发行股票进行增资？

第六章　旅游企业投资决策

【案例导读】

旅游与地产结合的成功典范

深圳是个旅游资源并不丰富的城市，华侨城经营的是人工制造的景点，没有“二老”的恩赐，在众多人工景点纷纷倒闭之际，它却能不断成长壮大成全国知名旅游品牌。华侨城的成功之处，在于创造一个全新的商业模式。华侨城的旅游与地产相结合的模式，被广泛借鉴、学习。

华侨城集团旅游业是在没有任何旅游资源的情况下，从兴建中国第一个主题公园——锦绣中华微缩景区起步，相继成功开发建设了锦绣中华、中国民俗文化村、世界之窗、欢乐谷等四大主题公园以及深圳湾大酒店、海景酒店、威尼斯水景主题酒店、何香凝美术馆、暨大中旅学院、华夏艺术中心、欢乐干线高架单轨车、华侨城生态广场、华侨城高尔夫俱乐部、华侨城雕塑走廊、华侨城燕含山郊野公园等一批旅游文化项目设施，形成一个集旅游、文化、购物、娱乐、体育、休闲于一体的，面积近5平方公里的文化旅游度假区。

在政府支持下，企业自主经营、自负盈亏，经历市场洗礼，逐渐建立以旅游项目开发为主的商业运营模式和以房地产开发的企业增值模式。商业运营模式成功的基础在于寻找到了主题公园吸引游客的方式。在中华锦绣园成功的基础上推出世界之窗、欢乐谷等新的旅游项目，使企业上市融入资金迅速产生经济效益。旅游项目不断创新，带动了整个地区发展，华侨城五平方公里的范围内成为巨大娱乐世界。景点运营成功积聚了人气，旺盛的人气带动地产增值，地产增值又促进了房产开发。华侨城建立：旅游－人气－地产－房产，一套完整的产业增值链。通过产业增值使企业利益最大化，摆脱靠旅游收入单一运营模式。

华侨城地产现在已攀上深圳地产的龙头宝座。但企业并没有满足在深圳一地的成功，而是积极实行异地扩张战略，现在，华侨城地产把这一成功的模式应用到全国。通过各种方式在全国各地获取不同种类景点的经营权。立足特区，走向全国的战略，使华侨城规避了深圳区域经济下滑的风险。

华侨城的成功经验可概括为：城区开发经验＋国际投资视野＋外部智力支撑＋各级政府和各职能部门的大力支持＋股东方的真诚合作＝成功的基石。

旅游功能和居住功能混合布局，应该是旅游地产的一个重要问题，也是一个节点的问题。华侨城目前实际上已经建成集旅游、度假、文化教育相关的特色商业以及高档居住为一体的综合社区，形成一个花园城市的概念。从中总结出四大产业要素：第一，超前的投资规划；第二，和产业结合的主题；第三，建立一套可持续发展的城市体系；第四，资源系统有效整合。

华侨城的成功案例表明，今后房地产建设已经不能停留在前些年小敲小打的规模阶段。

中国未来的房地产业将孕育着新的造城运动和新的企业组织形势。有眼光的开发商必须看清这一趋势。只有达到一定规模才能形成整体合力，才能有更多吸引人的优势，才能最大程度地发挥我们的经营优势，降低经营成本。

（资料来源：中国旅游投融资网：http://www.cntif.com/）

旅游企业投资是旅游企业为保证获得最大化的经济利益，将所筹集到的资金投放于某一特定经济事项的财务活动。旅游企业投资决策是企业财务管理三大决策中最重要的决策之一，它重点解决投资于何种对象，何时投资，投资多少的关键问题。本章在阐述旅游企业投资的基本概念、意义、原则和分类及其特点的基础上，重点介绍项目投资评价的基本方法、风险处置方法和证券投资及其投资组合的基本理论。

第一节　旅游企业投资概述

一、旅游企业投资的意义

按照《企业会计准则——投资》的表述，投资是指旅游企业为在将来获得经济利益或者为降低经营风险而将资金投放于某一特定对象的经济行为。旅游企业通过前面筹资决策获得了生产经营所必需的资金供应，如何使用这些资金以获得最大化的经济利益是旅游企业投资决策的核心问题。投资是旅游企业重要的财务活动之一，亦是旅游企业财务管理的重点。对于旅游企业的生存与发展具有重要的意义。

旅游企业财务管理的目标是不断提高企业价值，为保证这一目标的实现，旅游企业需要采取各种途径增加利润并降低经营风险。企业要想获得利润，必须开展生产经营活动，各项生产经营活动的开展离不开资金的支持。因此，旅游企业投资的意义可以概括如下：

1．投资是旅游企业获得利润的基本保证和前提。旅游企业的直接经济目的是盈利，要盈利就必须获取投资收益，而要获取投资收益就必须进行投资活动。在市场经济条件下，旅游企业要保证盈利目标的实现，必须拥有一定数量的资金，并将其投放到生产经营之中，为生产经营提供必要的物质基础，最终保证盈利目标的实现。

2．投资是旅游企业维持和保证再生产的必要手段。旅游企业要维持再生产，必须不断更新和增加再生产活动所需要的人力、物力，如维护酒店客房、改进旅游服务项目质量、提高员工旅游服务技能水平等，这些都要通过一系列投资活动完成。同时旅游企业在当前市场经济条件下面临日趋激烈的市场竞争，企业为提高竞争力，必须适当扩大经营规模，适时推出新的旅游服务项目，这可能需要旅游企业新建旅游服务基础设施、增加先进的生产设备、更换先进的劳动工具等，这也需要旅游企业在这些项目上投入必要的资金。

3．投资是旅游企业降低经营风险的重要手段。对于旅游企业来说，投资决策面临将资金投入到何种项目上及投入多少的核心决策问题。由于旅游企业所面临的是一个多元化的经营市场，意味着企业的投资将有更多的可选择性，不同项目的投资其收益与风险也是不同的，旅游企业必须在保证投资收益的前提下，采取一切可能的手段尽可能降低投资所带来的风险。进行多项目投资、实行投资组合被证明是有效降低投资风险的手段。

二、旅游企业投资的原则

旅游企业投资以增加利润、提高企业价值为根本目的。企业能否实现这一目标，其关键在于旅游企业能否在当前激烈的市场竞争中，把握投资机会，合理进行投资决策。因此，旅游企业在进行投资决策时必须坚持以下原则。

1．可行性投资原则。是指为保证投资决策的正确有效，旅游企业必须使用科学的投资决策程序，认真进行投资项目的可行性分析。投资项目的可行性分析的主要内容是投资项目在技术上是否先进、适用，在经济上是否合理、有利。此外，该项目投资的人、财、物等资源需要量、投资建设期、投资项目产品（服务）的市场需求等也是投资可行性分析的内容。

2．及时性投资原则。是指旅游企业必须在充分认识企业投资所面临的内、外环境（资源、政策、法律、市场需求等）的情况下，寻求能实现企业目标的最佳投资机会。旅游企业的生产经营活动是在一定的经济环境中进行的，进行投资，必须认真分析企业所面临的外部宏观环境（如市场、政策法规等），明确市场的需求、国家的政策；同时也要认真分析旅游企业自身条件（如资金实力、管理水平、经营周期等）和意向投资对象的情况（如竞争对手、市场占有率、投资风险等），最终根据企业内外条件的综合分析，选择合适的投资项目。

3．组合性投资原则。是指旅游企业在投资项目、投资工具、投资期限等方面的决策上，应该采用多项目、多元化投资组合以实现投资目标。在旅游企业实际投资活动中，对于投资项目、投资工具、投资期限等均具有可选择性，不同的投资项目（如内部投资、外部投资），不同的投资工具（如股票投资、债券投资），不同的投资期限（如长期投资、短期投资）具有不同的投资收益和风险水平。旅游企业的投资必须兼顾内外、长短结合、工具多元化，实行结合性投资，这样可以有效保证投资目标和整个企业经营目标的实现。

三、旅游企业投资的分类

旅游企业为加强对投资的管理，提高投资效益，必须对投资活动进行科学的分类。依据不同的标准，旅游企业投资可作如下主要分类。

（一）按投资范围分为内部投资和外部投资

内部投资又称为对内投资或项目投资，是指对旅游企业内部生产经营所需要资产的投资，包括对流动资产、固定资产、无形资产以及其他资产的投资。内部投资的根本目的是为保证旅游企业生产经营过程的连续和生产经营规模的扩大。旅游企业内部投资按其与企业未来经营活动的关系还可以再细分为维持性投资与扩大生产能力投资。维持性投资是为了维持旅游企业的正常生产经营活动，保持现在生产经营能力而进行的投资，如固定资产的更新投资等；扩大生产能力投资是指旅游企业为扩大生产经营规模，增加新的旅游服务项目，或改变企业经营方向，对旅游企业未来的生产经营与发展具有重大影响的投资，如新建旅游服务设施等。相对来说，扩大生产能力投资的投资数额更大，周期更长，投资的次数较少，对旅游企业影响时间也更长。在旅游企业的全部投资活动中，内部投资具有十分重要的地位，它具有投资数额大、投资面广、对企业稳定与发展和未来盈利能力、偿债能力影响巨大的特点。

外部投资也称为对外投资，是指旅游企业将所拥有的资金直接投放于其他企业或用于购买其他企业有价证券的投资活动。外部投资的根本目的是出于对投资利润（股利或债券利息）或旅游企业市场竞争（影响或控制其他企业或竞争对手）的考虑。旅游企业外部投资按其投资的具体形式可细分为股票投资、债券投资和其他投资三类。股票投资是旅游企业以购买其他企业发行的股票的方式进行的投资，也称为股权投资；债券投资则是旅游企业以购买其他企业发行的债券的方式进行的投资，也称为债权投资；股票投资和债券投资统称为证券投资。其他投资是指旅游企业将资金直接投资于企业外部除股票和债券外的其他投资项目，如对其他企业的联营投资、兼并投资等。

（二）按投资期限长短分为长期投资和短期投资

短期投资是指可于一年或一个营业周期内收回或变现的投资，主要内容包括现金、应收票据、应收账款、存货和准备随时变现的各种有价证券。短期投资一般具有投资时间短、变现能力强、周转速度快、波动性大等特点。

长期投资通常指超过 1 年或 1 个营业周期才能收回或变现的各种投资，在旅游企业的资产负债表上列为企业的非流动资产项目，主要内容包括为维持或扩大生产而购建的房屋、设备、建筑物等固定资产，以及为影响或控制其他企业而购入的 1 年以上期的各种有价证券。长期投资具有投资数额大、回收期长、变现能力差等特点。

（三）按投资的形式分为直接投资和间接投资

直接投资是指旅游企业以现金、实物、无形资产等直接投放于经营性资产，以期获取经营利润的投资活动，既包括对内直接投资，也包括对其他企业的直接投资，这种投资活动直接形成旅游企业生产经营活动的能力或为生产经营活动创造必要的条件。它具有与生产经营活动紧密联系的特点。

间接投资则主要指以购买有价证券（如股票和债券）的方式将企业资金投放于金融性资产，以期获取股利或利息的投资活动。间接投资不直接形成企业生产经营能力。

（四）其他分类

旅游企业的投资活动除按上述两种主要标准进行分类外，还可以根据投资管理的要求，采用其他标准进行分类。

1．按投资对企业未来的综合影响程度分为战术性投资和战略性投资。

战术性投资指通常不会对旅游企业生产经营前途造成整体的重大影响，一般只涉及企业生产经营活动的某一局部方面的投资活动。如为提高劳动生产率进行的投资，为改善工作环境而进行的投资等。

战略性投资指会影响到旅游企业未来整体的生产经营，具有全局性重大影响的投资活动。如转变经营方向的投资等，战略性投资相对于战术性投资来说具有投资资金大，回收时间更长，风险更大等特点。

2．按照投资的风险程度分为确定性投资和风险性投资。

确定性投资指对未来可能影响投资决策的各种因素及影响程度都能明确掌握的情况下进行的投资。如债券投资，其还本、付息的日期及金额都是事先可以确定的，因此属于确定性投资。确定性投资由于影响投资的因素是明确的，因此具有投资风险小，投资收益较容易预测等特点，进行这类投资决策时一般不需要考虑投资的风险问题。

风险性投资指对未来可能影响投资决策的各种因素及影响程度都不能明确掌握的情况下进行的投资。如股票投资，由于投资的损益及其数额大小事先无法确定，因而属于风险性投资。在无法确定投资各种影响因素及其影响程度情况下进行的投资决策也因此称为风险性投资决策。风险性投资的风险一般比较大，对未来影响投资的因素较难准确把握，对投资的收益也无法准确做出预测。因而进行这类投资时必须充分考虑投资风险，计算风险收益，进而做出合理的投资决策。否则，将给旅游企业带来不利的影响，甚至会发生重大的经济损失。

3．按投资项目之间的相关性分为相关性投资和非相关性投资。

相关性投资指如果对某个项目的投资将会显著地影响其他的投资项目或受其他投资项目的显著影响，则这两个投资项目互为相关性。反之为非相关性投资。如酒店购买办公车辆的投资与修建自用停车场的投资属于相关性投资，但与增加餐厅就餐容量的投资则互为非相关性的投资。

4．按投资项目决策类型分为采纳与否投资与互斥性选择投资。

采纳与否投资指决定是否投资与某一项目的投资决策。互斥性选择投资是指只能从两个及以上项目中选择一个投资项目的投资决策。

第二节　旅游企业项目投资评价的基本方法

旅游企业项目投资除流动资产投资外，如固定资产投资、无形资产投资及其他投资等一般具有投资金额大、周期长、风险大、对旅游企业目前的生存和未来发展影响重大等特点，决定了其在企业投资管理中的重要地位。旅游企业项目投资决策，是一项复杂的系统工程，必须使用科学合理的决策方法和程序，认真分析投资的各项影响因素及影响程度，树立投资风险意识，在全面深入调查研究和开展可行性分析的基础上，评价投资效益及效果。在项目投资评价的方法上，按照是否考虑投资项目风险可以分为项目投资评价的基本方法和项目投资评价的风险分析方法两大类，本节先讨论项目投资评价的基本方法，风险分析方法将放在下节中讨论。

一、项目投资评价的基础——现金流量

（一）项目投资评价使用现金流量为基础的原因

我们知道，财务会计是按照权责发生制为基础计算旅游企业的收入和成本的，并以收入减去成本后的差额为企业的利润，以此评价企业经济效益。在项目投资评价中，则不能以权责发生制计算的收入和成本为基础计算项目投资的效益，而应该使用收付实现制计算的现金流入、现金流出和净现金流量来作为项目投资评价的基础，其主要理由如下。

1．使用现金流量考虑了时间价值因素，符合旅游企业财务管理的现代财务观

现代财务管理认为资金具有时间价值，在财务管理实务中必须考虑资金的时间价值。对于项目投资来说，我们必须能够正确确定每笔收支的具体时间，因为不同时间的资金具有不同的价值。在衡量投资项目的方案优劣时，应该根据投资项目的寿命期内各年的现金流量，按照资金成本，结合资金的时间价值来确定。

2．使用现金流量为基础的项目投资评价更符合客观实际。

使用会计权责发生制计算的利润具有不够科学和客观的成分，利润的计算过程中会受较大的主观因素的影响，如存货的估价、费用的摊配和折旧等的计算方法，这导致了会计

本身无法解释的一系列“怪现象”，如某企业损益表明明显示企业本年获得了 1000 万元的利润，但实际中企业却出现了现金短缺，生产经营无法维持的局面。项目投资若以权责发生制为基础，将未实现的收入作为收益进行投资决策，具有较大的风险，容易高估投资项目的经济效益，存在不科学、不合理的成分。

3．使用现金流量考虑了项目投资的逐步回收的问题。

项目投资中的固定资产投资、无形资产投资等均会导致企业的现金流出，但是在项目投资完成后形成的资本，都需要通过折旧或摊销的方法计入成本，并从这些资产的存续期内分期从收入中补偿，这些各期获得的现金收入并不需要马上进行维持性投资，企业可以将其投入产生经营中周转，使其进一步增值，会产生新的现金收入，从而为企业带来未来的经济利益。上述现金收入的多少及收入的时间也是项目投资必须考虑的重要因素。

（二）现金流量的构成内容

项目投资评价中使用的现金流量包括现金流出量、现金流入量和现金净流量三个部分。

1．现金流出量。

一个项目投资中的现金流出量是指该项目投资会引起的旅游企业现金支出的增加数。其主要内容包括以下 4 个部分。

（1）固定资产投资。固定资产投资由工程直接费用、工程间接费用和建设期借款利息等构成。工程直接费用是投资于工程项目的各种直接费用支出，如土建工程费、设备购置费、工程安装调试费等；工程间接费用是指在固定资产项目投资建设期内发生的，除了工程直接费用外的其他各项费用，如工程设计勘测费、研究试验费、临时设施费、工程监理费、保险费、办公费等；建设期借款利息按现行会计制度的规定必须计入固定资产价值，因而也属于固定资产投资的构成内容。

（2）无形资产投资。无形资产投资主要包括土地使用权、专利权、商标权、专有技术、商誉、特许权等方面的投资。

（3）递延资产投资。递延资产投资主要包括开办费投资和其他递延资产投资。其中开办费投资主要由项目筹建期间的咨询调查费、人员培训费、筹建人员工资、汇兑损益和利息支出等构成；其他递延资产投资包括经营租入固定资产改良支出投资等。

（4）流动资产投资。流动资产投资是项目投入经营后为保证其生产经营活动正常进行所必需的周转资金。

2．现金流入量。

项目投资中的现金流入量是指该项目投资引起的企业现金收入的增加数。其主要包括以下三个部分。

（1）营业现金流入。营业现金流入是指项目投入经营后所取得的营业收入与付现成本后的差额。

（2）固定资产净残值收入。固定资产净残值收入是指固定资产清理获得的收入扣除清理成本后的差额。

（3）收回流动资金。当项目出售或报废时，该项目配套的流动资产投资可以收回用于其他用途。

3．现金净流量。

项目投资的现金净流量是指项目周期内现金流入量与现金流出量之差额。当现金流入量大于现金流出量时，现金净流量为正值；反之为负值。

（三）现金流量的确定方法

根据上述现金流量的构成内容，我们可以得到以下现金流量的计算公式。

现金流入量＝∑各年营业现金流入＋固定资产净残值收入＋收回流动资金

＝∑（各年营业收入－各年付现成本)＋固定资产净残值收入＋收回流动资金

＝∑［各年营业收入－(各年营业成本＋各年营业税金＋各年营业费用＋各年管理费用＋各年财务费用)]×(1－所得税率)－各年折旧＋固定资产净残值收入＋收回流动资金

＝∑各年营业利润×(1－所得税率)－各年折旧＋固定资产净残值收入＋收回流动资金 （6-1）

现金流出量＝固定资产投资＋无形资产投资＋递延资产投资＋流动资产投资 （6-2）

现金净流量＝现金流入量－现金流出量

＝∑各年营业利润×(1－所得税率)－各年折旧＋收回固定资产残值＋收回流动资金－固定资产投资－无形资产投资－递延资产投资－流动资产投资 （6-3）

现金流量的计算举例如下。

【例 6-1】 金盾酒店拟准备购买客车一辆作为职工交通车。现有甲、乙两方案可供选择，甲方案需要投资 100 万元，使用寿命 5 年，直线法计提折旧，5 年后无残值，5 年中每年营业收入假定均为 80 万元，每年的付现成本均为 30 万元；乙方案需要投资 120 万元，使用寿命和折旧方法同甲方案，5 年后残值为 2 万元，5 年中每年营业收入均为 100 万元，付现成本第一年 40 万元，以后各年每年增加 4 万元，另需要一次性垫支营运资金 30 万元。假定所得税率为 33%，试计算甲、乙两方案的现金流量。

首先计算两方案中每年的折旧额：

甲方案年折旧额＝100÷5＝20（万元）

乙方案年折旧额＝(120－2)÷5＝23.6（万元）

由于营业现金流量的构成内容较复杂，先用表 6-1 计算两方案下的营业现金流量，最后再计算整个方案的现金流量（如表 6-2）。

表 6-1 项目投资的营业现金流量计算表 （单位：万元）

项目＼年份	1	2	3	4	5
甲方案					
营业收入（1）	80	80	80	80	80
付现成本（2）	30	30	30	30	30
折旧（3）	20	20	20	20	20
税前利润（4）	30	30	30	30	30
所得税（5）	9.9	9.9	9.9	9.9	9.9
税后净利（6）	20.1	20.1	20.1	20.1	20.1
营业现金净流量（7）	40.1	40.1	40.1	40.1	40.1

（续表）

项目＼年份	1	2	3	4	5
乙方案					
营业收入（1）	100	100	100	100	100
付现成本（2）	40	44	48	52	56
折旧（3）	23.6	23.6	23.6	23.6	23.6
税前利润（4）	36.4	32.4	28.4	24.4	20.4
所得税（5）	12.012	10.692	9.372	8.052	6.732
税后净利（6）	24.388	21.708	19.028	16.348	13.368
营业现金净流量（7）	47.988	45.308	42.628	39.948	36.968

注：表中项目计算公式为：(4)＝(1)－(2)－(3)
(5)＝(4)×33%
(6)＝(4)－(5)
(7)＝(3)＋(6)

表 6-2　投资项目现金流量计算表　（单位：万元）

项目＼年份	0	1	2	3	4	5
甲方案						
固定资产投资	（100）					
营业现金净流量		40.1	40.1	40.1	40.1	40.1
项目现金流量合计	（100）	40.1	40.1	40.1	40.1	40.1
乙方案						
固定资产投资	（120）					
营运资金垫支	（30）					
营业现金净流量		47.988	45.308	42.628	39.948	36.968
固定资产净残值						2
回收流动资金						30
项目现金流量合计	（150）	47.988	45.308	42.628	39.948	68.968

二、项目投资评价的基本方法

项目投资评价的基本方法是在不考虑投资风险的条件下，对投资项目进行评价的方法，一般使用评价指标来实现。对项目投资评价时使用的指标分为两类：一类是贴现指标，即考虑了时间价值因素的指标，主要包括净现值、现值指数、内含报酬率等；另一类是非贴现指标，即没有考虑时间价值因素的指标，主要包括回收期、会计收益率等。根据分析评价指标的类别，项目投资评价的基本方法，也被分为贴现的评价方法和非贴现的评价方法两类。

（一）非贴现的评价方法

也称为静态评价方法，使用这种评价方法不需要考虑资金的时间价值因素，它把不同时间的现金收支看成是等效的。主要包括投资回收期法和会计收益率法两种，现分述如下。

1．投资回收期法（P_t）。

投资回收期法按是否考虑资金的时间价值，即现金流量的计算是否使用贴现可以分为静态投资回收期法和动态投资回收期法。为便于比较在此一并介绍。

静态投资回收期法。它是最早使用的投资评价方法，这一方法的基本原理是：通过计算一个项目投资所带来的未折现现金流量足以抵消该项目初始投资额所需要的年限，即项目投资的回收速度来衡量项目投资方案的一种方法。投资回收期既可以从建设开始年算起，也可以从项目投入使用年算起，但应予以注明。投资回收期一般是年限越短，方案越有利。其计算公式如下：

$$\sum_{t=1}^{P_t}(CI-CO)_t=0 \tag{6-4}$$

式中：CI——现金流入量；

CO——现金流出量；

$(CI-CO)_t$——第 t 年现金净流量；

P_t——投资回收期。

在该方法的实际应用中，投资回收期公式更为实用的计算方法为：

$$P_t=T-1+\frac{\text{第}(T-1)\text{年的累计净现金流量的绝对值}}{\text{第}T\text{年的净现金流量}} \tag{6-5}$$

式中：T——项目投资各年累计净现金流量首次出现正值的年份。

如果在静态投资回收期法的基本原理基础上，再计算各年现金流量时考虑贴现因素，则计算出来的投资回收期为动态投资回收期，动态投资回收期法的计算公式如下：

$$\sum_{t=1}^{P_t'}(CI-CO)_t(1+i_c)^{-t}=0 \tag{6-6}$$

式中：P_t'——动态投资回收期；

i_c——预定的贴现率。

由于公式（6-6）可能涉及高次方求解，计算较为复杂，实务中可以使用下式简便计算动态投资回收期：

$$P_t'=(\text{累计净现金流量贴现值出现正值的年数})-1+\frac{\text{上年累计贴现值的绝对值}}{\text{当年净现金流量的贴现值}} \tag{6-7}$$

在使用投资回收期法进行投资决策时，如果是互斥性选择投资决策，则以投资回收期短的方案为优；如果是采纳与否的投资决策，则应当设定基准投资回收期，当项目投资回收期小于等于基准投资回收期时，予以接受，否则拒绝。

以下对投资回收期法的具体运用举例说明。

【例 6-2】　资料同例 6-1，甲方案和乙方案的静态回收期分别为 2.49 年和 3.35 年，计算过程见表 6-3。

表 6-3　项目投资静态回收期计算表　（单位：万元）

项目＼年份	0	1	2	3	4	5
甲方案						
项目净现金流量	（100）	40.1	40.1	40.1	40.1	40.1
累计净现金流量	（100）	（59.9）	（19.8）	20.3	60.4	100.5

（续表）

年份 项目	0	1	2	3	4	5
甲方案投资回收期	P_t=(3－1)＋19.8/40.1＝2＋0.49＝2.49 年					
乙方案 项目净现金流量合计 累计净现金流量	 （150） （150）	 47.988 （102.012）	 45.308 （56.704）	 42.628 （14.076）	 39.948 25.872	 68.968 94.840
乙方案投资回收期	P_t=(4－1)＋14.076/39.948＝3＋0.35＝3.35（年）					

从上表计算可知，在进行投资方案决策时，如果不考虑其他因素，应选择回收期较短的甲方案。

如果考虑现金流量的贴现（假定贴现率 i 为 10%），则两方案的动态投资回收期分别为：甲方案为 3.90 年，乙方案为 4.22 年。计算过程见表 6-4。

表 6-4 项目投资动态回收期计算表 （单位：万元）

年份 项目	0	1	2	3	4	5
甲方案						
项目净现金流量	（100）	40.100 0	40.100 0	40.100 0	40.100 0	40.100 0
贴现率 i＝10%	1	0.909 1	0.826 5	0.753 1	0.683 0	0.620 9
贴现后的现金流量	（100）	36.454 9	33.142 7	30.199 3	27.388 3	24.898 1
累计贴现净现金流量	（100）	（63.545 1）	（27.090 2）	3.109 1	30.497 4	55.395 5
甲方案投资回收期	P'_t=(4－1)＋27.0902/30.1993＝3＋0.90＝3.90 年					
乙方案						
项目净现金流量	（150）	47.988 0	45.308 0	42.628 0	39.948 0	68.968 0
贴现率 i＝10%	1	0.909 1	0.826 5	0.753 1	0.683 0	0.620 9
贴现后的现金流量	（150）	43.625 9	37.447 1	32.103 1	27.284 5	42.822 2
累计贴现净现金流量	（150）	（106.374 1）	（68.927）	（36.823 9）	（9.539 4）	33.282 8
乙方案投资回收期	P'_t=(5－1)＋9.539 4/42.822 2＝4＋0.22＝4.22（年）					

根据上述计算结果，我们不难推导出以下结论：通常项目投资的动态投资回收期大于静态投资回收期。

投资回收期法，无论是动态投资回收期法还是静态投资回收期法，均具有计算简便，并且容易为决策人所正确理解的优点。而静态投资回收期法的缺点在于不仅忽视时间价值，而且没有考虑回收期以后的现金流量；动态投资回收期法虽然考虑了资金的时间价值，但仍然完全忽视回收期以后的现金流量；二者均可能导致错误的投资决策。事实上，有战略意义的长期投资往往早期收益较低，而中后期收益较高。回收期法优先考虑急功近利的项目，可能导致放弃长期成功的方案。它是过去评价投资方案最常用的方法，目前作为辅助方法使用，主要用来测定方案的流动性而非营利性。

2．投资收益率法。

也称为会计收益率法。它在计算时使用会计报表上的数据，以及财务会计的收益和成本观念。这一方法的基本原理是：通过计算项目投入使用后正常的生产经营年份的投资收益率来判断项目投资优劣的一种投资评价方法。在这里，投资收益率就是项目投入使用后正常生产经营年份的净收益与投资总额的比值。其计算公式如下：

$$R=\frac{NB}{K} \tag{6-8}$$

式中：R——投资收益率，由于评价时 NB 的具体含义不同，R 可具体为投资利润率、投资利税率、投资净现金收益率等；

NB——正常年份的净收益，可取年利润总额，也可取年利税总额；

K——投资总额。

在使用投资收益率法进行投资决策时，如果是互斥性选择投资，应优选投资收益率高的方案；如果是采纳与否投资决策，也应当设定基准投资收益率，当项目投资收益率大于等于基准投资收益率，项目可以接受，否则应予以拒绝。

以下对投资收益率法的具体运用举例说明。

【例 6-3】 资料同例 6-1，甲方案和乙方案的投资收益率（投资利润率）分别为 30% 和 23.66%。

甲方案年利润总额＝80－30－20＝30（万元）

投资收益率(甲)＝30/100×100%＝30%

乙方案年利润总额＝(36.4＋32.4＋28.4＋24.4＋20.4)÷5＝28.4（万元）

投资收益率(乙)＝28.4/120×100%＝23.66%

由于甲方案的投资利润率大于乙方案，故甲方案应优先考虑。

投资收益率法直接使用会计报表数据，计算简便，应用范围广，但由于计算时与投资回收期法一样，未考虑资金的时间价值，可能导致投资决策的错误。

（二）贴现的评价方法

贴现的评价方法，是指考虑货币时间价值的评价方法，亦被称为动态评价法，主要包括净现值法、现值指数法、内含报酬率法和动态投资回收期法等。分述如下。

1．净现值法（NPV）。

这种方法使用净现值作为评价方案优劣的指标。所谓净现值，是指特定方案未来现金流入的现值与未来现金流出的现值之间的差额。按照这种方法，所有未来现金流入和流出都要按预定贴现率折算为它们的现值，然后再计算它们的差额。

计算净现值的公式：

$$NPV=\sum_{t=1}^{n}\frac{(CI-CO)_t}{(1+i_c)^t} \tag{6-9}$$

式中：NPV——投资方案的净现值；

n——投资涉及的年限；

$(CI-CO)_t$——第 t 年的现金净流量；

i_c——预定的贴现率。

如果 $NPV>0$，表示贴现后现金流入大于贴现后现金流出，该投资项目的报酬率大于预定的贴现率；$NPV=0$，表示贴现后现金流入等于贴现后现金流出，该投资项目的报酬率相当于预定的贴现率；$NPV<0$，表示贴现后现金流入小于贴现后现金流出，该投资项目的报酬率小于预定的贴现率。

按照项目投资还本付息的财务观点来看，当净现值为正数时，偿还本息后该项目仍有剩余的收益；当净现值为零时，偿还本息后一无所获；当净现值为负数时，该项目收益不足以偿还本息。

所以，运用净现值法进行投资方案决策时，如果是互斥性选择投资，则净现值越大方案越优；如果是采纳与否投资，则项目净现值大于等于零的接受，净现值小于零的予以拒绝。

【例 6-4】 资料同例 6-1，设贴现率为 10%，运用净现值法评价甲、乙两方案的优劣。计算过程如表 6-5。

表 6-5　净现值及累计净现值计算表　　（单位：万元）

项目 \ 年份	0	1	2	3	4	5
甲方案						
项目净现金流量	（100）	40.1	40.1	40.1	40.1	40.1
预定贴现率 $i_c=10\%$	1	0.9091	0.8265	0.7531	0.6830	0.6209
净现值	（100）	36.4549	33.1427	30.1993	27.3883	24.8981
累计净现值	（100）	（63.5451）	（27.0902）	3.1091	30.4974	55.3955
乙方案						
项目净现金流量	（150）	47.988	45.308	42.628	39.948	68.968
预定贴现率 $i_c=10\%$	1	0.9091	0.8265	0.7531	0.6830	0.6209
净现值	（150）	43.6259	37.4471	32.1031	27.2845	42.8222
累计净现值	（150）	（106.3741）	（68.927）	（36.8239）	（9.5394）	33.2828

甲、乙两项投资的净现值均为正数，说明两个方案的报酬率都超过预定贴现率 10%。如果企业的资金成本率或要求的投资报酬率是 10%，这两个方案都是有利的，因而都是可以接受的。但 $NPV_{甲}=55.3955$ 万元，$NPV_{乙}=33.2828$ 万元，$NPV_{甲}>NPV_{乙}$。因此，甲、乙两方案相比，甲方案更好些。

净现值法具有广泛的实用性，在理论上也比其他方法更完善。净现值法应用的主要问题是如何确定预定贴现率，一种办法是根据资金成本来确定，另一种办法是根据企业要求的最低资金利润率来确定。前一种办法，由于计算资金成本比较困难，故限制了其应用范围；后一种办法根据资金的机会成本，即一般情况下可以获得的报酬来确定，比较容易解决。

2．现值指数法。

这种方法使用现值指数作为评价方案的指标。所谓现值指数法，是未来现金流入现值与现金流出现值的比率，亦称现值比率、获利指数、贴现后收益-成本比率等。

计算现值指数的公式：

$$现值指数=\sum_{t=0}^{n}\frac{CI}{(1+i_c)^t}\Big/\sum_{t=0}^{n}\frac{CO_t}{(1+i_c)^t} \tag{6-10}$$

从公式我们不难看出，现值指数法以项目未来现金流入现值为分子，未来现金流出现值为分母，如果现值指数大于 1，说明投资项目未来现金流入现值大于现金流出现值，即项目投资报酬率大于预定的贴现率；反之，说明项目投资报酬率低于预定贴现率；现值指数等于 1，则说明项目投资报酬率与预定贴现率相等。因此，我们不难知道，现值指数指标值仍然是越大越好。

下面举例说明现值指数法的运用。

【例 6-5】 某旅游企业假设有以下 3 个投资方案，假设预定贴现率为 10%。有关数据如表 6-6。

表 6-6 投资方案现金流量表 （单位：元）

期间	A 方案		B 方案		C 方案	
	净收益	现金净流量	净收益	现金净流量	净收益	现金净流量
0		（20 000）		（9 000）		（12 000）
1	1 800	11 800	（1 800）	1 200	600	4 600
2	3 240	13 240	3 000	6 000	600	4 600
3			3 000	6 000	600	4 600
合计	5 040	5 040	4 200	4 200	1 800	1 800

首先计算各方案的净现金流量如下：

$$\begin{aligned}NPV(A)&=(11\,800\times0.909\,1+13\,240\times0.826\,4)-20\,000\\&=21\,669-20\,000\\&=1\,669\text{（元）}\end{aligned}$$

$$\begin{aligned}NPV(B)&=(1\,200\times0.909\,1+6\,000\times0.826\,4+6\,000\times0.751\,3)-9\,000\\&=10\,557-9\,000\\&=1\,557\text{（元）}\end{aligned}$$

$$\begin{aligned}NPV(C)&=4\,600\times2.487-12\,000\\&=11\,440-12\,000\\&=-560\text{（元）}\end{aligned}$$

（注：方案 C 现金流入量是年金形式，因此按年金折现）

其次，再来看看三个方案的现值指数，根据表 6-6 的资料及公式 6-10，三个方案的现值指数计算如下：

$$现值指数(A)=21\,669\div20\,000=1.08$$

$$现值指数(B)=10\,557\div9\,000=1.17$$

$$现值指数(C)=11\,440\div12\,000=0.95$$

A、B 两项方案投资机会的现值指数大于 1，说明其收益超过成本，即投资报酬率超过预定的贴现率。C 项投资机会的现值指数小于 1，说明其报酬率没有达到预定的贴现率。

现值指数法的主要优点是，可以进行独立投资机会获利能力的比较。在例 6-5 里，A 方案的净现值是 1 669 元，B 方案的净现值是 1 557 元。如果这两个方案之间是互斥的，当然 A 方案较好。如果两者是独立的，可以根据现值指数来选择哪一个应优先给予考虑。B 方案现金指数大于 A 方案，所以 B 优于 A。现值指数实际上是 1 元原始投资可望获得的现值净收益，它是一个相对数指数，反映投资的效率；而净现值指标是绝对数指标，反映投资的效益。

3．内含报酬率法。

内含报酬率法也称为内部收益率法（IRR），是通过计算使项目投资的净现值等于零时的贴现率，并根据该项贴现率评价方案优劣的一种方法。所谓内含报酬率，是指能够使未来现金流入量现值等于未来现金流出量的贴现率，或者说是使投资方案净现值为零的贴现率。其计算公式为：

$$NPV(IRR)=\sum_{t=1}^{n_t}(CI-CO)_t(1+IRR)^{-t}=0 \qquad (6\text{-}11)$$

式中：IRR——项目内含报酬率。

净现值法和现值指数法虽然考虑了时间价值，可以说明投资方案高于或低于某一特定的投资报酬率，但没有揭示方案本身可以达到的具体的报酬率是多少。内含报酬率是根据方案的现金流量计算的，是方案本身的投资报酬率。

在使用内含报酬率法进行投资决策时，如果是互斥性选择投资，则优选内含报酬率高的方案，如果是进行采纳与否的投资决策，则应设定基准贴现率，若项目内含报酬率大于等于基准贴现率，则方案可行；若项目内含报酬率小于基准贴现率则方案不可行。

在实际应用中，如果项目投资期较长，则公式 6-11 将面临一个复杂的高次方程求解，计算十分复杂。为此，通常需要“逐步测试法”。

首先，估计一个较低的贴现率 i_1 和一个较高的贴现率 i_2，并使它们满足以下条件：

$$NPV_1=\sum_{t=1}^{n}(CI-CO)_t(1+i)^{-t}>0$$

$$NPV_2=\sum_{t=1}^{n}(CI-CO)_t(1+i_2)^{-t}<0$$

其次，计算出 NPV_1 和 NPV_2 的值，如果此时 NPV_1 和 NPV_2 中任何一个值为零或显著地接近于零，则对应的贴现率即为项目内含报酬率 IRR；如果 NPV_1 和 NPV_2 中任意一个都不能显著地接近于零，则应适当降低 i_2 的值和提高 i_1 的值，再重复以上步骤，直到 NPV_1 和 NPV_2 中任意一个显著地接近于零。

第三，如果对计算结果精度要求很高，可以利用内插法计算 IRR 的近似值：

$$IRR=i_1+\frac{NPV_1}{NPV_1+|NPV_2|}(i_2-i_1) \qquad (6\text{-}12)$$

上式中计算出的 IRR 是一个近似值，其与实际 IRR 的误差大小取决于(i_2-i_1)的大小，(i_2-i_1)之差越大，误差也越大，为了控制误差，(i_2-i_1)通常不应超过 5%，如果计算时发现 NPV_1 和 NPV_2 显著地大于和小于零，则表明需要缩小(i_2-i_1)重新计算 IRR。

下面举例说明内含报酬率法的运用。

【例 6-6】 根据例 6-5 的资料，A 方案假设 $i_1=16\%$，$i_2=18\%$，则对应的 $NPV_1=9$ 元，$NPV_2=-499$ 元。NPV_1 已经接近于零，可以认为 A 方案的内含报酬率 IRR 为 16%；B 方案假设 $i_1=16\%$，$i_2=18\%$，则对应的 $NPV_1=338$ 元，$NPV_2=-22$ 元。NPV_2 已经接近于零，可以认为 B 方案的内含报酬率 IRR 为 18%。计算过程见表 6-7、表 6-8。

表 6-7 A 方案内含报酬率的测试 （单位：元）

年份	现金净流量	贴现率＝18%		贴现率＝16%	
		贴现系数	现值	贴现系数	现值
0	（20 000）	1	（20 000）	1	（20 000）
1	11 800	0.847	9 995	0.862	10 172
2	13 240	0.718	9 506	0.743	9 837
净现值			（499）		9

表 6-8 B 方案内含报酬率的测试 （单位：元）

年份	现金净流量	贴现率＝18%		贴现率＝16%	
		贴现系数	现值	贴现系数	现值
0	（9 000）	1	（9 000）	1	（9 000）
1	1 200	0.847	1 016	0.862	1 034
2	6 000	0.718	4 308	0.743	4 458
3	6 000	0.609	3 654	0.641	3 846
净现值			（22）		338

如果对测试结果的精确度不满意，可以使用内插法来改善。

内含报酬率(A)＝16%＋[9÷(9＋499)]×(18%－16%)＝16.04%

内含报酬率(B)＝16%＋[338÷(338＋22)] ×(18%－16%)＝17.88%

C 方案各期现金流入量相等，符合年金形式，内含报酬率可直接利用年金线指标来确定，不需要进行逐步调试。

设现金流入的现值与原始投资相等：

原始投资＝每年现金流入量×年金现值系数

$$12\,000=4\,600\times(P/A,i,3)$$

$$(P/A,i,3)=2.609$$

查阅“年金现值系数表”。寻找 n=3 时系数 2.609 所指的利率。查表结果，与 2.609 接近的现值系数 2.624 和 2.577 分别指向 7%和 8%。用内插法确定 C 方案的内含报酬率为 7.32%。

内含报酬率(C)＝7%＋[1%×(2.624－2.609)÷(2.624－2.577)]

＝7%＋0.32%

＝7.32%

计算出各个方案的内含报酬率以后，可以根据企业的资金成本或要求的最低投资报酬率对方案进行取舍。假设资金成本是 10%，那么 A、B 两个方案都可以接受，而 C 方案则应放弃。

内含报酬率是方案本身的收益能力，反映其内在的获利水平。如果以内含报酬率作为贷款利率，通过借款来投资本项目，那么，还本付息后将一无所获。这一原理可以通过 C 方案的数据来证明，见表 6-9。

表 6-9 C 方案还本付息表 （单位：元）

年份	年初借款	利率＝7.32%	年末借款	偿还现金	借款余额
1	12 000	878	12 878	4 600	8 278
2	8 278	607	8 885	4 600	4 285
3	4 285	314	4 599	4 600	-1

注：第三年末借款余额-1 是计算时四舍五入所致。

内含报酬率和现值指数法有相似之处，都是根据相对比率来评价方案，而不像净现值那样使用绝对数来评价方案。在评价方案时要注意到，比率高的方案绝对数不一定大，A 方案净现值大，是靠投资 20 000 元取得的；B 方案净现值小，是靠投资 9 000 元取得的。如果这两个方案是互相排斥的，也就是说只能选择其中一个，那么选择 A 有利。如果这两个方案是相互独立的，也就是说采纳 A 方案时不排斥同时采纳 B 方案，那就很难根据净现值来排定优先次序。内含报酬率可以解决这个问题，应优先安排内含报酬率较高的 B 方案，如有足够的资金可以再安排 A 方案。

内含报酬率法与现值指数法也有区别。在计算内含报酬率时不必事先选择贴现率，根据内含报酬率就可以排定独立投资的优先次序，只是最后需要一个切合实际的资金成本或最低报酬率来判断方案是否可行。现值指数法需要一个适合的贴现率，以便将现金流量折为现值，贴现率的高低将会影响方案的优先次序。

第三节 旅游企业项目投资评价的风险分析方法

在上节的分析中，我们都假设项目的现金流量是可以确知的，但实际上真正意义上投资项目总是有风险的，项目未来现金流量总会具有某种程度的不确定性。上节所述项目投资贴现的评价方法所用的贴现率，仅考虑了资金的时间价值，并未考虑项目投资的风险因素。由于项目投资通常投资期长，在未来长时期之内会有各种不确定的因素，因此也不同程度地存在着“风险”，需要对项目投资可能包含的风险程度进行估量。

一、旅游企业项目投资评价中的风险分析方法

对项目投资评价的风险主要有两种分析方法，即调整现金流量法和风险调整贴现率法。现分述如下。

（一）调整现金流量法

调整现金流量法，是根据项目投资的风险程度把不确定的现金流量调整为确定的现金流量，然后用无风险的报酬率作为贴现率计算净现值，最后根据净现值来进行风险项目的投资决策。使用本方法，净现值的计算公式是：

$$NPV=\sum_{t=0}^{n}\frac{\alpha_t\times(CI-CO)_t}{(1+i)^t} \qquad (6\text{-}13)$$

式中：α_t——t 年现金流量的肯定当量系数，取值在 0～1 之间；

i——无风险贴现率；

$(CI-CO)_t$——第 t 年现金净流量（包含不确定因素）。

公式 6-13 与前述净现值计算公式 6-9 非常相似，所不同的是使用了 α_t 对分子（现金流量）进行了调整，调整后对应的贴现率也变成无风险贴现率。

肯定当量系数，是指不确定的一元现金流量期望值相当于使投资者满意的肯定的金额的系数。它可以把各年不肯定的现金流量换算为肯定的现金流量。因此该方法也称为肯定当量法。

我们知道，肯定的一元比不肯定的一元更受欢迎。不肯定的一元，只相当于不足一元

的金额。两者的差额，与现金流量的不确定性程度的高低有关。肯定当量系数是指预计现金流入量中使投资者满意的无风险的份额。利用肯定当量系数，可以把不肯定的现金流量折算成肯定的现金流量，或者说去掉了现金流量中有风险的部分，使之成为“安全”的现金流量。去掉的部分包含了各种风险，剩下的是无风险的现金流量。由于现金流量中已经消除了全部风险，相应的折现率应当是无风险的报酬率。无风险的报酬率可以根据国库券的利率确定。

下面举例说明调整现金流量法的运用。

【例 6-7】　假设当前的无风险报酬率为 4%，公司有 A、B 两个投资机会，有关资料如表 6-10 所示。

表 6-10　调整现金流量法净现值计算表　（单位：元）

A 项目						
年	现金流入量	肯定当量系数	肯定现金流入量	现值系数（4%）	未调整现值	调整后现值
0	（40 000）	1	（40 000）	1.000 0	（40 000）	（40 000）
1	13 000	0.9	11 700	0.961 5	12 500	11 250
2	13 000	0.8	10 400	0.924 6	12 020	9 616
3	13 000	0.7	9 100	0.889 0	11 557	8 090
4	13 000	0.6	7 800	0.854 8	11 112	6 667
5	13 000	0.5	6 500	0.821 9	10 685	5 342
净现值					17 874	9 65
B 项目						
年	现金流入量	肯定当量系数	肯定现金流入量	现值系数（4%）	未调整现值	调整后现值
0	（47 000）	1	（47 000）	1.000 0	（47 000）	（47 000）
1	14 000	0.9	12 600	0.961 5	13 461	12 115
2	14 000	0.8	11 200	0.924 6	12 944	10 357
3	14 000	0.8	11 200	0.889 0	13 446	9 957
4	14 000	0.7	9 800	0.854 8	11 967	8 377
5	14 000	0.7	9 500	0.821 9	11 507	8 055
净现值					15 325	1 860

调整前 A 项目的净现值较大，调整后 B 项目的净现值较大。不进行调整，就可能导致错误的判断。

调整现金流量法的优点是，仅对净现值公式的分子进行调整，计算简单，而且可以根据各年不同的投资风险水平分别确定调整的肯定当量系数；缺点是肯定当量系数的确定十分困难。

（二）风险调整贴现率法

风险调整贴现率法是更为实际、更为常用的风险处置方法。这种方法的基本思想是对高风险的项目，应当采用较高的贴现率计算净现值。

$$NPV=\sum_{t=0}^{n}\frac{(CI-CO)_t}{\left(1+i'\right)^t} \tag{6-14}$$

式中：i'——风险调整贴现率。

公式 6-14 与前述净现值计算公式（6-9）亦很相似，所不同的是贴现时使用的贴现率i'不同，这里使用的贴现率我们称为风险调整贴现率。

风险调整贴现率是风险项目应当满足的投资人要求的报酬率。项目的风险越大要求的报酬率越高。风险调整贴现率可以根据资本资产定价模型确定。

投资者要求的收益率＝无风险报酬率＋β×(市场平均报酬率－无风险报酬率)

资本资产定价模型是在有效的证券市场中建立的，实物资本市场不可能像证券市场那样有效，但是基本逻辑关系是一样的。因此，上面的公式可以改为：

项目要求的收益率＝无风险报酬率＋项目的β×(市场平均报酬率－无风险报酬率)

上式中，项目的β系数也称为该项目的风险报酬斜率，它的大小表示风险的变化程度对风险调整贴现率高低的影响程度，一般根据经验数据确定，或根据历史数据用高低点法或回归法计算。

【例 6-8】 假设当前的无风险报酬率为 4%，市场平均报酬率为 12%，A 项目的预期风险大，其β值为 1.5；B 项目的预期风险小，其β值为 0.75。

A 项目的风险调整贴现率＝4%＋1.5×(12%－4%)＝16%

B 项目的风险调整贴现率＝4%＋0.75×(12%－4%)＝10%

其他有关数据如表 6-11 所示。

表 6-11 风险调整贴现率下净现值计算表 （单位：元）

A 项目					
年	现金流量	现值系数（4%）	未调整现值	现值系数（16%）	调整后现值
0	（40 000）	1.000 0	（40 000）	1.000 0	（40 000）
1	13 000	0.961 5	12 500	0.862 1	11 207
2	13 000	0.924 6	12 020	0.743 2	9 662
3	13 000	0.889 0	11 557	0.640 7	8 329
4	13 000	0.854 8	11 112	0.552 3	7 180
5	13 000	0.821 9	10 685	0.476 2	6 191
净现值			17 874		2 569
B 项目					
年	现金流量	现值系数（4%）	未调整现值	现值系数（10%）	调整后现值
0	（47 000）	1.000 0	（47 000）	1.000 0	（47 000）
1	14 000	0.961 5	13 461	0.909 1	12 727
2	14 000	0.924 6	12 944	0.826 4	11 570
3	14 000	0.889 0	13 446	0.751 3	10 518
4	14 000	0.854 8	11 967	0.683 0	9 562
5	14 000	0.821 9	11 507	0.620 9	8 693
净现值			15 325		6 070

如果不进行折现率调整，两个项目差不多，A 项目比较好；调整以后，两个项目有明显的差别，B 项目要好得多。

风险调整贴现率法的优点是易于理解，企业可以根据对风险的偏好自行确定贴现率，因而在实务中应用更为广泛；缺点是贴现率的计算复杂，并且用单一的贴现率同时完成风险调整和时间调整，把影响投资项目的时间因素和风险因素混为一谈。这种做法意味着风险随时间推移而加大，可能与事实不符，有夸大远期现金流量的风险。

二、项目贴现率的进一步讨论

风险调整贴现率法是项目投资风险处置的最常用方法，通过上述对这一方法的基本原理的介绍我们知道，项目贴现率的确定是该方法的核心，关系到最终投资决策的正确性。基于此，接下来我们对项目贴现率的确定作进一步的讨论。

（一）以加权平均资本成本作为项目贴现率

在实务中，最简单的方法是以企业加权平均资本成本作为项目贴现率据以计算项目净现值。使用企业当前的资本成本作为项目的折现率，应具备两个条件：一是项目的风险与企业当前资产的风险相同；二是公司继续采用相同的资本结构为新项目筹资。即所谓的等风险假设和资本结构不变假设。

等风险假设认为新项目是企业现有资产的复制品，它们的风险相同，要求的报酬率才会相同。这种情况是经常会出现的，例如固定资产更新、现有生产规模的扩张等。

如果新项目与原有资产的风险有较大差别，则不能使用企业当前资本成本作为贴现率。例如，中国国际旅行社是个传统旅游企业，其风险较小，最近开展了旅游电子商务，进入了信息产业。在评价其信息产业项目时，使用公司目前的资本成本作贴现率就不合适了。图 6-1 的证券市场线表明了等风险假设的重要性。新的项目的风险大，要求比现有资产赚取更高的收益率。只有当新项目的风险与现有资产的风险相同时，企业的资本成本才是合适的接受标准。对其他的风险投资，无论比现有资产风险高或低，资本成本都不是合适的标准。

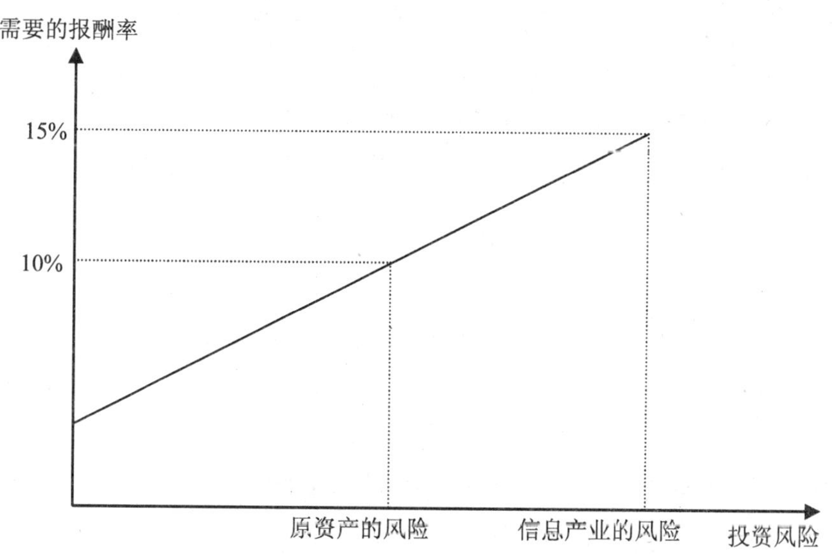

图 6-1　风险调整贴现率随风险增加

通过第五章“旅游企业资本结构决策”的讨论，我们知道，资本结构对企业资本成本也可能会有影响。

如果承认市场是完善的，资本结构不会改变企业的平均资本成本，增加债务比重并不会降低加权平均成本，因为股东要求的报酬率会因财务风险增加而提高，此时平均资本成本反映了企业当前资产的平均风险。

但是，如果承认市场是不完善的，虽然增加债务的好处会引起资本成本的下降，同时也会使股权现金流量的风险增加，并导致企业平均资本成本上升，两个因素的共同作用将最终导致企业平均资本成本发生变动。此时再使用平均资本成本作为贴现率就不合适了。

基于上述分析，我们可以得出如下结论：在企业项目风险与原有资产风险相当且资本结构保持不变的情况下，可以使用企业加权平均资本成本作为项目的贴现率；在等风险假设和资本结构假设明显不能成立时，必须重新估计项目的风险并据以确定贴现率。

（二）新项目风险的估计

如果新项目的风险与现有资产的平均风险显著不同，就不能使用公司当前的加权平均资本成本，而应当估计项目的风险，并计算项目要求的必要报酬率。

由于计算过程中需要首先取得项目的风险系数 β 值，而 β 值的计算又十分复杂，实务中通常使用以下两种方法取得。

1．由企业领导根据经验数据或使用专家意见取得。

2．使用同类公司的 β 值替代计算。

首先，要选择经营类型、业务规模相近的公司。

其次，要注意所选择的公司的资本结构与本企业之间的差异。因为替代公司的资本结构已反映在其 β 值中。如果替代企业的资本结构与项目所在企业显著不同，那么在估计项目的 β 值时，还应针对资本结构差异作出相应调整。

调整的方法是，先将包含资本结构因素的 $\beta_{权益}$ 转换为不包含资本结构的 $\beta_{资产}$，再按照本公司的目标资本结构转换为适用于本公司的 $\beta_{权益}$，转换的公式如下：

$$\beta_{资产}=\beta_{权益}/(1+替代企业负债/替代企业权益)$$

如果需要考虑所得税的影响，上面的公式可改写为：

$$\beta_{资产}=\beta_{权益}/[1+(1-所得税率)\times 替代企业负债/替代企业权益]$$

根据确定的 β 值，使用前述资本定价模型便可以计算出项目投资的风险报酬率，并作为贴现率。

第四节　旅游企业证券投资

证券投资是指旅游企业出于获得投资收益或影响和控制其他企业的目的，在证券交易市场上购买其他公司发行的有价证券（股票或债券）的投资活动。主要包括债券投资和股票投资两种形式。

一、证券投资的风险

获取投资收益是证券投资的主要目的，证券投资的风险是投资者无法获得预期投资收益的可能性。证券投资的风险按照风险的性质划分为系统性风险和非系统性风险两大类。

（一）系统性风险

证券的系统性风险，是由于外部经济环境因素的变化引起整个证券市场的不确定性加强，从而对市场上所有证券都产生影响的共同性风险。系统性风险影响到市场上的所有证券，无法通过投资多样化的证券组合而加以避免，也称为不可分散风险。

系统性风险波及所有证券，最终会反映在证券市场平均利率的提高上，因此所有的系统性风险几乎都可以归结为利率风险。利率风险是由于市场利率变动引起证券价值变化的可能性，市场利率反映了社会平均报酬率，投资者对证券投资报酬率的预期总是在市场利率基础上进行的，当投资者报酬率大于市场利率时，证券价值才会高于证券市场价格。一旦市场利率提高，就会引起证券价值的下降，投资者就不容易得到超过社会平均报酬率的超额报酬。系统性风险一般可以分为以下几种。

1．价格风险。价格风险是由于市场利率上升而使证券价格普遍下跌的可能性。资本是一种商品，利率是资本使用权的价格，它受资本供求关系的制约。资本需求量增加，市场利率上升；资本供应量增加，市场利率下降。由于价格风险主要源于利率的变化，因此价格风险也可以称为利率风险。证券市场是一个资本市场，价格风险来自于证券市场买卖双方的供求关系的不平衡。

市场利率上升，资本需求量增加，意味着证券发行量的增加，引起整个证券市场所有证券的价格普遍下降。同时，市场利率的上升，促使投资者将资本投向于银行存款，证券市场资本供应量下降，证券投资者减少，引起证券价格下跌。纯粹利率的变动会造成证券的普遍变动，两者成反向变化：市场利率上升，证券价格下跌；市场利率下降，证券价格上升。不过，这里的价格波动并不是指证券发行者的经营业绩变化而引起的个别证券的价格波动。

当证券持有期间的市场利率上升，证券价格就会下跌，证券期限越长，投资者遭受的损失越大。

2．再投资风险。再投资风险是由于市场利率下降而造成的无法通过再投资而实现预期收益的可能性。根据流动性偏好理论，长期证券的报酬率应当高于短期证券，因为从投资方看，期限越长，不确定性就越强，证券投资者一般喜欢持有短期证券，因为它们较易变现而收回本金。因此，投资者愿意接受短期证券的低报酬率；从证券发行方看，一般比较喜欢发行长期证券，因为长期证券可以筹集到长期资金，而不必经常面临长期筹集不到资金的困境。因此，证券发行者愿意为长期证券支付较高的报酬率。

为了避免市场利率上升的价格风险，投资者可能会投资短期证券，但是短期证券又会面临市场利率下降的再投资风险，即无法按照预期的报酬率进行再投资而实现所要的预期收益。

3．购买力风险。购买力风险是由于通货膨胀而使货币购买力下降的可能性。在持续而剧烈的物价波动环境中，货币性资产会遭受购买力损益：当物价持续上涨时，货币性资产会遭受购买力损失；当物价持续下跌时，货币性资产会带来购买力收益；在物价上涨和下跌交替进行时，购买力损失和购买力收益可能会相互抵消。

证券资产是一种货币性资产，通货膨胀会使证券投资的本金和收益贬值，名义报酬率不变而实际报酬率下降。购买力风险对具有收款权利性质的资产影响最大，债券投资的购买力风险大于股票投资。如果通货膨胀长期延续，投资人会把资本投向于实体性资产以求保值，对证券投资的需求量减少，引起证券价格下跌。

（二）非系统风险

证券的非系统性风险，是由于特定的经营环境或特定事件引起的不确定性，从而对个别证券产生影响的特有性风险。非系统性风险源于每个公司的自身特有的经营活动和财务活动，与某个具体的证券相关联，与整个证券市场无关，是证券本身的风险。根据证券投资组合理论，非系统性风险可以通过持有证券的投资多样化来抵消，也称为可分散风险。

非系统风险主要有履约风险、变现风险、破产风险等形式。

1. 履约风险。履约风险是指证券发行者无法按时兑付证券利息和偿还本金的可能性。有价证券本身就是一种契约性权利资产，经济合同的一方违约都会给另一方造成损失。履约风险是投资于收益固定型有价证券的投资者经常面临的，多发生在债券投资中。履约风险产生的原因可能是公司产品销售不善，也可能是公司现金周转不灵。

2. 变现风险。变现风险是指证券投资者无法在市场上以正常的价格平仓出货的可能性。持有证券的投资者，可能会在证券持有时间内出售现有证券投资于另一项目，但是在短期内找不到愿意出合理价格的买主，投资者就会丧失新的投资机会或面临降价出售的损失。在同一证券市场上，各种有价证券的变现方式是不同的，交易越频繁的证券，其变现能力越强。

3. 破产风险。破产风险是指在证券发行者破产清算时投资者无法收回应得权益的可能性。当证券发行者由于经营不善而持续亏损、现金周转不畅而无力清偿债务或其他原因导致难以持续经营时，他可能会申请破产保护，破产保护会导致债务清偿的豁免、有限责任的退资，使得投资者无法取得应得的投资收益，甚至无法收回投资的本金。

二、债券投资

债券投资是指旅游企业通过证券交易市场购买各种债券（如公司债券、金融债券、国库券等）的投资活动。债券投资的主要目的是为了获得稳定的投资收益。

（一）债券投资的特点

相对于股票投资而言，债券投资具有以下特点。

1. 债券投资属于债权性投资。债券、股票都属于证券投资，但二者的投资性质不同，债券投资属于债权性投资，债券持有人以债券发行公司的债权人身份参与利息分配并到期收回本金，无权参与发行公司的经营管理活动；股票投资属于权益性投资，股票持有人以发行公司股东身份参与发行公司经营管理并获得股利。债券体现的是债权、债务关系，而股票体现的是产权关系。

2. 收益稳定。收益稳定是债券吸引投资者的重要原因。债券投资的收益是按债券票面面值和票面利率计算的利息收入与债券转让的价差，与发行公司的经营状况无关，因而其投资收益比较稳定。

3. 投资风险小。因为债券一般都有确定的还本付息日期，债券投资为投资者获得收益提供了时间上和金额上的保证，而且其利息收入和本金的回收金额与日期都是事先确定的，投资者获得投资收益的风险很小。特别是国库券，由于有国家财力为后盾，其收益的安全性很高，通常视其为无风险债券。

4. 价格波动小。在证券市场上，债券价格虽然也会具有一定的波动，但由于前述特点的影响，其波动的范围不像股票那么大，其价值与价格的偏离不会太多，波动性小。

5. 流动性好。由于上述特点，债券受到很多中小投资者及追求稳定投资收益的投资者的青睐，债券持有人可以在证券市场的快速出售变现所持有的债券，因而债券投资具有较好的流动性。

（二）债券价格的确定

旅游企业进行债券投资的目的是为了在未来获得增值的收入，即未来期间的利息收入及转让价差。从资本保值和增值的需要出发，考虑资金时间价值的影响，债券的价值应当是使用企业对债券投资要求的必要收益率对未来获得的利息收入和到期收回本金（或中途转让价格）的折现值。这个价值也被称为债券的理论价格。

企业如果按上述债券价值等值的价格购买债券，意味着将能获得预期的投资收益（企业所要求的必要收益率）；如果按大于债券价值的价格购买债券，意味着企业对该债券预期的投资收益率要高于企业所要求的必要收益率，否则将不能保证必要的投资收益的实现；如果购买债券的价格小于债券的价值，则意味着企业对该债券的预期投资收益率低于企业所要求的必要收益率，但仍能保证必要投资收益的实现。

简单说来，就是只有债券的价值大于其购买价格时，该债券才值得投资。

具体的债券价格的确定方法，请参考第二章债券估价部分的介绍。

（三）债券投资的风险分析

旅游企业债券投资中面临的风险很多，但最主要的是来自系统性的利率风险。通过债券的估价模型我们知道，影响债券价值的最主要的因素是面值、期限和票面利率及市场利率等。债券一旦发行，其上述因素中的面值、期限和票面利率都已经固定，从投资方的角度看，只有市场利率成为影响持有债券价值的主要因素。市场利率决定了债券价值的贴现率。下面我们通过举例说明债券系统性利率风险对债券价值的影响。

【例 6-9】　设有面值为 1 000 元、票面利率 15 的 2 年期和 20 年期两种债券，在不同的市场利率水平下债券价值的计算如下表 6-12。

表 6-12　市场利率变化对债券价值的敏感性分析表

市场利率	债券价值（元）			
	2 年期债券		20 年期债券	
	债券价值	价值变动	债券价值	价值变动
5%	1185.85	0	2246.30	0
10%	1086.40	（99.45）	1426.30	（820.00）
15%	1000.00	（86.40）	1000.00	（426.30）
20%	923.20	（76.80）	756.50	（243.50）
25%	856.00	（67.20）	605.10	（151.40）
30%	796.15	（59.85）	502.40	（102.70）

通过对上表的数据进行观察和分析，我们可以得到如下结论。

1. 市场利率与债券价值呈反向变化。市场利率的上升会导致债券价值的下降，反之会导致债券价值的上升。这一特点无论是长期还是短期债券投资均具备。

2. 长期债券对市场利率的敏感性更大，面临更大的投资风险。当市场利率较低时，长期债券的价值远远高于短期债券；而在市场利率较高时，长期债券的价值远远低于短期债券。

3. 市场利率低于票面利率时，债券价值对市场利率的变化更敏感，市场利率稍有变动，债券价值会发生剧烈变动；而当市场利率高于票面利率时，债券价值对市场利率变化的敏感程度降低，市场利率的不断提高，不会使债券价值无限制地降低。

（四）债券投资收益

1. 债券投资收益的构成。

旅游企业债券投资的投资收益从来源上看主要包括利息收益和债券转让价差收益两部分。

（1）利息收益（含利息再投资收益）。债券各期的名义利息都等于债券面值与票面利率的乘积。由于在债券估价时已经使用了资金时间价值理论，因而债券投资利息收益已经包含了利息再投资。

（2）债券转让收益。如果企业持有的债券不是通过到期收回原始投资，而是中途转让，则债券投资收益中就包含了转让价格与转让时债券理论价格之间的差额。这部分差额也称为资本利得收益。

2. 债券投资的收益率。

衡量债券投资收益水平主要用债券投资内部收益率指标，债券投资内部收益率是指按当前市场价格购买债券并持有至到期日或转让日，所产生的收益率。该指标值的取得非常简单，借助于前面的债券估价模型，只要用债券的购买价格代替债券的内在价值（面值），就能求出债券投资内部收益率。

实际上债券真正的内在价值并不是由票面利率决定的内在价值（面值），而是按市场利率贴现计算的价值（债券价格）。市场利率是反映市场平均投资收益水平的，当按市场利率贴现的价值大于按债券内部收益率贴现的价值时，债券的内部收益率才会大于市场利率，表明投资收益水平高于市场平均收益水平，该债券才有更大投资价值。

下面举例说明债券内部收益率的计算。

【例 6-10】 假设某旅游企业以 1 075.92 元的价格，购买一份面值 1 000 元、票面利率 12%的 5 年期债券，并持有至该债券到期，则

$$1\,075.92=120\times(P_{A},R,5)+1\,000\times(P,R,5)$$

由上式可求得该债券的内部收益率：$R=10\%$

如果假设该份债券的购买价格分别为 1 000 元和 899.24 元，同理可求得对应的内部收益率分别为 12%和 15%。

可见，溢价债券的内部收益率低于票面利率，折价债券的内部收益率高于票面利率，平价债券的内部收益率则与票面利率相等。

三、股票投资

旅游企业通过证券交易市场购买股票的投资活动即为股票投资。股票投资的主要目的可能出于以下两个方面的考虑：一是获利，即获取股利收入和股票转让价差；二是控制或影响其他公司，即利用股票持有者可参与股票发行公司经营管理这一特点，通过持有其他公司大量股票来达到控制或影响其他公司的目的。

（一）股票投资的特点

1．股票投资属于股权性投资。如前所述，股票投资与债券投资同属于证券投资，具有证券投资的一般特点。但与债券投资相比，投资性质完全不同，股票是代表所有权的凭证，持有人以股东身份参与发行公司经营管理并获得收益。

2．投资风险大。股票作为一种所有权凭证，持有者不能要求股份公司偿还本金，只能通过证券市场转让。因此股票投资至少面临来自于发行公司和证券市场的双重风险。从发行公司方面看，如果股份公司经营状况良好，盈利能力强，则股票持有者能获得较高的收益；如果股份公司经营状况不佳甚至于发生亏损，股票持有者将可能无法获得投资收益；如果股份公司破产，由于债权人的求偿权优于股东，股东有可能部分甚至全部不能收回投资。从证券市场方面看，股票持有者将面临股票市场价格变动带来的转让价差的风险。这是因为，股票价格的高低，不仅受股份公司经营状况的影响，还会受政治、经济、社会等众多因素的影响，所以导致了股票价格变动相对于债券价格频繁且变动幅度更大，因而投资者面临的风险也更高。

3．收益高但不稳定。高风险必然伴随高收益，虽然股票投资的收益不是固定的，但总体上看，股票投资的收益一般高于债券投资。同时，由于股票投资收益的高低既受股份公司经营状况的影响，又和社会经济环境相关，如果股份公司经营状况好，公司盈利多，股票持有者就有可能获得更高的股利；反之，就可能少得或得不到股利。另一方面，股票转让价差的收益高低主要取决于股票市场行情，当股市行情好，价差收益就高，股市低迷时出售股票则可能导致损失。

4．价格波动大。股票价格既受股票发行公司经营状况的影响，也要受社会、经济等因素的影响，而且由于证券市场中投机行为的客观存在，导致股票价格波动频繁且幅度大。

（二）股票投资的收益率

与债券投资相同，股票投资收益从构成上也包括股利收益（含股利再投资收益）和股票转让价差收益两部分。衡量股票投资收益的指标通常用股票内部收益。股票内部收益率，是使股票投资未来现金流量贴现值等于当前股票价格的贴现率。根据股票估价中的固定成长股票股利估价模型，使用当前股票价格代替模型中的股票内在价值，即可求得股票内部收益率。

根据固定成长股利模型，有：

$$P_0=D_1/(R-g) \tag{6-15}$$

上述公式经整理可以得到：

$$R=D_1/P_0+g \tag{6-16}$$

从公式（6-16）可以看出，股票投资的内部收益率由股利收益率 D_1/P_0 和股利增长率 g 两部分构成。股利收益率是根据预期的现金股利除以当前股票价格计算的；由于股利增长速度就是股价增长速度，因此股利增长率也可以理解为股价增长率或资本利得收益率。

从上面的公式我们知道，只要能预计出未来期间的现金股利，就能计算出股东预期的报酬率。但现实中的实际情况是要正确预计未来期间的现金股利非常困难，因此实务中可以使用市盈率来估计股票内部收益率。

股票市盈率是股票当前市价与每股盈余（*EPS*）的比值，它反映投资者为取得每股盈余而愿意支付的代价，即股票的价格是每股盈余的倍数。由于股票的价格实际上就是投资者对股票的投资额，每股盈余则表示在该股票上可以获得的投资收益（包括股利和留存收益），那么市盈率（PE）的倒数（R）就可以看作是在股票投资上的收益率。即：

$$R=1/PE=EPS_0/P_0 \tag{6-17}$$

应当注意的是，使用市盈率来确定股票收益率有两个重要的基本前提：一是本期利润必须全部用于发放股利；二是股利增长率 g 为零。

四、证券投资组合

企业把资金同时投资于购买几种不同的证券，称为证券投资组合。按照证券投资组合理论，完全理想化的证券投资组合可以彻底消除各种证券自身的非系统风险，因此，证券投资组合只需要研究系统性风险和市场风险问题。

（一）证券投资组合中的风险和报酬的关系

1．两种证券投资组合的风险与报酬。

假设有证券 i 和证券 j 两种证券进行投资组合，则投资组合的期望报酬率可以通过下式计算：

$$R_p=R_iW_i+R_jW_j \tag{6-18}$$

式中：R_p——投资组合的期望报酬率；

R_i、R_j——证券 i、证券 j 的期望报酬率；

W_i、W_j——证券 i 和证券 j 在投资组合中所占的比重。

在单一证券投资中，投资风险可以用证券自身的标准离差来衡量，那么证券投资组合的风险是否也是各种证券自身的标准离差的加权平均数呢？答案是否定的，因为在证券投资组合中，各种证券之间存在相关性，即一种证券收益的变动可能会引起另一种证券收益的变动，简单的加权平均无法体现这种相关性的影响。因此证券投资组合风险的计算既要考虑单一证券自身的标准离差，又要考虑两种证券相关性。因此，两种证券的组合投资的标准离差（风险）可以通过下式计算：

$$\sigma_p^2=(W_i\sigma_i)^2+(W_j\sigma_j)^2+2W_iW_j\sigma_i\sigma_j\rho_{ij} \tag{6-19}$$

式中：ρ_{ij}——两种证券收益率变动的相关性系数。

ρ_{ij} 的取值在－1 至＋1 之间，若相关性系数为 1，称为完全正相关，表示一种证券收益率的变化与另一种证券呈正比例变化；若相关性系数为-1，称为完全负相关，表示一种证券收益率的变化与另一种证券呈反比例变化；若相关性系数为 0，则称为缺乏相关性，表示一种证券收益率的变化不会引起另一证券收益率的变化。一般情况下，证券之间既不可能完全正相关，也不可能完全负相关，多数证券的收益率趋于同向变化，因而相关性系数的取值通常多为小于 1 的正值。

如果两种证券的标准差相等（即投资风险相等），均为 σ，则公式（6-19）可以作如下变形：

$$\begin{aligned}\sigma_p^2&=\sigma^2(W_i^2+W_j^2+2W_iW_j\rho_{ij})\\&=\sigma^2[(W_i+W_j)^2+2W_iW_j(\rho_{ij}-1)]\\&=\sigma^2[1+2W_iW_j(\rho_{ij}-1)]\end{aligned}$$

从上式可以看出，如果 $\rho_{ij}\leqslant 1$，则 $\sigma_p^2\leqslant\sigma^2$，意味着任何比重的证券投资组合均能降低投资风险。

2．多种证券投资组合的风险与报酬

当投资组合中的证券多于两种时，有关风险与报酬的理论与两种证券投资组合也是一致的，其收益与风险的关系也是由多种证券之间的相关性决定的。所不同的是，由于证券种类的增加，证券之间的相关性变得更复杂，因为某一证券收益的变动可能引起其他多种证券的收益变动。我们先来看 3 种证券的投资组合下的协方差矩阵：

$$\begin{bmatrix} \sigma_{1,1} & \sigma_{1,2} & \sigma_{1,3} \\ \sigma_{2,1} & \sigma_{2,2} & \sigma_{2,3} \\ \sigma_{3,1} & \sigma_{3,2} & \sigma_{3,3} \end{bmatrix}$$

上述矩阵中，沿对角线有 3 个方差项，其他为协方差项，共 6 个。随着证券组合中证券数目的增多，协方差数量的增长远远大于对角线上方差数量的增长，如在 20 种证券的投资组合中，有 20 个方差项和 380 个协方差项。由此可见，随着组合中证券数目的增加，协方差对组合投资风险的影响越大，即协方差项越来越重要。

根据上述分析，我们得到如下多证券投资组合下的期望报酬率和标准离差公式：

$$R_P=\sum_{j=1}^{m} R_j W_j \tag{6-20}$$

式中：R_j——第 j 种证券的期望报酬率；

W_j——第 j 种证券在全部投资额中的比重；

m——组合中的证券种类总数。

$$\sigma_p^2=\sum_{i=1}^{m}\sum_{j=1}^{m} W_i W_j \sigma_{ij} \tag{6-21}$$

式中：σ_{ij}——第 i 种证券与第 j 种证券投资报酬率的协方差。

综合上述有关证券投资组合风险的讨论，可以得到如下结论：证券组合的风险受三个因素的影响：一是组合中各类证券所占的比重，二是各种证券自身的风险大小，三是各种证券收益率之间的相关性。

（二）有效投资组合的确定

美国金融学家马柯维茨（H.M.Markowitz）认为：证券投资组合在降低投资风险的同时也可能使收益降低，因此投资者通常会在投资组合决策时试图找到一种有效的投资组合。所谓有效投资组合，是指按确定收益下的风险最小或确定风险下的收益最大化原则建立的投资组合。

有效投资组合，可以使用资本市场线（如图 6-2）来确定。

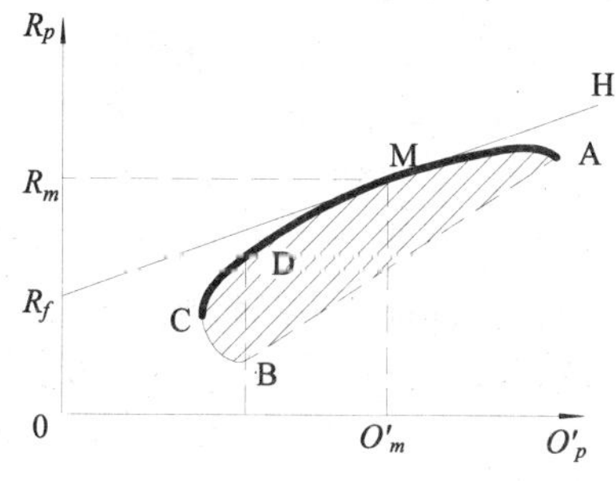

图 6-2　资本市场线

在图 6-2 中，曲线 AMCB 上的所有点表示：当相关系数在-1 至+1 之间时，两种证券的所有可能的组合，其中，A 点代表所有资金投资于 A 证券，B 点代表所有资金投资于 B 证券。曲线下方的阴影部分，为多种证券投资的所有可能组合的机会集。

图 6-2 中曲线 AMCB 所包含的阴影面积的投资组合中，所有证券都是风险性证券，而在实际投资组合中，可能还含有无风险证券的组合。无风险证券的标准离差为零，其投资收益是固定的，如图中的 R_f点。从无风险证券收益率 R_f开始，作风险证券投资组合机会集的有效边界的切线，切点为 M，该直线即为资本市场线（直线 R_fH）。

通过对资本市场线的分析，我们不难得出以下结论。

1. 曲线 *AMCB* 所包含的面积都是可能的证券投资组合，但其中的有效组合只可能位于 *AMC* 线段上。这是因为，*CB* 线段上任意一点的组合，在 *AMC* 线段中总能找到一个风险水平相等但投资收益率更高的组合。如 *D* 点与 *B* 点，风险相等但 *D* 点的投资收益率更高。

2. 风险证券与无风险证券的组合优于单纯风险证券之间的组合。在直线 R_fH 上，如果把所有资金投资于无风险证券，将获得 R_f的投资收益率，如果把所有资金投资于风险证券，则可以获得 R_m 的投资收益率。也就是说，在风险相等的情况下，线段 MR_f 的收益总高于线段 *MC* 上的投资组合。

3. 拐点 *C* 上的投资组合其方差最小，切点 *M* 上的投资组合是最优风险证券组合。

（三）资本资产定价模型

资本资产定价模型（Capital Asset Pricing Model，CAPM）是美国金融学家夏普（W.F.Sharpe）在 1964 年提出的风险证券价格决定理论，它有效地描述了证券风险与收益的均衡关系，为风险证券定价提供了计量基础。模型如下：

$$R_i = R_f + \beta_i(R_m - R_f) \tag{6-22}$$

其中：

$$\beta_i = \sigma_{im} / \sigma_m^2 \tag{6-23}$$

公式中：R_i——第 *i* 种证券要求的收益率；

β_i——第 i 种证券的 β 系数，它等于证券自身收益率与市场平均收益率的协方差（σ_{im}）与市场平均收益率的方差（σ_m^2）的比值。如果一种证券的 β 系数等于 1，说明该证券与整个证券市场平均风险相当；如果 β 系数大于或小于 1，则说明该证券风险水平高于或低于整个证券市场平均风险水平。

资本资产定价模型实际上表达了证券投资中风险与收益的关系，而前面的资本市场线也揭示的是证券风险与收益的关系，那么它们有什么关系呢？如果我们把图 6-2 中的横轴变为 β 值，则直线 R_fH 也称为证券市场线。

根据公式（6-22）、（6-23），由于证券市场平均收益率的方差对所有证券都是相同的，所以证券的协方差越大，β 系数也越大，风险越高，要求的收益率也越高。通过证券投资组合来提高或降低组合投资的 β 值，最终实现对投资风险与收益的控制。投资组合中的 β 值 β_p 是组合证券 β 值的加权平均数。

资本资产定价模型用途广泛，如进行资本结构优化决策中权益资本成本率的计算，证券投资决策中证券市场价值的确定等。

第五节　复 习 题

【思考题】

1．旅游企业投资的意义何在？

2．旅游企业投资应当遵循哪些原则？

3．旅游企业投资的常用分类有哪几种？试述各种类型投资的特点。

4．什么叫旅游企业项目投资？有何特点？

5．旅游企业项目投资评价基本方法有哪些？各有何优缺点和适用性？

6．旅游企业项目投资评价中的风险处置方法有哪几种？各有何优缺点和适用性？

7．项目投资评价中的贴现率可以用哪些方法确定？各有何限制条件？

8．什么叫债券投资？有何特点？

9．什么叫股票投资？有何特点？

10．旅游企业证券投资的风险有哪几种？

11．什么叫证券投资组合？为什么要进行投资组合？

【计算题】

1．某旅游企业准备购入固定资产设备一台，估计投资为18.6万元，估计使用年限为5年，净残值为0.4万元，设备投入使用后每年的营业收入估计分别为12万元、15万元、18万元、20万元、25万元，除折旧费外其他需要付现的费用前3年每年为2万元，后2年每年为 3 万元。假设折旧按直线法计算（会计政策与税法规定一致），企业适用所得税率为33%，要求的最低投资报酬率为10%。（计算结果保留2位小数，下同）

要求：（1）计算各年的净现金流量；（2）计算该投资方案的净现值。

2．假设某企业A、B两个项目面临的投资风险相同，且各期现金流动均发生在期末，具体数据见表6-13。

表6-13　某企业A、B项目现金流量表

年　　限	预计现金流量（元）	
	A项目	B项目
0	（10 000）	（10 000）
1	5 000	1 000
2	4 000	3 000
3	3 000	4 000
4	2 000	6 000

要求：（1）分别计算A、B项目静态投资回收期；（2）如果假设贴现率为10%，试分别计算A、B项目的动态投资回收期。

3．某旅游企业经营需要一台设备，既可以租赁也可以购买。如果租赁，每年末需要支付租金38 350元；如果购买，需要向银行贷款，该设备含税价格为120 000元，假定银行要求按年于年末等额还本付息，设备使用年限为4年，不考虑残值。假设适用所得税率为33%，利率为10%，试问企业选择购买和租赁哪种方式会更为有利？

4．某旅游公司 S 准备进入 IT 行业以发展旅游电子商务应用，为此固定资产投资项目计划按 25%资产负债率融资。假设固定资产原始投资额为 2 000 万元，当年投入当年完工，借款期为 4 年，按年付息，到期还本。预计该项目投入后能支持企业开展旅游电子商务 5 年时间。项目投入使用后预计每年营业收入增加 200 万元，每年经营性付现固定资产成本为 30 万元。设备使用期满残值为 10 万元，税法规定残值为 6 万元，会计和税法均使用直线折旧法。目前 IT 行业有一家同类企业 A，A 企业的资产负债率为 20%，权益 β 系数为 1.5。A 的借款利率为 12%，S 公司为其 IT 项目投资借款利率预期为 8%，公司所得税率为 40%，市场溢价风险为 8.5%，无风险利率为 8%，预计 4 年还本付息后该项目的权益 β 值可降低 20%，并假定最后 2 年仍保持前 3 年加权平均资本成本水平，不考虑权益成本和债务成本的筹资费用。

要求：（1）用净现值法对该项投资进行决策；（2）在考虑项目系统风险的条件下重新进行决策。

第七章　旅游企业流动资产管理

【案例导读】

人民币升值，旅行社入境游受损

1994 年至 1997 年亚洲金融危机爆发前，人民币汇率稳中有升，海内外对人民币的信心不断增强。亚洲金融危机爆发后，为防止亚洲周边国家和地区货币轮番贬值使危机深化，中国主动大幅度收窄人民币汇率浮动区间，形成基本盯住美元的固定汇率制度。2005 年 7 月 21 日人民币汇率调整，恢复了我国 1994 年建立的以市场供求为基础的、有管理的浮动汇率制度。人民币汇率不再盯住单一美元，形成更富弹性的人民币汇率机制。当日 19∶00 时，美元对人民币交易价格调整为 1 美元兑 8.11 元人民币，人民币汇率初始调整水平升值 2%。

虽然外界此前对可能到来的汇率调整多有猜测，但国内大多数旅行社未针对汇率风险采取任何防范措施；对于国外企业惯用的、用于规避汇率风险的远期结售汇产品，中行、建行、工行和农行等多家商业银行早已开办，旅行社更是知之甚少。

由于境外市场实行远期报价，且我国旅行社报价时均以美元为基准，因而，报价损失成了旅行社必须面对的第一项直接损失。

尚未成团的报价损失旅行社要承担，已经成团的在途应收账款汇兑损失旅行社同样无法避免。按照操作惯例，已经完成且无重大投诉的入境团队，境外旅行社会在三个月后以美元结算，付款期限由双方旅行社协商决定，一些大型的境外旅行社甚至会将此期限延长至一年。人民币升值 2%，也使得这部分应收账款减少。

而此时多家酒店要求：虽然人民币汇率调整，但合同仍按调整前 1 美元兑 8.3 元人民币、或 1 美元兑 8.5 元人民币的比率执行。这意味着酒店将人民币升值造成的损失转嫁给了旅行社。

此外，由于人民币升值给国外游客带来的心理预期的变化，也在一定程度上影响了游客对出行目的地的选择。

为了将企业损失降至最低，各旅行社均采取了积极的应对措施。国旅总社在获悉人民币升值后的第一时刻给客户发函，明确表示已签订的合同，将不再追加 2%的升值部分。同时，对于今后可能出现的汇率调整做出预警，建议双方签订新的“君子协定”，分摊经营风险。中青旅则尝试通过缩短付款期限，来降低企业风险。中信旅游总公司与日方中、小旅行社的协商已初见成效，已有多家日方旅行社表示，愿意与中信均摊升值风险。在企业内部，各社纷纷开源节流，通过压缩促销费用、减少现钞交易等方式，降低经营成本。

（资料来源：新浪财经：http://biz.sina.com.cn）

流动资产是旅游企业的重要资产，流动资产管理是现代财务管理的重要内容之一。不同经营内容的旅游企业在流动资产的具体安排上不同，由于旅游企业经营通常具有季节性波动的特征，因此，同一旅游企业对流动资产的需求也呈现出季节性变化。保持最恰当的流动资产，既能保证旅游企业经营业务的正常需要，也能使流动资产占用的营运成本降低到最低的限额。本章主要介绍了现金、应收账款和存货等重要的流动资产的主要内容以及各种管理方法。

第一节　流动资产管理概述

一、流动资产的概念

流动资产是指可以在一年内或者超过一年的一个营业周期内变现或者运用的资产，包括现金及各种存款、存货、应收及预付款项等。流动资金是指投放于流动资产上的资金。我国旅游业的流动资产通常占到总资产的 30%~50%。因此，流动资产的管理水平在很大程度上影响资产总体运用效率。

二、流动资产的特点

流动资产与固定资产等长期资产相比，其特点归纳起来有以下两个方面。

（一）流动性强

所谓资产的流动性实质是指资产的变现能力。旅游企业的流动资产在资本循环与周转过程中，其占用形态不断以现金、存货和应收账款这几种形式变化和并存。流动资产的转换能力较强，变现周期短，其变现能力受市场各种不确定因素的影响较小，因此，合理的流动资产与长期资产的比例能在保证企业收益的前提下有效降低投资风险。

（二）资金占用具有波动性

旅游企业流动资金的总量并非一个常数，随着经营状况的变化也将随之变化。从资金占用角度来看，流动资产中一部分资产随着销售和生产呈季节性或周期性变化，这类临时性流动资产可用短期借款来筹资。另有一部分流动资产在营运资本周转过程中不断改变形态，在存货、应收账款和现金之间转换，但总量不随时间改变。这类稳定的流动资产的资金占用是长期固定的，它们只随销售额的扩大而增加，所以一般用长期借款或股本来筹资。

旅游企业不同时间的流动资金总量如图 7-1。

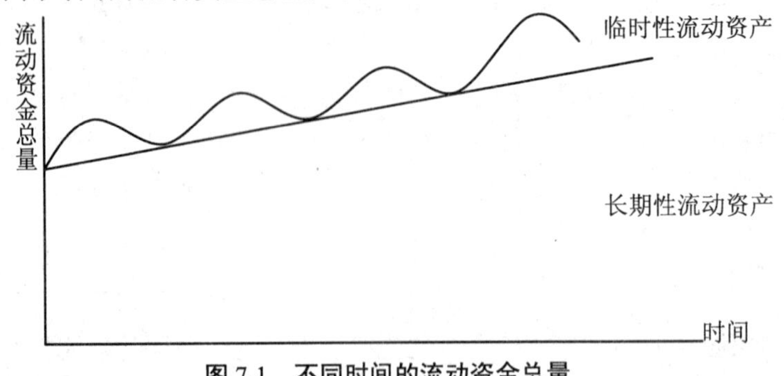

图 7-1　不同时间的流动资金总量

三、流动资产管理的目的和意义

企业不同的资产组合，对企业的风险和报酬有不同的影响。这是因为流动资产与固定资产等长期资产相比其收益能力较低，但同时其投资风险却相对较小。拥有较多的流动资产，能够防止发生停工待料及停售待货的风险，能够增强企业资产的流动性、保证按期偿债以降低财务风险。企业进行流动资产投资决策，应进行风险与报酬的权衡及收益与成本的权衡。流动资产投资过多，虽然降低了企业的风险，但同时增加了企业的成本并降低了企业的收益。流动资产投资过少，虽然可以减少企业的成本并提高企业的收益，但同时增加了企业的风险。因此，流动资产投资不能过多或过少，必须合理确定流动资产中各项资产的目标水平以及决定流动资产的筹资方法。

第二节　旅游企业现金管理

一、现金的概念

现金（cash），是指企业库存现金以及可以随时用于支付的存款，包括库存现金、各种形式的银行存款和银行本票、银行汇票。现金等价物，是指企业持有的期限短、流动性强、易于转换为已知金额现金、价值变动风险很小的投资。经济意义上的现金一般均包括现金和现金等价物。

现金是企业流动性最强的资产，可有效地立即用于购货、支付费用、偿还债务等。持有现金的益处就在于现金的完全流动性带来的便利，反之，持有现金的不利之处就在于企业损失了其他投资方式的可能收益。

二、现金的持有动机

经济学家J.M.凯恩斯提出公司持有现金一般基于以下三个动机：交易动机、预防动机、投机动机。至今这一理论得到普遍检验和承认。

交易动机，是指公司为满足经营活动的各种需要而持有现金。在企业经营活动中，现金的支出包括支付工资、偿还债务、交纳税款和派发股利等。而现金的收入则来源于企业经营过程中的销售、资产的出售和新的融资活动等。现金的流入（回收）和现金的流出（支付）并不是完全同步的，持有一定数额的现金来作缓冲是很有必要的。如果企业保持的现金余额过小，就可能出现现金耗尽的现象。在这种情况下，企业则只好出售有价证券或是通过借贷来满足现金需要，而出售有价证券和借贷则会增加“交易成本”。因此，企业为维持日常交易活动，需要持有一定数额的现金以应付频繁支出。一般说来，企业为满足交易动机所持有的现金余额主要与企业的经营规模有关。

预防动机，是指公司保持一定的现金余额以应付意外的现金需求。意外事件包括：客户的应付款不能如期支付、其他公司信用标准的改变、预计的银行贷款不能如期到位等。企业保持的用于预防动机的现金持有量主要取决于：① 现金流量预测的可靠程度；② 企业临时举债能力；③ 企业其他流动资产的变现能力；④ 企业的风险承受能力和意外事件的预见可能大小。

投机动机，是指通过寻找并抓住市场上的获利机会，实现盈利而必须持有现金。当市场利率变动，物价浮动或证券行情变化时，企业手中若有较多的现金余额，则可把握时机通过证券或物资交易获得更大的利润。出于投机动机而专门准备一定的现金余额的情况在金融企业及投资公司中最为常见。而其他企业遇到有利的市场机会通常采用临时筹集资金的方式填补现金缺口。

现金的持有动机还可能是为了满足贷款银行的补偿余额要求。银行向公司提供贷款后，要求公司在该银行的账户上保持一定的无息存款余额以偿付银行向企业提供的服务。这个最低存款余额通常只占用了企业现金持有量中一个较小的份额。当然在某些银行存在直接为银行服务支付现金的可能情况下，企业就需要比较这两者的收益来决定选择哪种方案。市场利率越高，补偿性余额的机会成本越大，用现金支付服务费的优点也就越大。

此外，现金的持有动机还可能包括提高与维持公司的信用等级方面的考虑。在评定公司的信用等级或进行公司信用分析时，现金的绝对与相对数额是一个非常重要的指标。

三、现金管理的目标和内容

现金管理的目标是在保证企业正常经营活动基础上，尽可能降低资金成本，提高现金使用效率，在流动性与盈利性之间找到合适的平衡点。实际上就是在比较持有过多现金时的机会成本与持有过少现金时的交易成本后作现金持有量的相应调整（如图 7-2）。

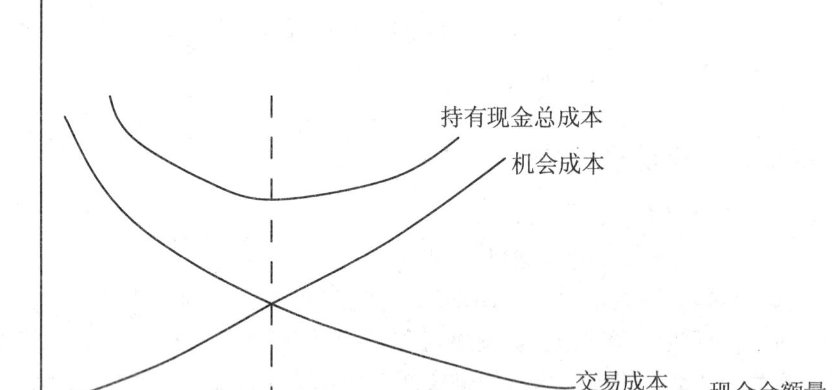

图 7-2　最佳现金持有量

风险不变的条件下降低现金存量的关键在于进行有效和准确的现金需求预测和尽量做到现金收支的匹配与均衡。因此，企业现金管理的主要内容表现在如下三个方面：① 编制现金计划，合理估计现金需求；② 控制和调整日常现金收支，尽量做到收支匹配；③ 确定理想的现金余额。在现金管理实践中，现金收支余额完全相等的情形是很少发生的，因此，保持必要的现金余额也是自然的。现金管理的一项重要内容是利用某些模型或方法估计出理想的现金余额，在实际的现金余额偏离理想现金余额时，采取短期融资或改变投资策略调整实际现金余额，使之达到理想状态。

四、最佳现金持有量的确定

（一）存货模型（鲍莫尔模型）

鲍莫尔模型是美国经济学家鲍莫尔于 1952 年创造。该模型从存货理论出发，认为公司用于商品交易的现金余额不仅与公司的商品交易规模有关，而且与机会成本、市场利率有关。该模型属于现金余额的优化模型，对于公司关于现金余额的决策有一定的指导意义。建立该模型的基本出发点是使现金持有成本最低。该模型的分析思路见图 7-3。

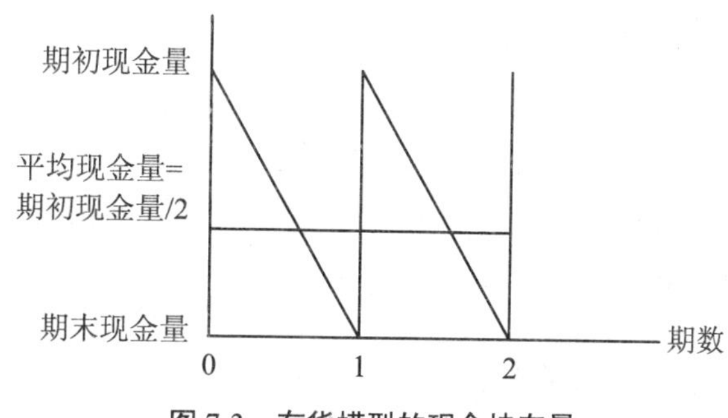

图 7-3　存货模型的现金持有量

如图 7-3 所示，公司期初的现金余额为 C，期末的现金余额为 0，期间平均现金余额为 $C/2$。年市场利率为 K。年现金需求总量为 T，每次买卖证券需要的费用（交易成本）为 F。

总成本由两个部分构成，机会成本和交易成本。机会成本为（$C/2\times K$），交易成本为（$T/C\times F$）。总成本为

$$TC=(C/2\times K)+(T/C\times F) \tag{7-1}$$

为了使总成本达到最小，对上式求导可以得到

$$C^*=\sqrt{2TF/K} \tag{7-2}$$

C^* 为期初现金最佳持有量。

平均现金持有量为 $C^*/2$

本理论模型有三个缺点。①该模型严格假定公司有一个恒定的支付频率，而大多数公司都没有一个恒定的支付频率；②该模型假定公司在计划期间没有安全库存，而事实上大多数公司都有安全库存；③该模型假定公司在计划期内未发生现金收入。事实上，绝大多数企业在每一个工作日内都将既发生现金流入也发生现金流出。

鲍莫尔模型最大的不足是假定现金量是离散的、确定的并且企业是以均衡的速度取得和使用现金。在现金流入量和现金流出量每日随机波动情况下确定目标现金余额，应用最多的模型是米勒-奥尔模型，与鲍莫尔模型得出的基本相同的结论是最佳现金持有量与交易成本 F 正相关，而与机会成本 K 负相关。

（二）经验公式

在运用上述模型估算理想现金余额时，对现金和有价证券之间的自由转移有较高的要求，企业有时可利用下面经验公式来确定理想现金余额：

理想现金余额=(上年现金平均占用额－不合理占用额)×(1±预计销售收入变化率)

例如，公司上年现金余额为 1 000 万元，其中不合理的占用额为 100 万元，预计今年

销售收入比上年增加 10%，那么该公司今年的现金余额应该是 990 万元即(1 000－100)×(1＋10%)。

经验公式是完全可以利用的，但要保证经验公式有效，关键是对销售收入变化率有一个恰当的预测，而对不合理的现金占用额也需要进行较好的估计。

五、现金管理的过程控制

提高现金使用效率，加快资金周转，在现金管理的过程控制上可以采用多种方法来实现这一目标。一般认为企业应采用“早收晚付”的原则，加速收回应收账款，从而可更早使用资金；在不损害供货商处信用的前提下，尽量推迟支付应付账款，从而充分利用现有资金。

（一）加速收款

企业的收款过程一般可分为：产品或劳务结算；客户邮寄款项；企业内部处理；银行清算四个步骤，这一过程所花费的时间不仅与客户、企业和银行之间的距离有关，而且与三方各自的处理效率有关。加速收款实际上就要求企业不仅要加强内部资金管理，同时更要为客户和银行提供充分信息和便利。具体可采用的加速收款的办法如下。

1．尽早交付销售凭证。无论客户有何种的支付习惯，较快地寄出销售凭证都会促使客户更快地付款。运用电子商务技术手段以电子数据交换方式完成销售凭证的转移也是缩短这一过程时间的方法之一。

2．银行存款箱制度，又称锁箱法。客户在收到销售凭证后直接将汇款寄到企业在客户所在地所租用的当地邮局邮箱中，企业授权开户行当地分行以此邮箱来收取汇款。当地分行每日分几次开启邮箱办理结算后再通过电汇等方式将货款拨给企业所在地银行。银行存款箱制度的主要优点是，支票无需经过公司处理后再存入银行，消除了公司收到汇款再存入银行的这段时间，可以使支票更快地成为企业的到账资金。但其缺点是增加了银行服务成本。在汇款金额较小，与客户的经济来往并不频密的情况下，采用此方法可能得不偿失。

3．银行业务集中法。企业存在多个销售分支机构时，将各网点所在地银行的剩余资金（超过所要求的最低存款余额的那一部分资金）集中转入企业所在地的中心银行。这种方法的优点在于一方面客户将付款支票交付给当地销售分支机构处理可以缩短支票邮寄时间和银行托收所需时间；另一方面便于增强对企业现金的集中控制，减少闲置现金余额，形成大额资金进行有效投资。银行业务集中法的效果取决于金融机构的现金业务流程处理效率，同时企业也需加强对各销售分支机构的业务处理过程控制。

（二）延迟付款

企业在现金支出时，尽量延迟付款时间可使企业可用现金增加。现金延期支付的主要方法是延长支票的邮程时间和清算时间。

1．利用支付浮差。支付浮差，是指公司账户现金和银行账户存款余额之差，其产生原因在于公司开出付款支票至银行结算划出资金存在时间差。只要公司开出支票仍在传送处理过程中，支付浮差的这部分资金就仍可利用。在使用支付浮差时，企业可根据历史经验来判断时间期限，并应做一定提前量的准备。

2．支付控制。在我国银行存款账户分为基本存款账户、一般存款账户、临时存款账户和专用存款账户（企业工资、奖金等现金的支取，只能通过基本存款账户办理）。企业可集中设立一个或少数几个应付账款账户（一般在公司总部），严格控制资金支付时间。企业可充分利用供货方所提供的信用优惠，如想获得现金折扣，则应在现金折扣期末付款，如急需现金，则应在信用期的最后一天付款。

3. 承兑汇票。汇票的付款方式和支票“见票即付”不同，在受票人将汇票放进银行后，银行要将汇票送交付款人承兑，并由付款人将一笔相当于汇票金额的资金存入银行，银行才会付款给受票人。通常汇票手续费高于支票。

六、现金收支管理规定

企业的现金应严格在使用范围内开支，超出现金使用范围的支出应使用转账结算。现金的使用范围是：①按规定允许向个人支付的项目，包括工资津贴、劳务报酬、科学文化体育奖金、劳保福利支出、农产品收购价款、差旅费；②零星支出（主要指 1 000 元以下的支出）；③中国人民银行规定的其他支出。

对于现金收支规定，主要是“四规定、六不准”：①四规定，即当日送存、不得坐支、提现写明用途、特殊情况申请审核。经营活动中发生的现金收入，应及时送存银行，不得直接用于支付自己的支出，即不得“坐支现金”。企业如因特殊情况需要坐支现金的，应当事先报经开户银行审查批准，由开户银行核定坐支范围和限额。②六不准，即不准白条抵库、不准谎报用途、不准代人存取、不准私人存储、不准保留账外公款、不准私设小金库。

库存现金限额规定：一般情况下，保留 3 至 5 天日常零星开支；远离银行和交通不便的，保留 15 天正常开支。

第三节　旅游企业应收账款管理

一、应收账款的概念

应收账款（Accounts Receivable）是指旅游企业对外赊销商品或提供劳务等，应向购货或接受劳务单位收取的款项。主要包括企业出售产品、商品、材料、提供劳务等应向有关债务人收取的价款及代购货方垫付的运杂费等。应收账款是企业因赊销而产生的一项短期债权，是企业向客户提供的一种商业信用，与现销相比，赊销有利于客户提高其资金利用效率，从而促进销货企业的产品销售，扩大其市场份额。同时也有助于减少销货企业的存货，降低其存货成本。

二、应收账款的成本构成

（一）机会成本

应收账款的机会成本是指资金投入在应收账款上所丧失的其他收入，如有价证券的利息收入等。

应收账款机会成本＝维持赊销业务所需资金×资金成本率

维持赊销业务所需资金＝应收账款平均余额×变动成本率

应收账款平均余额＝赊销收入净额/应收账款周转率

＝平均每日赊销额(赊销收入净额/360)×应收账款周转期

上述公式中资金成本率指的是市场利率，同时还假设随着公司赊销规模扩大，固定成本维持不变，而只有变动成本随之上升。

【例 7-1】 某旅游企业预测年度赊销收入净额为 3 000 000 元，应收账款周转期为 60 天，变动成本率为 60%，资金成本率为 10%，计算应收账款机会成本。

应收账款平均余额＝3 000 000/360×60＝500 000（元）

维持赊销业务所需资金＝500 000×60%＝300 000（元）

应收账款机会成本＝300 000×10%＝30 000（元）

以上计算说明企业为维持 300 万元的赊销业务，占用了 30 万元的资金，并因此而在证券市场上丧失了 3 万元的可能收益。赊销业务的资金占用量在很大程度上由应收账款周转期来决定。应收账款周转期短，资金占用量小，反映企业的信用政策和收账政策较紧，货款回收较快；应收账款周转期较长，资金占用量大，反映企业的信用政策和收账政策较松，货款回收较慢。需要说明的是，在实际核算应收账款平均余额时，考虑到销售收入的季节性变化，一般取前几个月的赊销收入来确定。

（二）管理成本

管理成本是企业对应收账款进行管理而耗费的开支，是应收账款成本的重要组成部分，包括：资信调查费用、收账费用及其他费用。

（三）坏账成本

应收账款因故不能收回而发生的损失。

坏账成本＝年赊销额×坏账损失率

三、信用政策

信用政策是指企业为对应收账款投资进行规划与控制而确立的基本原则与行为规范。包括信用标准、信用条件、收账政策三个方面内容。

（一）信用标准

信用标准是客户获得企业商业信用所应具备的最低条件，通常以坏账损失率表示。

1．信用标准的影响因素——定性分析。

企业在信用标准的确定上，面临着两难的选择，如果销货企业制定的信用标准很高，只有信用很好的客户才能得到商业信用，企业的坏账损失率将很低，但其销售额则会因此而减少；如果信用标准较低，信用较差的客户也有可能得到商业信用，则企业的销售额可能会有较大增长，但坏账损失和其他应收账款成本也会随之提高。其实，这也是风险、收益、成本的对称性关系在企业信用标准制定方面的客观反映。企业在制定或选择信用标准时应考虑三个因素：

（1）同行业竞争对手情况。信用标准可参照同行业的平均水平来制定。

（2）企业承受违约风险的能力。

（3）客户的资信程度。客户的资信程度可通过 5C 系统来反映，即：品质（Character）、能力（Capacity）、资本（Capital）、抵押品（Collateral）和条件（Conditions）。

① 信用品质。信用品质是指客户履约或赖账的可能性，这是决定是否给予客户信用的首要因素。

② 偿付能力。客户偿付能力的高低，取决于资产特别是流动资产的数量、质量（变现能力）及其与流动负债的比例关系。

③ 资本。资本反映了客户的经济实力与财务状况的优劣，是客户偿付债务的最终保证。

④ 抵押品。即客户提供的可能的可作为资信安全保证的资产。

⑤ 经济状况。是指不利经济环境对客户偿付能力的影响及客户是否具有较强的应变能力。

当一个新客户要求赊销时，应当提供的资料信息至少应包括：最新的财务报表；主要负责人姓名、联系方式和从业经验；公司性质、名称、地址；筹资渠道；存续期间和从事本行业的时间；交易预期的信用额度；以往的信用记录。

当然交易参考资料的来源不仅应包括客户方提供的信息和本企业的历史信用记录，同时还应参考信用资料机构、贸易商会和银行方所提供信息。

2．信用标准的确立——定量分析。

对信用标准的定量分析，旨在解决两个问题：一是确定客户拒付账款的风险，即坏账损失率：二是确定客户的信用等级，以作为给予或拒绝信用的依据。确定信用标准常用的方法如下。

（1）设定多个信用参考指标（例如利息保障倍数、速动比率、资产负债率和存续时间等）共同作为一个评价体系，确定信用等级的评价标准。以数年内最坏年景的情况，分别找出信用好和信用坏两类客户的上述比率的平均值，依此作为评价其他客户信用的标准。

（2）利用既有或潜在客户的财务报表数据，计算各自指标值。并与上述标准进行比较。

比较的方法：假定信用标准的参考指标为 10 项，某客户的某项指标值等于或低于坏的信用标准，则该客户的拒付风险系数（坏账损失率）增加 10%；若客户的某项指标值介于好与坏的信用标准之间，则该客户的拒付风险系数（坏账损失率）增加 5%；若客户的某一指标值等于或高于好的信用标准，则视该客户的这一指标无拒付风险。最后将客户的各项指标的拒付风险系数累加，即作为该客户发生坏账损失的总比率。

（3）进行风险排队，并确定各有关客户的信用等级。例如可确定累计风险系数在 5% 以内的为 A 级客户，在 5%~10%之间的为 B 级客户等。对不同等级的客户，分别采用不同的信用政策。

由于各个企业所处具体环境千差万别，实际运用当中，需要深刻领会各项指标的内在含义并结合企业以往收账实际制定恰当的信用标准体系，而不能盲目照搬。

在实际分析中，还常用到“信用评分法”，和上述方法不同之处在于企业可将分析对象的不同指标依据企业具体情况作重要性上的调整。即将分析对象的有关财务比率指标和其他信用指标赋予一定权重系数后求和，以此作为分析对象的信用分数，再按照不同的分数范围确定分析对象的信用状况。信用分数的计算公式如下：

$$Y=a_1x_1+a_2x_2+\cdots+a_nx_n \tag{7-3}$$

（二）信用条件

信用条件是指销货企业要求购货企业支付赊购款项的条件。在依据企业信用标准评价购货方的信用状况后，就可针对购货方的具体情况作出信用期限、折扣期限和现金折扣三项共同组成的信用政策安排。确定信用期限时，一般应考虑：①坏账损失率，如果行业风险水平高，一般设定的信用期限都较短；②赊销金额大小，如果赊销金额小，其管理成本较高，而且其重要程度较低，信用期限相对较短。现金折扣是指企业为鼓励客户早日付款，在规定的时间内给予客户一定比例的优惠。折扣期限是指客户能享受现金折扣的最后期限。假如某购买者被提供的信用条件是“2/10，*N*/30”，这表示该购买者从开具发票（invoice）日起有30天的信用期限。如果购买者是在10天的折扣期限内付款，则能享受到指定销售价格2%的现金折扣。

在通常情况下，现金折扣（cash discounts）是信用条件的组成部分。原因之一是现金折扣加速了应收账款的回收。公司用现金折扣进行交易时，一定要考虑折扣成本。要注意的是，现金折扣和商业折扣不同，现金折扣通常发生在以赊销方式销售商品及提供劳务的交易中，目的是为了鼓励客户提前付款，是在商品销售后发生，企业在确认销售收入时不能确定相关的折扣，销售后现金折扣是否发生应根据买方的付款情况来确定；商业折扣通常发生在促销和处理商品中，目的是为了促进销售。商业折扣在销售时就已经发生，企业销售实现时，应按照扣除商业折扣后的净额确认销售收入。

采用现金折扣、延长信用期限，实际降低了购买者的买入价格，一般来说，销售额也会上升。企业在经营过程中，随着环境的变化，需要不断调整信用政策，并对改变条件的备选方案进行认真评价。

【例7-2】 某旅游企业预测年度赊销收入净额2 400万元，其信用条件是：N/30，变动成本率为65%，资金成本率为20%，假设企业收账政策不变，固定成本不变，该企业准备了三个信用条件的备选方案：A：维持原信用条件；B：信用条件为N/60；C：信用条件为N/90。各方案的赊销水平、坏账损失及收账费用如表7-1所示。

表7-1 信用条件的三个备选方案 （单位：万元）

项　　目	A	B	C
*年赊销额	2 400	2 640	2 800
应收账款周转率	12	6	4
应收账款平均余额	2 400/12＝200	2640/6＝440	2 800/4＝700
维持赊销业务所需资金	20×65%＝130	440×65%＝286	700×65%＝455
*坏账损失率	2%	3%	5%
坏账损失	2 400×2%＝48	2 640×3%＝79.2	2 800×5%＝140
*收账费用	24	40	56

计算分析如表7-2所示。

表7-2 备选方案的计算表 （单位：万元）

项　　目	A	B	C
年赊销额	2 400	2 640	2 800
变动成本	1 560	1 716	1 820
信用成本前收益	840	924	980
信用成本：			
机会成本	130×20%＝26	286×20%＝57.2	455×20%＝91
坏账损失	48	79.2	140
收账费用	24	40	56
小计	98	176.4	287
信用成本后收益	742	747.6	693

所以：选择 B 方案

【例 7-3】　承例 7-2，若企业选择了 B 方案，但为了加速应收账款的收回，决定将赊销条件改为：2/10，1/20，n/60（D 方案），估计有 60%的客户（按赊销额计算）会利用 2%的折扣；15%的客户会利用 1%折扣，坏账损失率降为 2%，收账费用降为 30 万元。则备选方案计算表如表 7-3 所示。

应收账款周转期＝60%×10＋15%×20＋25%×60＝24（天）

应收账款周转次数＝360/24＝15（次）

应收账款平均余额＝2 604.36/15＝173.624（万元）

维持赊销业务所需资金＝173.624×65%＝112.86（万元）

机会成本＝112.86×20%＝22.58（万元）

坏账损失＝2 640×2%＝52.8（万元）

现金折扣＝2 640×(2%×60%＋1%×15%)＝35.64（万元）

表 7-3　备选方案的计算表　（单位：万元）

项　　目	B	D
年赊销额	2 640	2 640
减：现金折扣		35.64
年赊销净额	2 640	2 604.36
减：变动成本	1 716	1716
信用成本前收益	924	888.36
减：信用成本		
机会成本	57.2	22.58
坏账损失	79.2	52.8
收账费用	40.0	30.0
小计	176.4	105.38
信用成本后收益	747.6	782.98

所以：选择 D 方案。

（三）收账政策

收账政策是指当客户违反信用条件，拖欠甚至拒付账款时企业所采取的收账策略与措施。

企业应根据应收账款的回收历史情况来制定合理的收账政策，并全面考察所增加收账费用与减少坏账损失、减少应收账款机会成本，若前者小于后者，则说明制定的收账政策是可取的。

由于平均收款期只能反映企业应收款的平均回收状况，无法反映不同账款回收间的差异。为了给企业提供应收账款管理的较具体的信息常采用“应收账款账龄表”，根据应收账款拖欠期的长短将其分成不同的类别，并注明其在全部应收款中所占的比例。账龄分析表的格式可参照 7-4 表。

表 7-4 账龄分析样表

应收账款账龄	客户数量	金额（千元）	百分比（%）
信用期内	400	450	56.25
超过信用期 1~20 天	200	100	12.50
超过信用期 21~40 天	100	80	10.00
超过信用期 41~60 天	50	60	7.50
超过信用期 61~80 天	30	40	5.00
超过信用期 81~100 天	10	20	2.50
超过信用期 100 天以上	10	50	6.25
合计	800	800	100

从表中可了解到该企业有 43.75%的应收账款超过了信用期，其价值达 35 万元，特别是 6.25%的应收账款超过 100 天极有可能形成坏账。企业应采取不同收账策略，尽快收回货款。

除了以上账龄表所反映的基本信息外，企业还需切实掌握哪些客户已超过信用额度，哪些客户因为未付款而应停止供货，并应及时将处理方案以书面形式通知订单管理部门更新客户信息以避免造成新的损失。

催收账款会发生收账费用，在一定范围内收账费用越高，坏账比例越低，平均收账期也越短，但是这种关系并非是线性的。制定收账政策需权衡收账费用和所减少的坏账损失二者大小。

【例 7-4】 某旅游公司的年赊销收入为 720 万元，平均收账期为 60 天，坏账损失为赊销额的 10%，年收账费用为 5 万元。该公司认为通过增加收账人员等措施，可以使平均收账期降为 50 天，坏账损失率降为赊销额的 7%。假设公司的资金成本率为 6%，变动成本率为 50%。求为使上述变更经济上合理，新增收账费用的上限。

原方案总成本＝应收账款平均余额×变动成本率×资金成本率

＋赊销额×原坏账损失率＋原收账费用

$=720\times(60/360)\times50\%\times6\%+720\times10\%+5=80.6$（万元）

新增收账费用上限$=80.6-[720\times(50/360)\times50\%\times6\%+720\times7\%]-5=22.2$（万元）

故采取新收账措施而增加的收账费用，不应超过 22.2 万元。

通常收账管理包括如下两部分工作。

1．确定合理的收账程序。催收账款的程序一般为信函通知、电报电话传真催收、派人面谈、诉诸法律，在采取法律行动前应考虑成本效益原则，遇以下几种情况则不必起诉：诉讼费用超过债务求偿额；客户抵押品折现可冲销债务；客户的债款额不大，起诉可能使企业运行受到损害；起诉后收回账款的可能性有限。

2．确定合理的讨债方法。若客户确实遇到暂时的困难，经努力可东山再起，企业帮助其渡过难关，以便收回账款。一般做法为进行应收账款债权重整：接受欠款户按市价以低于债务额的非货币性资产予以抵偿；改变债务形式为“长期应收款”，确定一个合理利率。同意用户制定分期偿债计划；修改债务条件，延长付款期，甚至减少本金，激励其还款；在共同经济利益驱动下，将债权转变为对客户的“长期投资”，协助启动亏损企业，达到收回款项的目的。如客户已到破产边缘，则应及时向法院起诉，以期在破产清算时得到部分清偿。

第四节　旅游企业存货管理

一、存货的概念

存货（Inventory），是指企业在日常活动中持有以备出售的产成品或商品、处在生产过程中的在产品、在生产过程或提供劳务过程中耗用的材料和物料等。保持一定量的存货能给企业经营增加弹性。就旅游企业而言，存货主要包括各种原材料、燃料、物料用品、低值易耗品、商品等。

二、旅游企业存货的作用

（一）用于周转

企业出于保证生产经营正常运转的目的，为了防止出现停工待料、停售待货等现象，需要有一定的存货用于周转。按批量进行订货可以获得订货的规模经济性以减少订货成本和得到数量折扣。

（二）确保安全运营

安全存货又称缓冲存货，指为应付需求和供给的波动，防止缺货造成的损失而设置的一定数量的存货。安全存货的数量与需求与供给的稳定性程度和企业要求达到的顾客服务水平相关联。

（三）用于某种预期

由于需求或采购的季节性，或预期产品需求或材料供给可能发生大的变化而建立的存货。

然而存货增加所带来的另一方面影响不仅加大资金占用，同时也导致处理成本和储存成本的增加。

三、旅游企业存货的成本

存货成本是指取得或生产存货和为保持存货正常状态而发生的各种费用。存货成本包括购置成本，保管成本，订货成本和短缺成本。

1．购置成本。企业购买存货所发生的成本。它是存货本身的价值，等于存货数量与单价的乘积。

2．保管成本。企业为保管存货所发生的成本。如为存货占用的资金的机会成本；存货在保管期间发生的损坏损失，贬值损失；存货保管人员的人工费用；存货库房占用费用；为使存货保持正常的使用功能而发生的保管费用等。

3．订货成本。每批订货所需发生的各种费用。如为订货发生的差旅、谈判、签约费用等。订货成本可分为两类，与订货次数成正比例变动的变动订货成本（电报、电话费，差旅费等），与订货次数无关，全年发生额固定的订货成本（采购机构经费）。

4．短缺成本。因存货不足而造成的损失。如因缺货不能向顾客供货而减少的销售收入和销售利润；因不能及时供货而造成的顾客的长期流失等。

这里所提到的存货成本是从管理角度来考虑的，它和会计核算中的存货成本的意义不尽相同。依据《企业会计准则》，会计核算的存货成本仅包括采购成本、加工成本和其他使存货达到目前场所和状态所发生的成本，不包括仓储费用。

四、存货管理的关键控制

存货管理的关键环节主要表现在以下几个方面。

（一）销售预测

准确的销售预测（需求量预测）是存货管理中最为重要的一环，相对准确的销售预测，是确保存货不超过合理数量的基础。销售预测的方法很多，有些销售预测需要用到较复杂的数学方法，其中多因素分析方法是比较常用的一种。

考虑的因素有：上年同月销售量、上月销售量、新产品引入对现有产品销售的影响、相关产品对销售的影响、促销活动（如广告宣传）对销售的影响、营业扩展（如新开辟服务区域）对销售的影响等。

（二）数字统计

数字统计是对现有各种存货数量的统计。只有统计数字准确全面，管理者才能对实际存货状况做到“心中有数”，为确定合理的订货量和订货时机提供依据。

（三）确定订货量与订货时点

合理的订货数量和订货时点有助于减少存货成本。

（四）有效的沟通

生产商、分销商和零售商之间的有效沟通可以使各方对市场需求和产品供应状况有全面清晰的了解，从而有效地控制存货。

五、确定订货数量与订货时点——存货管理模型与方法

（一）定量订货模型（订货点订货法）

定量订货是指在存货量下降到一定数量时，发出订货指令，根据需要订购适当数量的货物以补充库存。如有可能，这一订货量将选择为经济订货批量。

1．基本模型。

定量订货的基本模型如图 7-4 所示。

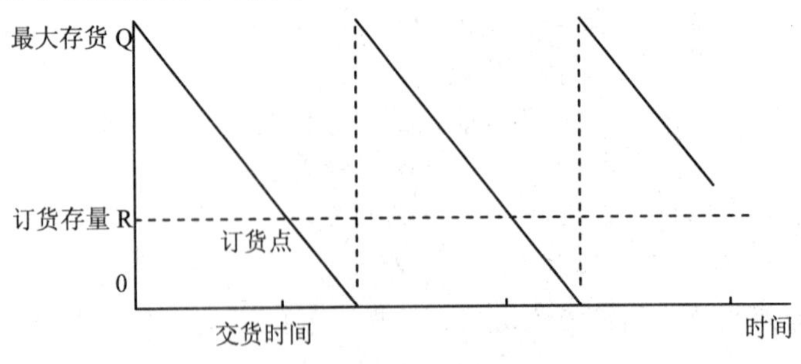

图 7-4　定量订货基本模型

该模型所描述的系统为固定订货量系统，其主要特点是每次订货量相同，订货点相同，需求率固定，一次性到货。

由图可见，该系统的最大存货量 Q，最小存货量为 0，不存在缺货，存货按固定的速

率减少。当存货降到订货点时，就按固定的订货量 Q 发出订货通知，经过一固定的交货期（又称为订货提前期）后，新的一批订货恰好在存货下降为 0 时到达。

2．经济订货批量。

经济订货批量是指在考虑生产（购置）成本，保管成本和订货成本（不考虑短缺成本）的情况下，使总存货成本最低的订货批量。

总存货成本＝订货次数×订货成本＋平均存货×保管成本＋总需求量×生产(购置)成本

$$经济订货批量=\sqrt{\frac{2\times 期间内总需求量\times 每次订货费用}{单位存货期间内保管成本}}$$

【例 7-5】 某酒店预计某型号产品年需求量为 3 600 台，设每次订货成本为 500 元，产品购置成本每台 600 元，每件产品每年保管成本 10 元，则其经济订货批量为：

$$经济订货批量=\sqrt{\frac{2\times 3\,600\times 500}{10}}=600台$$

【例 7-6】 续前例，设每次订货的交货期为 30 天，根据定量订货模型求订货点。

由前例可知，该产品日均需求量为 10 台（3 600 台/360 天），由于交货期为 30 天，为保证交货期内的销售，订货点应选为 10 台×30＝300 台。每次订货量为经济订货批量 600 台。

3．安全存货与订货点。

由于实际经营活动中商品的供给和需求是不确定的，为防止因供给和需求的波动导致的存货短缺，企业总要保留一定的超出平均需求量的存货，此即为安全存货。

安全存货的高低与以下几个因素有关。

（1）需求与供给的稳定性。需求与供给的稳定性高，安全存货就低；反之，安全存货就高。

（2）短缺成本的高低。缺货造成的损失越大，短缺成本越高，安全存货越高；反之，安全存货就低。

（3）保有安全存货的成本高低。保有安全存货的成本越高，安全存货越低；反之，安全存货就高；服务水平的高低。服务水平是指发生缺货可能性的大小。发生缺货的可能性越小，服务水平越高。要求的服务水平越高，安全存货越高，反之，安全存货就低。

考虑安全存货后的定量订货模型（如图 7-5）的订货点为交货期平均需求量加上安全存货的数量。如前例中若企业任务需要保持 200 台的安全存货，则订货点由原来的 300 台变为 500 台。

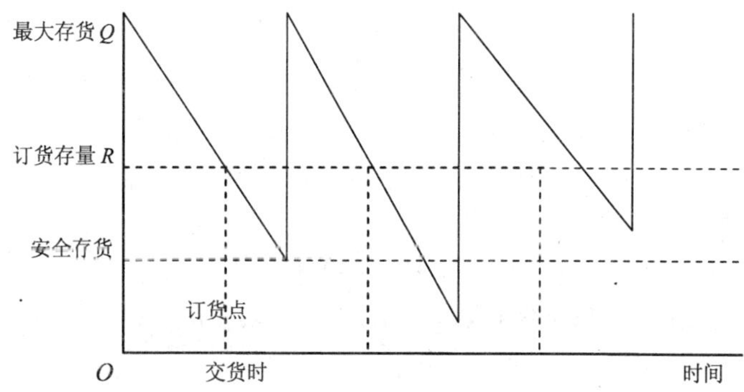

图 7-5　有安全存货的定量订货模型

（二）定期订货模型

定期订货是指订货者事先确定订货的时间和固定的间隔期，在订货期来临时盘查存货状况，根据需要补充存货，使之达到目标存货水平。与定期订货相对应的存货盘存系统为定期盘存系统。

定期订货模型如图 7-6 所示。

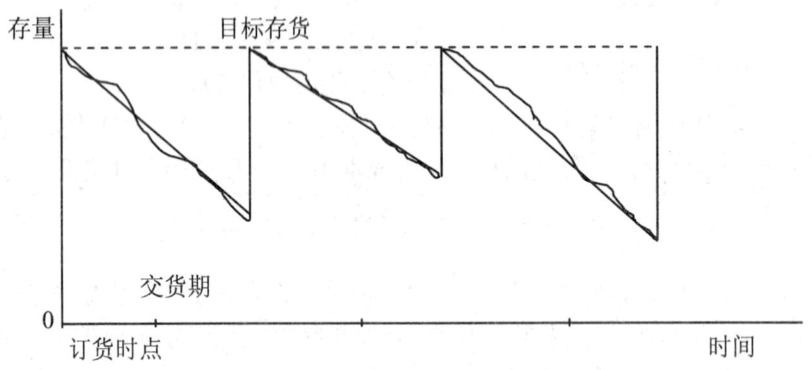

图 7-6 定期订货模型

定期订货模型所描述的系统也称固定订货间隔期系统。这是以时间为基础的存货管理模型，当订货到达时，系统的存货达到最高水平，然后逐渐减少，每经过一个订货的间隔期，企业盘查存货状况，发出一次订货通知，经过交货期后，存货再次恢复到目标存货水平。

六、存货分类管理方法——ABC 控制法

一般来说，企业的存货种类繁多，数目巨大，如果对每一种存货都详加管理，不但费时费力，占用过多的资金和人力，而且还可能因头绪太多，抓不住重点，造成对重点物资的忽视，给生产经营活动造成损失。为了避免这类问题的产生，可以按存货价值和对生产经营活动的重要性的高低将存货分为 A、B、C 三类。其中 A 类物资的品种不多，数量也只占企业存货总量的 5%至 20%，但其所占价格的份额却最大，是价值高、重要性大的产品；B 类物资占企业存货总量的 30%左右，占有一定的价值份额，重要性一般；C 类物资占企业存货总量的 50%或更多，价值低，重要性差，但种类繁多。

A 类物资是企业存货控制的重点要加强管理，通常要随时核对物资的库存状况，采取定量订货方式管理，而且应减少安全存货，加强资金管理。B 类物资需要给予一定的重视，并在管理方面投入适当的力度。C 类物资相对只需要较少的管理和关注。常采用定期订货方式和保持较高的安全存货。实务中运用较多的是“双箱法”，就是将某项库存物资分装两个货箱，第一箱的库存量是达到订货点的耗用量。当第一箱用完时，就意味着必须马上提出补货申请，以补充生产中已经领用和即将领用的部分。

ABC 控制法便于管理人员抓住存货管理的重点，保证存货管理的高效率. 同时也有助于有效地减少存货资金的占用。

第五节　复 习 题

【思考题】

1．什么是流动资产？包括哪些内容？流动资产管理目的和意义何在？

2．现金成本包括哪些内容？最佳持有量如何确定？

3．应收账款是指什么？旅游企业可以从哪些方面来管理应收账款？

4．旅游企业的存货主要包括哪些？存货管理的两种模型各有什么特点？

【计算题】

1．某企业现金收支状况比较稳定，全年的现金需要量为 600 000 元，每次转换有价证券的固定成本为 250 元，有价证券的月利率为 1%，计算全年的固定性转换成本。

2．某旅游企业 A 服务项目预计年度赊销收入为 7 000 万元，信用条件是（2/10，1/20，*N*/60），其变动成本率为 60%，资金成本率为 8%，收账费用为 70 万元，坏账损失率为赊销额的 4%。预计占赊销额 60%的客户会利用 2%的现金折扣，占赊销额 20%的客户利用 1%的现金折扣，其余客户均在信用期付款。一年按 360 天计算。要求计算：

（1）企业采用该信用条件的信用成本前收益；

（2）企业采用该信用条件的信用成本后收益；

（3）若企业为扩大销售收入放宽信用条件为（2/20，N/60），预计将有 50%的客户享受现金折扣，其余客户均在信用期付款。此时赊销收入变为 8 000 万元，收账费用变为 80 万元，坏账损失率变为赊销额的 5%，其他条件不变，判断该企业是否应当改变信用条件。

3．某酒店每年需要外购甲材料 80 000 件，每次订货成本为 160 元。每件材料的年储存成本为 10 元，该种材料的采购价为 10 元/件，一次订货量在 2 000 件以上的可获 3%的折扣，在 4 000 件以上可获 5%的折扣，求公司的最佳进货批量？

第八章　旅游企业利润分配

【案例导读】

峨眉山旅游股份有限公司2005年度分红派息实施公告

峨眉山旅游股份有限公司2005年度分红派息方案已获2006年2月24日召开的2005年年度股东大会审议通过，其分红派息事宜摘要如下。

1. 分红派息方案：本公司2005年度分红派息方案为：以公司现有总股本235,188,000股为基数，向全体股东每10股派发现金1.00元（含税，扣税后，社会公众股中个人股东、投资基金实际每10股派0.9元现金）。

2. 股权登记日与除息日：本次派息股权登记日为：2004年4月24日，除息日为2004年4月25日。

3. 分红派息对象：截止2006年4月24日下午深圳证券交易所收市后，在中国证券登记结算有限责任公司深圳分公司登记在册的本公司全体峨眉山A股东。

4. 分红派息方法：本次社会公众股股息于2006年4月25日通过股东托管证券商直接划入其资金账户。发起人股（国有法人股）及高管股的现金股息由本公司直接派发。

附：峨眉山A股最近10次分红方案

公告日期	分红方案（每10股）			基准股本（万股）	除权除息日	股权登记日
	送股（股）	转增（股）	派息（税前）（元）			
2006-04-20	0.00	0.00	1.00	23 518.8	2006-04-25	2006-04-24
2005-03-31	2.00	6.00	1.00	13 066	2005-04-07	2005-04-06
2004-04-03	0.00	0.00	1.80	11 866	2004-04-09	2004-04-08
2003-04-17	0.00	0.00	2.00	11 866	2003-04-23	2003-04-22
2002-04-17			1.50	11 866	2002-04-24	2002-04-23
2001-10-19			1.00	11 866	2001-10-26	2001-10-25
2001-06-09			1.00	11 866	2001-06-15	2001-06-14
2000-05-23			1.00	11 866	2000-05-30	2000-05-29
1999-06-19			3.60	11 866	1999-06-25	1999-06-24
1998-10-22			2.00	11 866	1998-10-29	1998-10-28

（资料来源：新浪财经：http://biz.sina.com.cn）

股利分配是旅游企业在经营年度终了后，按照国家有关法规和公司章程的规定，在正确计算经营收益与成本的基础上，依法缴纳企业所得税和确定企业留存收益并向投资者分配股利的财务活动。股利分配既关系到旅游企业对社会贡献的实现，也关系到对公司未来发展和投资者获得投资收益的满足，是旅游企业财务管理的重要内容。本章在介绍旅游企业利润的构成及法定分配程序的基础上，以旅游股份公司为例重点介绍股利分配政策、股利支付的方式及股票回购与股票分割等常用的盈余管理方法。

第一节　利润总额构成与利润分配程序

一、利润总额的构成

利润是指旅游企业在一定生产经营期间内从事生产经营活动的最终成果，是收入与费用相抵后的差额。利润总额全面反映了旅游企业生产经营活动各方面的经济效益，从某种意义上来说，评价旅游企业一定时期内生产经营活动的好坏，衡量企业生产经营管理活动的业绩，利润总额是一项重要的综合性指标。因此，利润在旅游企业财务管理中具有十分重要的意义。

利润作为旅游企业财务活动的成果，是企业重要的资金来源渠道，利润额的大小，将直接决定企业对所有者的投资回报，决定企业扩大再生产的能力，决定了企业对社会、对国家的贡献度。

按照《企业财务通则》的规定，我国旅游企业利润总额包括营业利润、投资净收益和营业外收支净额三个部分。即：

利润总额＝营业利润＋投资净收益＋营业外收支净额

（一）营业利润

营业利润是旅游企业在一定生产经营时期内从事经营活动取得的利润，是企业利润的最主要的来源。在数量上营业利润是指营业收入扣除营业成本、营业费用、营业税金、管理费用、财务费用后的净额。即：

营业利润＝营业收入－营业成本－营业费用－营业税金－管理费用－财务费用

1．营业收入。营业收入是指旅游企业在经营活动中由于提供服务或销售商品等取得的收入。如：客房收入、餐饮收入、施行社接团收入、商品销售收入和康乐、商务、会议中心，汽车租赁等收入，由于旅游企业提供的服务项目不同，不同的旅游企业营业收入的具体构成项目也会有差异。旅行社代收代付的费用应全部计入营业收入总额。

2．营业成本。营业成本是指旅游企业为获得上述各项营业收入而花费的直接支出，包括以下内容。

（1）企业直接耗用的原材料、调料、配料、辅料、燃料等直接材料，包括饭店餐饮部和餐馆耗用的食品、饮料的原材料、调料、配料成本；餐馆、浴池耗用的燃料成本；饭店洗衣房、照相馆、洗染店、修理店耗用的原材料、辅料成本。

（2）旅行社已计入营业收入总额的房费、餐费、交通费、文娱费、行李托运费、票务费、门票费、专业活动费、签证费、陪同费、劳务费、宣传费、保险费、机场费等代收代付费用。

（3）商品进价成本。分为国内购进商品进价成本和国外购进商品进价成本。国内购进商品进价成本是指购进商品原价。国外购进商品进价成本是指进口商品在购进中发生的实际成本。包括：进价、进口税金、购进外汇价差、支付委托外贸部门代理进口的手续费等。

（4）其他成本，指企业出售无形资产、存货（不包括商品）的实际成本。

3. 营业费用。营业费用是指各营业部门在经营中发生的各项费用，包括运输费、装卸费、包装费、保管费、保险费、燃料费、水电费、展览费、广告宣传费、邮电费、差旅费、洗涤费、清洁卫生费、低值易耗品摊销、物料消耗、经营人员的工资（含奖金、津贴和补贴）、职工福利费、工作餐费、服装费以及其他营业费用。 工作餐费指旅游饭店按规定为营业部门职工提供工作餐而支付的费用。服装费指旅游企业按规定为营业部门职工制作工作服装而发生的费用。

4. 营业税金。营业税金是指旅游企业按照税法的规定因从事经营业务而应负担的税金及附加，包括营业税、城市维护建设税和教育附加费。饭店、宾馆等企业按营业收入的一定比例计算交纳营业税；旅行社应按营业收入净额（营业收入扣除代收代付房费、餐费和交通费等）计算交纳营业税。城市维护建设税和教育附加费均按规定比例以应交营业税为基础计算交纳。

5. 管理费用。管理费用是指企业为组织管理经营活动而发生的行政费用以及由企业统一负担的费用，包括公司经费、工会经费、职工教育经费、劳动保险费、待业保险费、劳动保护费、董事会费、外事费、租赁费、咨询费、审计费、诉讼费、排污费、绿化费、土地使用费、土地损失补偿费、技术转让费、研究开发费、税金、燃料费、水电费、折旧费、修理费、无形资产摊销、低值易耗品摊销、开办费摊销、交际应酬费、坏账损失、存货盘亏和毁损、上级管理费以及其他管理费用等。管理费用是企业费用中的主要费用之一，必须严格控制，为此，现行财务制度对其中重点的交际应酬费根据营业收入净额作了比例限制。具体规定在此不予详述。

6. 财务费用。财务费用是指旅游企业为筹集生产经营所需资金和进行资金结算而发生的费用，具体包括：企业经营期间发生的利息净支出、汇兑净损失、金融机构手续费、加息及筹资发生的其他费用等。

（二）投资净收益

按照第六章的投资分类，旅游企业的投资活动有对内和对外投资，此处所指投资净收益是指旅游企业对外投资取得的收益减去对外投资损失后的余额，即：

投资净收益＝对外投资收益－对外投资损失

对外投资收益包括旅游企业对外投资分得的利润、股利、债券利息收入、投资到期收回或者中途转让取得款项高于投资账面净值的净收益以及按照权益法核算的股权投资在被投资单位增加的净资产中应享有的份额等。

对外投资损失包括对外投资到期收回或者中途转让取得款项低于投资账面净值的净损失以及按照权益法核算的股权投资在被投资单位减少的净资产中所分担的份额等。

（三）营业外收支净额

营业外收支净额是指与旅游企业生产经营活动无直接关系的各项收入减去各项支出后的余额。即：

营业外收支净额＝营业外收入－营业外支出

营业外收入与旅游企业营业收入是相对应的，虽然与旅游企业生产经营活动无直接的关系，但与企业又有一定的联系的收入。包括固定资产盘盈和变卖的净收益、罚款净收入、确实无法支付而按规定程序经批准后转作营业外收入的应付款、礼品折价收入、其他收入等。

营业外支出则相对于旅游企业生产经营的耗费而言，是与生产经营没有直接联系的各种支出，包括固定资产盘亏和毁损、报废的净损失、非常损失、技工学校经费、赔偿金、违约金、罚息、公益救济性捐赠等。

（四）净利润的计算

1．企业所得税的计算与缴纳。

企业所得税是指企业按照税法的规定，对某一经营年度的应税所得，按照规定的适用税率计算并缴纳的税款。正确计算与及时、足额缴纳所得税是企业对国家和社会应尽的义务。旅游企业应纳所得税的计算公式是：

应纳税额＝应纳税所得额×适用税率

应纳税所得额为旅游企业在一个纳税年度内获得的按税法规定的应税总收入减去准予扣除项目金额后的余额。由于我国当前会计法规和税法对收益的确认原则、口径有差别，在计税实务中，通常以会计上的总收益（利润总额）为基础，再对企业财务会计处理与税法规定不一致的方面进行调整，即：

应纳税所得额＝利润总额±税收调整项目金额

具体的调整方法请参考有关所得税会计处理的书籍，在此不予详述。

税法对所得税税率的规定为：基本税率为33%。其中纳税人年应纳税所得额在3万元以下（含3万元）的，减按18%税率征收；年应纳税所得额在3万元至10万元（含10万元）之间的，减按27%税率征收；年应纳税所得额超过10万元的，一律按33%基本税率征收。

按我国现行税法规定，旅游企业缴纳所得税采取按期预缴，年终汇兑清缴的办法。如果企业无法准确核算出整个纳税年度应纳所得税，先采取按一个月或一个季度内应纳税所得额的实际发生数计算缴纳税款，或者按上年的月份或季度平均数计算缴纳税款。在年度终了后，对全年应纳税所得额进行结算，多退少补。

2．净利润的计算。

旅游企业在一个年度内通过上述方式计算出的利润总额，减去企业所得税后的余额，即为旅游企业净利润，也称为税后利润，形成了当年度内企业实现的可供分配的利润。

净利润＝利润总额－所得税

二、利润分配的程序

利润分配的程序就是旅游企业按照国家相关财务法规、制度和企业章程的规定支配和使用企业利润的步骤和顺序。根据《公司法》、《企业财务通则》和《旅游、饮食服务企业财务制度》等的规定，旅游企业缴纳所得税后的利润，除国家另有规定外，按以下顺序进行分配。

（一）抵补被没收的财产损失，支付各项税收的滞纳金和罚款

被没收的财产损失包括因违反经营范围、违反合同、走私等被国家有关部门处以罚款或没收财产的损失；企业因欠税、偷税、抗税等违反税法规定的行为，被税务机关处以罚款或滞纳金等。

（二）弥补以前年度发生的亏损

旅游企业亏损弥补分为税前弥补和税后弥补。按照现行制度规定，企业发生的年度亏损，可以用下一年度的税前利润弥补，下一年度利润不足以弥补的，可以在连续5年内用税前利润弥补，5年内仍不足弥补的，只能使用税后利润弥补。同时还规定税前利润弥补亏损可以使用企业筹建期间的汇兑收益弥补，税后利润弥补亏损可以使用以前年度提取的“法定公积金”和“任意公积金”来进行弥补。

（三）提取法定公积金

公积金是企业按规定从税后利润中提取形成，主要用于弥补企业亏损、扩大企业生产经营规模或直接增加企业资本金，是企业留存收益的主要部分。公积金分为法定公积金和任意公积金。法定公积金是企业按税后利润的10%比例提取，当累计金额达到企业注册资本的50%时，可以不再继续提取。法定公积金主要用于弥补亏损和增加资本金，但转增资本金后，企业的法定公积金余额不得低于注册资本金的25%。任意公积金是否需要提取及提取的比例多大由企业股东大会根据需要决定。

（四）向投资者分配利润

企业当年实现的净利润经过上述步骤的分配后，再加上以前年度未分配的利润，即为当年向所有者可分配的利润。企业可根据实际选择适当的利润分配政策，制定当年度向投资者分配多少以及如何分配的利润分配方案。

对于股份制企业，根据《公司法》的规定，企业当年无利润时，原则上不得向投资者分配利润，但在用公积金弥补了亏损后，经过公司股东大会特别决议，可以按照不超过公司股票面值6%的比例用公积金分配股利，当然，使用这一方法，同样必须保证在分配股利后法定公积金的余额不低于注册资本金的25%这一规定。

上述为一般企业进行净利润分配的法定顺序，但对股份有限公司，根据《公司法》和《企业会计准则》规定其在提取法定公积金后，按以下顺序分配利润：

1．支付优先股股利；

2．按公司章程或股东会议决议提取任意公积金；

3．支付普通股股利。

第二节 股利支付的方式与股利分配政策

一、股利分配政策的影响因素

根据股利分配的股利相关理论，公司的股利分配政策的确定要受来自于宏观法律、企业内部、股东和其他因素的影响。

（一）宏观法律

为了保护债权人和股东的利益，有关法规对公司的股利分配作出如下限制。

1．资本保全。规定公司不能用资本（包括股本和资本公积）发放股利。

2．企业积累。规定公司必须按净利润的一定比例提取法定盈余公积金。

3．净利润。规定公司年度累计净利润必须为正数时才可发放股利，以前年度亏损必须足额弥补。

4.超额累计利润。由于股东接受股利缴纳的所得税高于其进行股票交易的资本利得税。于是许多国家规定公司不得超额累积利润。一旦公司的保留盈余超过法律认可的水平，将被加征额外税额。我国法律对公司累积利润尚未作出限制性规定。

（二）企业内部因素

就公司的财务需要来讲，也存在一些限制股利分配的因素。

1．盈余的稳定性。公司是否能获得长期稳定的盈余，是其股利决策的重要基础。盈余相对稳定的公司能够较好地把握自己，有可能支付比盈余不稳定的公司较高的股利；而盈余不稳定的公司一般采取低股利政策，对于盈余不稳定的公司来讲，低股利政策可以减少因盈余下降而造成的股利无法支付、股价急剧下降的风险，还可将更多的盈余再投资，以提高公司权益资本比重，减少财务风险。

2．资产的流动性。较多地支付现金股利，会减少公司的现金持有量，使资产的流动性降低；而保持一定的资产流动性，是公司经营所必需的。

3．举债能力。具有较强举债能力（与公司资产的流动性相关）的公司因为能够及时地筹措到所需的现金，有可能采取较宽松的股利政策；而举债能力弱的公司则不得不多滞留盈余，因而往往采取较紧的股利政策。

4．投资机会。有着良好投资机会的公司，需要有强大的资金支持，因而往往少发放股利，将大部分盈余用于投资；缺乏良好投资机会的公司，保留大量现金会造成资金的闲置，于是倾向于支付较高的股利。正因为如此，成长中的公司多采用低股利政策；陷于经营紧缩的公司多采取高股利政策。

5．资本成本。与发行新股相比，保留盈余不需花费筹资费用，是一种比较经济的筹资渠道，所以，从资本成本考虑，如果公司有扩大资金的需要，也应当采取低股利政策。

6．债务需求。具有较高债务偿还需要的公司，可通过举借新债、发行新股筹集资金偿还债务，也可直接用经营积累偿还债务。如果公司认为后者适当的话（比如，前者资本成本高或受其他限制难以进入资本市场），将会减少股利的支付。

（三）股东的影响

股东从自身经济利益需要出发，对公司的股利分配往往产生这样一些影响：

1．稳定的收入和避税。一些依靠股利维持生活的股东，往往要求公司支付稳定的股利。若公司留存较多的利润，将受到这部分股东的反对。另外，一些高股利收入的股东又出于避税的考虑(股利收入的所得税高于股票交易的资本利得税)，往往反对公司发放较多的股利。

2．控制权的稀释。公司支付较高的股利，就会导致留存盈余减少。这又意味将来发行新股的可能性加大，而发行新股必然稀释公司的控制权，这是公司原有的持有控制权的股东们所不愿意看到的局面。因此，若他们拿不出更多的资金购买新股以满足公司的需要，宁肯不分配股利而反对筹集新股。

（四）其他因素

影响公司股利政策的其他因素主要包括不受法律规范的债务合同约束和通货膨胀。

1．债务合同约束。公司的债务合同，特别是长期债务合同，往往有限制公司现金支付程度的条款，这使公司只得采取低股利政策。

2．通货膨胀。在通货膨胀的情况下，公司折旧基金的购买力下降，会导致没有足够的资金来源重置固定资产。这时盈余会被当作弥补折旧基金购买力水平下降的资金来源。因此在通货膨胀时期公司股利政策往往偏紧。

由于存在上述种种影响股利分配的限制因素，股利政策与股票价格不是无关的，公司的价值或者说股票价格不会仅仅由其投资的获利能力做决定。

二、股利分配政策的主要类型

（一）剩余股利政策

通过上述影响股利分配政策的因素分析可知，股利分配与公司的资本结构相关，而资本结构又是由投资所需资金构成，因此实际上股利政策要受到投资机会及其资金成本的双重影响，剩余股利政策就是在公司有着良好的投资机会时，根据一定的目标资本结构（最佳资本结构），测算出投资所需的权益资本，先从盈余当中留用，然后将剩余的盈余作为股利予以分配。

采用剩余股利政策时，应遵循四个步骤：① 设定目标资本结构，即确定权益资本与债务资本的比率，在此资本结构下，加权平均资本成本将达到最低水平；② 确定目标资本结构下投资所需的股东权益数额；③ 最大限度地使用保留盈余来满足投资方案所需的权益资本数额；④ 投资方案所需权益资本已经满足后若有剩余盈余，再将其作为股利发放给股东。

【例 8-1】 S 酒店 2005 年税后利润 400 万元，2006 年初公司讨论决定股利分配的数额，预计 2006 年需要再增加投资资本 500 万元，公司的目标资本结构是权益资本占 60%，债务资本 40%，2006 年继续保持。

按照保持目标资本结构的需求，公司投资方案所需要的权益资本为：

$$权益资本=500\times60\%=300（万元）$$

2006 年公司可分配股利为：

$$股利分配额=400-300=100（万元）$$

剩余股利政策的优点是：能保持公司确定的最佳资本结构的实现，同时由于公司只用剩余的盈余发放股利，使加权平均资本成本最低。其缺点是：在采用剩余股利政策时，公司股利受税后利润和投资额双重影响，会出现有时税后利润很高而股利很低或者有时税后利润很低而股利却很高有情况，导致公司股票价格对价值的歪曲反映。

（二）固定或稳定增长的股利政策

这一股利政策是将每年发放的股利固定在某一固定的水平上并在较长的时间内不变，只有当公司认为未来盈余会显著地、不可逆转地增长时，才提高年度的股利发放额。不过，在通货膨胀的情况下，大多数的公司的盈余会随之提高，且大多数投资者也希望公司能提供足以抵消通货膨胀不利影响的股利，因此在长期通货膨胀的年代里也应提高股利发放额。

固定或稳定增长股利政策的主要目的是避免出现由于经营不善而削减股利的情况，采用这种股利政策的优点如下。

1. 稳定的股利传递着公司正常发展着的信息，有利于树立公司良好形象，增强投资者对公司的信心，稳定股票的价格。

2. 稳定的股利有利于投资者安排股利收入和支出，特别是对那些对股利有着很高依赖性的股东更是如此。而股利忽高忽低的股票，则不会受这些股东的欢迎，股票价格会因此而下降。

3. 稳定的股利政策能吸引诸如保险公司、退休基金、信托基金等重要的机构投资者。在国外某些国家，法律明确规定这些机构投资者的投资对象必须具有稳定的股利记录。

该股利政策的缺点在于股利的支付与盈余相脱节，当盈余较低时仍要支付固定的股利，这可能导致资金短缺，财务状况恶化，同时不能像剩余股利政策那样保持较低的资本成本。

（三）固定股利支付率政策

固定股利支付率政策，是公司确定一个股利占盈余的比率，长期按比率支付股利的政策，在这一股利政策下，各年股利额随公司经营的好坏而上下波动，获得较多盈余的年份股利额高，获得盈余较少的年份股利额低。

主张实行固定股利支付率的人认为，这样做能使股利与公司盈余紧密地配合，以体现多盈多分，少盈少分，无盈不分的原则，才算真正公平地对待了每个股东。但是，在这种政策下如果公司各年盈利变化较大，会导致股利变动较大，极易造成公司的不稳定的感觉，对于稳定股票的价格不利。

（四）低正常股利加额外股利政策

低正常股利政策，是公司一般情况下每年只支付固定的数额较低的股利，在盈余多的年份，根据实际的情况向股东发放额外的股利，但额外股利并不固定化，不意味着公司永久地提高了规定的股利率。

1. 这种股利政策使公司具有较大的灵活性，当公司盈余较少或投资需用较多资金时，可维持设定的较低但正常的股利，股东不会有股利跌落感；而当盈余有较大幅度增加时，则可适度增发股利，把经济繁荣的部分利益分配给股东，使他们增强对公司的信心，这有利于稳定股票的价格。

2. 这种股利政策可使那些依靠股利度日的股东每年至少可以得到虽然较低，但比较稳定的股利收入，从而吸引住这部分股东。

以上各种股利政策各有所长，公司在分配股利时应借鉴其基本决策思想，制定适合自己实际情况的股利政策。

第三节　股利支付的程序

一、股利支付的程序

股利支付程序即指股份有限公司向股东支付股利的过程，根据《公司法》的规定该过程主要经历：股利宣告日、股权登记日和股利支付日。

1. 股利宣告日：即公司董事会将股利支付情况予以公告的日期，公告中将宣布每股支付的股利、股权登记期限、股利支付日期等事项。

2. 股权登记日：即有权领取股利的股东有资格登记的截止日期。只有在股权登记日前在公司股东名册上登记的股东，才有权分享股利。

3. 股利支付日：即向股东发放股利的日期。

股利支付程序可举例说明如下：

假定C旅游股份有限公司2005年11月15日发布公告：“本公司董事会在2005年11月15日的会议上决定，本年度发放每股5元的股利；本公司将于2006年1月2日将上述股利支付给已在 2005 年 12 月 15 日登记为本公司股东的人士。”

上例中，2005 年 11 月 15 日为 C 公司的股利宣告日；2005 年 12 月 15 日为其股权登记日；2006 年 1 月 2 日则为其股利支付日。

二、股利支付的方式

股利支付方式有多种，常见的有以下几种。

（一）现金股利

现金股利是以现金支付的股利，它是股利支付的主要方式，为大多数现金充足的公司所采用。在国外有多数国家法律明确规定上市公司必须发放现金股利。公司支付现金股利除了要有累计盈余（特殊情况下可用弥补亏损后的盈余公积金支付）外，还要有足够的现金，因此公司在支付现金股利前需筹备足够的现金。

（二）股票股利

股票股利是公司以增发的股票作为股利的支付方式。发放股票股利，通常是按照现有股东持有的股份比例派发的，它不会增加公司股东的财富和公司价值，但会引起公司所有者权益结构的变化。

现举例说明如下：

【例 8-2】 某公司在发放股票股利前，股东权益情况见表 8-1

表 8-1 发放股利前某公司股东权益结构表 （单位：元）

项目	金额
普通股（面额 1 元，已发行 200 000 股）	200 000
资本公积	400 000
未分配利润	2 000 000
股东权益合计	2 600 000

假定该公司宣布发放 10%的股票股利，即发放 20 000 股普通股股票，并规定现有股东每持有 10 股可得 1 股新发放股票，若该股票当时市价 20 元，随着股票股利的发放，需从“未分配利润”项目划转出的资金为：

$$20\times20\ 0000\times10\%=400\ 000\text{（元）}$$

由于股票面额（1 元）不变，发放 20 00 股，普通股只应增加“普通股”项目 20 000 元，其余的 380 000 元（400 000－20 000）应作为股票溢价转至“资本公积”项目，而公司股东总额保持不变。发放股票股利后，公司股东权益各项目见表 8-2

表 8-2 发放股利后某公司股东权益结构表 （单位：元）

项目	金额
普通股（面额 1 元，已发行 220 000 股）	220 000
资本公积	780 000
未分配利润	1 600 000
股东权益合计	2 600 000

可见，发放股票股利，不会对公司股东权益总额造成影响，但会发生资金在各股东权益项目间的再分配。

发放股票股利后，如果盈利总额不变，会由于普通股股数增加而引起每股收益和每股市价的下降；但又由于股东所持有股份的比例不变，每位股东所持有股票的市场价值总额仍保持不变。举例说明如下。

【例 8-3】 假定上述公司本年盈余为 440 000 元，某股东持有 20 000 股普通股，发放股票股利对该股东的影响见表 8-3。

表 8-3　某公司股利分配前后主要财务指标对照表　（单位：元）

项　目	发 放 额	发 放 后
每股收益（*EPS*）	440 000÷200 000＝2.2	440 000÷220 000＝2
每股市价	20	20÷(1＋10%)≈18.1818
持股比例	(20 000÷200 000)×100%＝10%	(22 000÷220 000)×100%＝10%
所持股总价值	20×20 000＝400 000	18.18×22 000≈400 000

发放股票股利对每股收益和每股市价的影响，可以通过对每股收益，每股市价的调整直接算出：

$$发放股票股利后的每股收益=E_0/(1+D_S)$$

式中：E_0——发放股票股利前的每股收益；

D_S——股票股利发放率。

$$发放股票股利后的每股市价=M/(1+D_S)$$

式中：M——股利分配权转移日的每股市价；

依例 8-2 资料：

发放股票股利的每股股收益＝2.2/(1＋10%)＝2（元）

发放股票股利后的每股市价＝20/(1＋10%)≈18.18（元）

尽管股票股利不直接登记股东的财富，也不增加公司的价值，但对股东和公司都有特殊意义。

1．股票股利对股东的意义。

（1）事实上，有时公司发放股票股利后其股价并不成比例下降；一般在发放少量股票股利（如 2%～3%）后，大体不会引起股价的立即变化，这可使股东得到股票价值相对上升的好处。

（2）发放股票股利通常由成长中的公司所为，因此投资者往往认为发放股票股利预示着公司将会有较大发展，利润将大幅度增长，足以抵消增发股票带来的消极影响，这种心理会稳定住股价甚至略有上升。

（3）在股东需要现金时，还可以将分得的股票股利出售，国家税法规定出售股票所需交纳的资本利得税率比收到现金股利所需交纳的所得税率低，这使得股东可以从中获得纳税上的好处。

2．股票股利对公司的意义。

（1）发放股票股利可使股东分享公司的盈余而无需分配现金，这使公司留存了大量现金，便与进行再投资，有利于公司长期发展。

（2）在盈余和现金股利不变的情况下，发放股票股利可以降低每股市价，从而吸引更多的投资者。

（3）发放股票股利往往会向社会传递公司将会继续发展的信息，从而提高投资者对公司的信心，在一定程度上稳定股票价格，但在某些情况下，发放股票股利也会被认为是公司资金周转不灵的征兆，从而降低投资者对公司的信心，加剧股价的下跌。

（4）发放股票股利的费用比发放现金的费用大，会增加公司的负担。

（三）财产股利

财产股利是以现金以外的资产支付的股利，主要是以公司所拥有的其他企业的有价证券，如债券、股票，作为股利支付给股东。

（四）负债股利

负债股利是公司以负债支付的股利，通常以公司的应付票据支付给股东。在不得已的情况下有发行公司债券抵付股利的。

财产股利和负债股利实际上是现金股利的替代。这两种股利方式目前在我国公司实务中很少使用，但并非法律所禁止。

第四节　股票分割与股票回购

一、股票分割

股票分割也称为股份拆细或折股，是指将面额较高的股票交换成面额较低的股票的行为。例如，将原来公司的一股股票交换成两股股票。股票分割不属于某种股利方式，但其所产生的效果与发放股票股利近似。

股票分割对股份公司的影响是：发行在外的股数增加，使得每股面值、每股盈余、每股净资产和每股市价下降；但公司价值不变，股东权益总额，权益各项目的金额及其相互间的比例也不会改变。

【例 8-4】 某旅游股份有限公司原发行面值 2 元的普通股 200 000 股，若按 1 股换 2 股的比例进行股票分割，分割前后的股东权益项目见表 8-4、表 8-5。

表 8-4　股票分割前的股东权益　（单位：元）

普通股（面值 2 元，已发行 200 000 股）	400 000
资本公积	800 000
未分配利润	4 000 000
股东权益合计	5 200 000

表 8-5　股票分割后的股东权益　（单位：元）

普通股（面值 1 元，已发行 400 000 股）	400 000
资本公积	800 000
未分配利润	4000 000
股东权益合计	5200 000

假定公司本年净利润440 000元，那么股票分割前的每股盈余为2.2元（440 000÷200 000），每股净资产为26元（5 200 000÷200 000）。

假定股票分割后公司净利润不变，分割后的每股盈余为1.1元（440 000÷400 000），每股净资产为13元（5 200 000÷400 000）。

因为分割后每股盈余下降，每股市价也会因此而下降。

从实践效果看，由于股票分割与股票股利非常接近，所以一般根据证券管理部门的具体规定对两者加以区分。例如，有的国家证券交易机构规定，发放25%以上的股票股利即属于股票分割。

对于公司来说，实行股票分割的主要目的在于通过增加股票股数降低每股市价，从而吸引更多的投资者，此外，股票分割往往是成长中公司的行为，所以宣布股票分割后容易给人一种“公司正处于发展之中”的印象，这种有利信息会对公司有所帮助。

股票分割对于股东的影响是：股票分割后各股东持有数增加，但持股比例不变持有股票的总价值不变。不过，只要股票分割后每股现金股利的下降幅度小于股票分割幅度，股东仍能多获现金股利。例如，假定某公司股票分割前每股现金股利2元，某股东持有100股，可分得现金股利200元（2×100）；公司按1换2的比例进行股票分割后，该股东股数增加为200股（100×2），若现金股利降为每股1.1元，该股东可的现金股利220元（1.1×200），仍然大于其股票分割前所得的现金股利。另外，股票分割向社会传播的有利信息和降低了的股价，可能导致购买股票的人增加，反使其价格上升，进而增加股东财富。

尽管股票分割与发放股票股利都能达到降低公司股价的目的，但一般只有在公司股价暴涨且预期难以下降时，才采用股票分割的办法降低股价，而在公司股价上涨幅度不大时，往往通过发放股票股利将股价维持在理想的范围之内。

相反，若公司认为自己股票的价格过低，为了提高股价，会采取相反分割（也称股票合并）的措施。反分割是股票分割的相反行为，即将数股面额较低的股票合并为一股面额较高的股票。例如，若上例中原面额2元，发行200少000股，市价20元的股票，按2股换成1股的比例进行分割，该公司的股票面额将成为4元，股数将发放成为100 000股，市价也将上升。

二、股票回购

股票回购是指股票发行企业在二级市场上购回发行在外的股票的行为。此方式最终也像现金股利一样向股东支付了现金，因此也有人认为它是现金股利的一种替代方式。目前不同国家的法律对公司股票回购的具体规定有不同的要求，在美国，法律允许发行企业以25%限额回购公司发行在外的股票；在英国，购回的发行在外的普通股必须以盈余公积为限；而在我国，当前的法律尚不允许企业在二级市场购买自己发行的股票。

（一）股票回购的动因

股票回购行为的实施将直接导致企业流通在外的股票数量减少，回购的股票既可以注销也可以作为企业库藏股票，其根本动因如下。

1. 分配企业超额现金。如果企业当前现金持有量超过其投资对现金的需要量，考虑股东利益，可以使用回购股票的方式向股东支付现金，与现金股利一样，股东获得了现金收益，但同时，股票回购将导致市场上流通的股票数量减少，如果回购不影响公司的收益的话，会使股票的每股收益上升，最终导致股票价格上涨。假定股票市盈率也保持不变，则股东持有股份的总价值也会因此而增加，这是现金股利所无法取得的效果。

2．满足认股权的行使。如果企业有发行可转换债券、认股权证或股票期权计划以及职工持股计划，如果发行新股则会稀释公司每股净收益，降低每股市价，而股票回购则可以避免这种稀释效应的产生。

3．满足企业兼并与收购的需要。企业兼并与收购过程中，产权交换的支付方式不外乎现金购买或以股票换投票。如果企业有库藏股并使用其进行股票交换，同样也可以避免由于兼并、收购带来的对每股收益的稀释效应。

（二）股票回购的方式

在西方实务中，股票回购按其具体的操作方式，又可以分为以下 4 种常见类型。

1．公开市场收购。即公司在股票公开交易市场，以一位普通投资者的身份按照公司股票当前市场价格收购公司的股票的方式。

2．固定价格要约回购。是公司为了在较短时间内完成股票的回购，在某一时间发出以高于市场股票价格水平的固定回购价格及回购数量的要约。股东有权决定是以固定价格出售股票还是继续持有。在要约的期限内，如果全部股东提供的股票数量超过了公司最初计划回购的数量，则公司有权决定购买或放弃购买部分或全部的超额供给。通常情况下，固定价格回购的成本要高于公开市场收购。在此方式下，回购价格是确定的，但最终能回购的数量取决于股东的意愿，是不确定的。

3．荷兰式拍卖回购。是公司向股东详细说明将要回购的股票数量及回购的价格区间范围（用上下限表示），通常回购的最低价格会稍高于股票当前市场价格；股东以投标方式说明愿意以某一特定价格（在公司价格要约范围内）出售的股票数量；公司在汇总所有股东提交的价格和数量后，并根据实际回购数量确定最终的回购价格。在此方式下，最终的回购数量和回购价格在事前都是不确定的。

4．其他回购方式。在西方股票回购实务中还曾使用过诸如交换要约、私下协议批量购买等其他回购方式。交换要约，是指公司可以向股东发出债券或优先股的交换要约；私下协议批量购买则是一种公开市场收购的补充。批量购买的价格通常会低于股票当前的市场价格。

第五节 复习题

【思考题】

1．旅游企业利润总额主要由哪几部分构成？

2．简述旅游企业法定的利润分配程序。

3．目前常用的股利政策有哪几种？各有何特点及适用性？

4．常用的股利支付方式有哪些？各有何特点？

5．股票分割与股票股利对股份公司的影响有何异同？

6．旅游企业实行股票回购有什么好处？

第九章　旅游企业财务计划与分析

【案例导读】

锦江酒店与希尔顿的竞争实力对比

据《Hotel》杂志统计，在2003年全球100家饭店集团的排名表上，酒店巨头希尔顿位列第一，并当选最受顾客信赖的酒店之一。美国希尔顿饭店创始于1919年，在不到九十年的时间里，从一家饭店扩展到一百多家，遍布世界五大洲的各个城市，成为全球最大规模的饭店之一。国内酒店业龙头——锦江饭店于1929年在上海市中心的茂名路开业，仅比希尔顿晚成立10年，可占据了天时和地利的花园式锦江饭店的经营状况及影响力却与希尔顿有天壤之别。

表1　锦江酒店和希尔顿的经营规模比较

（单位：千元人民币）

		2000年	2001年	2002年	2003年
销售收入	希尔顿	34 116 145	29 588 845	28 904 332	28 480 125
	锦江酒店	696 377	682 649	834 199	796 923
总资产	希尔顿	75 648 124	72 709 931	69 098 900	67 686 853
	锦江酒店	1 917 986	2 287 404	2 576 338	2 361 454
净资产	希尔顿	13 590 177	14 757 178	16 993 297	18 531 531
	锦江酒店	1 221 311	1 720 172	1 722 265	1 767 650
现金流量净额	希尔顿	（471 766.2）	（99 319.2）	157 268.7	231 747.6
	锦江酒店	262 381	254 355	（273 950）	223 991

汇率换算：2000年12月31日1美元＝8.276 7人民币；2001年12月31日1美元＝8.2773人民币；2002年12月31日1美元＝8.276 6人民币；2003年12月31日1美元＝8.276 6人民币。

据希尔顿和锦江酒店网站介绍，截至2003年底，美国希尔顿旗下管理的饭店已经达到二千多家，遍布全球五大洲各大城市；锦江酒店管理的酒店达到七十多家。根据希尔顿和锦江酒店的年度报告，2000年希尔顿的总资产是锦江酒店的39倍，到了2003年为28倍。2000年希尔顿的净资产是锦江酒店的11倍，2003年为10倍左右。

表2　锦江酒店和希尔顿的盈利性指标比较

指标名称	公司名称	2000年	2001年	2002年	2003年
销售净利率（%）	希尔顿	6.60	4.64	5.67	4.77
	锦江酒店	2.61	7.93	7.31	4.93
股东权益收益率（%）	希尔顿	17.8	9.69	10.32	7.64
	锦江酒店	9.60	3.16	3.42	2.22
总资产收益率（%）	希尔顿	1.98	2.31	1.85	2.96
	锦江酒店	1.59	2.51	2.57	6.32

自2000年以来，希尔顿的销售净利润率基本保持在5%左右，锦江酒店的销售净利润率相对波动幅度较大。2003年希尔顿和锦江酒店的销售净利润率基本相等。锦江酒店的总资产收益率基本高于希尔顿。希尔顿的股东权益收益率明显高于锦江酒店。

表3 锦江酒店和希尔顿的资产效率比较

指标名称	公司名称	2000年	2001年	2002年	2003年
流动资产周转率	希尔顿	5.14	3.89	4.30	4.17
	锦江酒店	1.48	0.79	0.87	0.93
总资产周转率	希尔顿	0.45	0.40	0.41	0.42
	锦江酒店	0.36	0.32	0.34	0.32

自2000年以来，不论是流动资产周转率还是总资产周转率，希尔顿均高于锦江酒店。作为酒店业，资产效率直接影响酒店的盈利能力和生存能力。

（资料来源：新浪财经：http://biz.sina.com.cn）

财务计划是对公司财务流量的分析。通过财务计划可以预计公司各项投资，筹资决策以及股利决策的可能后果权衡得失。财务计划不仅要预测可能结果，而且还要分析偏离可能结果的程度。财务计划的优点在于它能促使管理部门考虑到偏离计划的种种可能。

财务计划内容包括：明确的战略、经营和财务目标；基本假设；战略描述；应付偶然情况的或有计划；按时间、部门和类型等编制的各种预算；按来源和类型等划分的筹资计划；逐期预计的财务报表。

财务分析是指以财务报表和其他资料为依据和起点，采用专门方法，系统分析和评价企业过去和现在的经营成果、财务状况及其变动，目的是了解过去、评价现在、预测未来。

第一节 旅游企业财务预测

一、财务预测的概念和主要内容

根据财务活动的历史资料，考虑现实的要求和条件．对企业未来的财务活动和财务成果做出科学的预计和测算。财务预测的作用在于，测算各项生产经营方案的经济效益，为决策提供可靠的依据；预计财务收支的发展变化情况，以确定经营目标；测定各项定额和标准，为编制计划、分解计划指标服务。因此，财务预测是财务计划的前提和基础。

财务预测的内容包括以下几个方面。

（一）投资预测

研究企业的投资环境，预测投资项目的规模和技术水平，估计各期投资额、投资回收期及各期回收额，分析各种不确定因素。

（二）销售收入预测

分析影响销售价格和销售数量的各种因素，研究企业各种收款方针对销售收入及收款速度的影响。

（三）成本预测

预测企业在现阶段技术水平下的成本状况、各种技术改进措施对降低成本的影响。

（四）利润分配预测

主要分析税前盈利水平、税收政策和企业税后利润分配政策等因素的影响。

（五）筹资预测

预测企业各种资金的动态需求量和期末应有额，决定筹资额度和方式，寻求企业最佳资本结构。

二、旅游企业财务预测方法

财务预测和其他预测一样，不可能做到很准确，选用合适的预测方法是财务预测能否恰当反映企业未来经营状况的关键之一。财务预测方法可分为两类：定性方法和定量方法。为使预测结果更符合实际，提高预测质量，应用中一般是将两类预测方法结合使用，通常先作定性分析，再进行定量预测和定性预测，将定性预测和定量预测结果进行比较核对，分析其差异原因，根据理论分析和经验进行综合判断，利用定性分析对定量预测结果进行必要的修正和调整，才能取得良好效果。

（一）定性方法

定性方法主要用于企业缺少历史统计数据和原始资料或者经营项目和状况将发生重大转变的情况。在实际应用中，企业内部意见征询和专家调查这两种方式较为常见。当然，无论采用哪种方式，在人员要求上都应当相当熟悉业务并具有较强的综合判断能力。定性方法的主要缺点在于预测对象与相关因素之间没有明确的数量关系，预测过程和结果容易受到领导或权威的影响。

（二）定量方法

定量方法要求有较充足的统计数据和原始资料，人为主观因素很少等条件。

1．销售百分比法。

（1）预测销售增长时追加资金量。

销售百分比法是假定各资金项目与销售收入总额之间存在确定的比例关系，可按照预测期销售额和相应关系预测资产、负债和所有者权益，在此基础上再来确定需要追加的资金量。

使用这一方法首先应区分哪些项目会直接随销售额变动，哪些项目不随销售额变动。不同企业销售额变动所引起的资产、负债变化项目及比率有所不同。在计算时，无论计算的是资产销售百分比还是负债销售百分比其数值都只与随销售额变动的那部分资金项目有关。

【例 9-1】　ABC 旅游企业×年简化了的资产负债表如表 9-1 所示。

表 9-1　ABC 旅游企业×年资产负债表　（单位：万元）

资　产		负债及所有者权益	
货币资金	20	短期借款	20
应收账款	180	应付账款	80
存货	400	其他流动负债	100
流动资产小计	600	流动负债小计	200
长期投资	150	长期负债	300

（续表）

资　产		负债及所有者权益	
固定资产净额	600	实收资本	290
无形资产	50	资本公积	10
		留存收益	600
合计	1400	合计	1400

该企业当年销售收入 2 000 万元，预计第 2 年销售收入将达到 3 000 万元，计划销售净利率为 5%，股利支付率为 30%。生产经营规模在原生产经营能力之内无对外投资，第 2 年到期长期负债 100 万元。

首先确定与销售收入成正比例的项目为所有流动资产和流动负债类项目，而留存收益与预计的销售收入有关，其他项目属无关项目。

然后分别计算以下各项目。

资产增加：

$$资产销售百分比=\frac{600}{2\ 000}\times 100\%=30\%$$

资产增加额＝资产销售百分比×新增销售额＝30%×1 000＝300（万元）

负债增加：

$$负债销售百分比=\frac{200}{2\ 000}\times 100\%=10\%$$

负债增加额＝负债销售百分比×新增销售额＝10%×1 000＝100（万元）

留存收益增加：

留存收益增加＝计划销售净利率×计划销售额×(1－股利支付率)
＝5%×3 000×(1－30%)＝105（万元）

最后确定追加资金量：

预计资金追加量＝资产增加－负债增加－留存收益增加＋其他需追加资金额
＝300－100－105＋100＝195（万元）

财务预测中销售百分比法较为简单实用，它的局限性在于假设资产、负债与销售收入等都与销售额成正比关系，由于市场竞争和规模经济效应的存在，它们与销售额的关系不一定就是正比关系。

（2）外部融资销售增长比。

企业实现销售增长，资金需求随之而生。资金的来源有两个基本途径：一是从企业上年度的保留盈余中提取，如果只依靠企业内部积累实现销售增长，企业本身的财力有限，可能很难保证各方面的资金需求；二是外部融资，包括增加债务和股东投资。适度负债有利于提高企业的资金运用效率，但负债扩大会使借款利息增加，筹资能力下降。而增加股东投入资本，可能会改变企业的股权结构，并且理性的投资者会考虑是否有更高的回报率。理想的方式是实现平衡增长，保持企业现有的财务结构，按股东权益的增长比例增加借款。

外部融资额占销售额增长的百分比：

销售增长带来融资需求的增加，假设它们成正比例关系，两者之间有稳定的百分比，即销售额每增加一元所需追加的外部融资额称为“外部融资额占销售增长的百分比”。

外部融资额＝(资产销售百分比×新增销售额)－(负债销售百分比×新增销售额)
－[销售净利率×计划销售额×(1－股利支付率)]

$$计划销售额=\frac{新增销售额}{销售增长率}\times(1+销售增长率)$$

外部融资额＝外部融资销售增长比×新增销售额

故：

外部融资销售增长比＝资产销售百分比－负债销售百分比－计划销售净利率×［(1＋增长率)÷增长率］×(1－股利支付率)

如果存在通货膨胀，则应将销售增长率调整为销售额的名义增长率。

从以上公式可看出，外部融资需求的多少，不仅取决于销售的增长，还要看股利支付率和销售净利率。如果销售净利率不变，股利支付率越高，外部融资需求越大，反之越小；如果股利支付率不变，销售净利率越高，外部融资需求越小，反之越大。

（3）内部融资的增长率。

如果不能或不打算从外部融资，此时只能靠内部积累，从而限制了销售增长。此时销售增长率，称为“仅靠内部融资的增长率”。

设外部融资等于零

0＝资产销售百分比－负债销售百分比－计划销售净利率×［(1＋增长率)÷增长率］×(1－股利支付率)

当上式中除增长率外其他各项条件已知时，即可求出此时的增长率。在企业预计增长率高于此增长率时，必须采用外部融资方式解决资金需求。

（4）可持续增长率。

可持续增长率是在不增发新股并保持目前经营效率和财务政策条件下公司销售所能达到的最大比率。

可持续增长率假设：公司的资本结构和股利政策在一定时期内稳定延续；外部融资只通过借债方式来实现；经营效率（用销售净利率和资产周转率来体现）将维持当前水平。

满足以上条件时，销售的实际增长率等于可持续增长率。

可持续增长的思想不是说企业的增长不可以高于或低于可持续增长率。可持续增长率实际上提出了在目前状态下最为理想的平衡增长方式。高于可持续增长率超常发展只能是短期的，因为更大的资金需求只能以提高企业经营效率或改变财务政策来实现。它们都是企业决策的重大事项，既要受到企业内部的管理能力和水平等方面因素的影响，也受外部环境所制约。另一方面，如果销售增长长期低于可持续增长率，实际上降低了企业竞争能力，可能会使企业在同业竞争中处于不利地位。

根据可持续增长率的假设条件，可得如下等式：

可持续增长率＝资产增长率＝股东权益增长率

$$=\frac{股东权益本期增加额}{期初股东权益}$$

$$=本期净利润\times\frac{本期收益留存率}{期初股东权益}$$

$$=\frac{\text{本期净利润}}{\text{本期销售额}}\times\frac{\text{本期销售额}}{\text{期末总资产}}\times\frac{\text{期末总资产}}{\text{期初股东权益}}\times\text{收益留存率}$$

=销售净利率×总资产周转率×收益留存率×期初权益期末总资产乘数

=资产净利率×收益留存率×期初权益乘数

【例 9-2】 ABC 旅游企业 2000 年至 2004 年主要财务数据如表 9-2。

表 9-2 2000—2004 年 ABC 旅游企业可持续增长率 （单位：万元）

年度	2000	2001	2002	2003	2004
收入	5 000	6 000	7 500	8 700	10 440
税后利润	250	300	375	435	522
股利	50	60	75	87	104.4
留存利润	200	240	300	348	417.6
股东权益	1 200	1 440	1 740	2 088	2 505.6
负债	800	960	1 260	1 392	1 670.4
总资产	2 000	2 400	3 000	3 480	4 176
销售净利率	5%	5%	5%	5%	5%
销售/总资产	2.5	2.5	2.5	2.5	2.5
总资产/期初股东权益	2	2	2.08	2	2
留存率	80%	80%	80%	80%	80%
可持续增长率	20%	20%	20.8%	20%	20%
实际增长率		20%	25%	16%	20%

根据可持续增长率公式计算如下：

可持续增长率(2002)=销售净利率×总资产周转率×收益留存率×期初权益乘数

$=5\%\times2.5\times0.8\times2.08$

$=20.8\%$

$$\text{实际增长率(2002)}=\frac{(\text{本年销售额}-\text{上年销售额})}{\text{上年销售额}}\times100\%$$

$$=\frac{(75\ 00-6\ 000)}{6\ 000}\times100\%$$

$=25\%$

其他年份的计算方法与此相同。

在本例中，2002 年实际增长率大大超过根据 2001 年有关财务比率计算得出的可持续增长率，2003 年实际增长率由于要弥补借款资金缺口，降低了销售增长速度。在 2001 年和 2004 年实现的是平衡增长，实际增长率和可持续增长率相等，这种增长状态在资金上可一直持续下去。

2．直线回归法。

在预测工作中可使用的数理统计方法很多，而其中常用于财务预测的方法是直线回归法。直线回归法是数理统计中最小二乘法的具体应用。它是假设销售收入总额与资产、负债等存在线性关系，如按销售收入量确定货币资金需要量，可列出直线方程“$y=a+b\times x$”，其中因变量 y 代表货币资金，自变量 x 代表销售收入总额，然后根据历史资料和直线回归法系数计算公式可求出 a 和 b。再代入预期的销售收入即可预计货币资金的需要量。需要注意的是，判断一个线性回归模型作估计预测时是否有效，只有通过对该模型进行显著性检验后，才能作出结论。

数理统计中已给出了 a、b 和相关系数 r 的计算公式。

$$a=\frac{\sum_{i=1}^{n}y_i-b\sum_{i=1}^{n}x_i}{n} \tag{9-1}$$

$$b=\frac{(n\sum_{i=1}^{n}x_iy_i-\sum_{i=1}^{n}x_i\sum_{i=1}^{n}y_i)}{n\sum_{i=1}^{n}x_i^2-(\sum_{i=1}^{n}x_i)^2} \tag{9-2}$$

$$r=\frac{(n\sum_{i=1}^{n}x_iy_i-\sum_{i=1}^{n}x_i\sum_{i=1}^{n}y_i)}{[n\sum_{i=1}^{n}x_i^2-(\sum_{i=1}^{n}x_i)^2][n\sum_{i=1}^{n}y_i^2-(\sum_{i=1}^{n}y_i)^2]} \tag{9-3}$$

【例 9-3】　ABC 旅游企业需根据销售收入情况预测第 12 年的应收账款数额，预计第 12 年的销售收入为 432 万元，其他有关资料见表 9-3。

表 9-3　ABC 旅游企业销售收入与应收账款对照表　（单位：万元）

年	销售收入	应收账款
1	61	19.5
2	75	22.2
3	94	24.9
4	107	25.2
5	146	29.1
6	174	34.5
7	211	41.1
8	244	46.2
9	298	53.1
10	349	61.5
11	380	66.9
合计	2 139	424.2

可列出计算表如表 9-4。

表 9-4　ABC 旅游企业销售计算表

年	销售收入 x_i	应收账款 y_i	x_iy_i	x_i^2	y_i^2
1	61	19.5	1 189.5	3 721	380.25
2	75	22.2	1 665.0	5 625	492.84
3	94	24.9	2 340.6	8 836	620.01
4	107	25.2	2 696.4	11 449	635.04
5	146	29.1	4 248.6	21 316	846.81
6	174	34.5	6 003.0	30 276	1 190.25
7	211	41.1	8 672.1	44 521	1 689.21
8	244	46.2	11 272.8	59 536	2 134.44
9	298	53.1	15 823.8	88 804	2 819.61
10	349	61.5	21 463.5	121 801	3 782.25
11	380	66.9	25 422.0	144 400	4 475.61
合计	2 139	424.2	100 797.3	540 285	19 066.32

b＝18 309.68/12 4346.73＝0.1472

a＝424.2/11－0.147 2×2 139/11＝9.939 9

则有：y_i＝9.939 9＋0.1472×x_i

y_{12}＝9.939 9＋0.147 2×432＝73.53 万元

r＝0.997 8

模型的显著性检验（设显著性水平为 0.05）

（1）相关系数的显著性检验

$$t=\frac{r\sqrt{n-2}}{1-r^2}=44.606\,1>t_{0.025}(11-2)=2.262$$

（2）回归系数的显著性检验（t 检验）

$$t=b/S_b=0.147 \geqslant /0.003\,3=44.606\,1>t_{0.025}(11-2)=2.262$$

以上检验过程均可说明在 95%可信度下，运用以上直线方程估计销售收入与应收账款的关系是合理的。如果检验未通过，这时回归模型不能用于预测，应分析原因，对回归模型重新加以处理。

更进一步的，可以根据在何种可信度下，计算出应收账款的估计范围。如上例中以 95%的可信度预测，第 12 年的应收账款 y_{12} 应为 73.53±3.31 万元。

3．数量分析预测模型.

对于大型企业而言，以上两种方法都过于简化，需要考虑的影响因素很多，此时采用计算机手段运用有关数量分析技术建立合理适用的预测模型就非常必要了。通常需要依据企业的管理要求和对未来财务信息的关注度提出需要进行哪些方面的财务预测，比如存货、应收账款、应付账款、费用以及短期投资、长期投资等。同时，在财务预测模型中还应体现关键业绩指标（KPI）和现在决策中使用的经济附加值（EVA）等相关信息。

在进行财务预测之前业务计划和战略计划的制订是非常重要的。因为在进行财务预测中的重要因素，比如销售收入、销售产品构成、销售成本、各种费用、公司政策等都需要在战略计划和业务计划确认后才能够确认； 同时，如果对于集团公司的财务预测，可以依据各个事业部和产品部门（按财务功能分类，一般将公司的各个业务部门或职能部门分为利润中心、成本中心、投资中心、费用中心，并依据不同的中心职能分别进行管理。在设计财务预测模型时，首先需要确认财务预测模型的基本结构，一般依据：组织机构（事业部组织形式）；产品结构（各个产品线、产品系列）。

财务预测模型一般分为假设前提、分析计算、构造模型、模型调整这样四个阶段。其中最重要的问题就是将财务预测模型调整或修改为符合公司情况的模型，这一点是非常重要和必要的。如果希望能够通过该预测模型了解企业未来的财务情况，就需要对该模型当初设计的基本假设和目前假设变化情况的差异进行调整，这种调整包括以下内容。

产品线的调整，可以依据目前公司的管理要求将财务预测产品结构进行调整，比如将以前的按产品类别的预测调整为按照产品销售区域或销售方式等；如果公司为事业部形式的公司，也可以将每个事业部作为一个经济中心以进行预测。

成本预测形式的调整，可以将成本预测由成本性态调整为产品类别、依据管理要求将成本调整为销售成本等，包括进行变动成本和固定成本的分类，计算保本点销售数量及销售价格。

预测模型产出成果，一般情况下，存货、应收账款、应付账款、固定资产、银行存款以及预计财务报表等情况属于预测模型需要反映的必要信息，但在有些具有具体或其他要求的公司，可能需要的信息就远远不止以上所列举部分。比如正在进行长期投资的公司，安排合理的投资时期和投资计划可能就属于公司决策层关心的关键问题之一，可以在设计时以较为详细的投资表来反映长期投资对于公司的影响。

设计财务预测模型的目的是为了满足公司现实的管理需求，因此在使用财务预测模型时，所获得的数据或输入的数据不应当全部来源于财务核算系统的数据。在该过程中的商业判断和职业分析能够保证财务预测模型输出成果有效性和能够反映未来情况。

第二节　旅游企业财务预算

一、旅游企业财务预算的分类

财务预算是指企业对经营期间企业财务状况和经营成果，以及现金收支等价值指标的各种规划。财务预算是企业计划工作的成果，既是决策工作的具体化，又是控制企业经常活动的依据。财务预算按照使用的目的、对象及涉及内容的不同，主要有以下几种分类。

（一）短期预算和长期预算

根据适用时间的长短，可分短期预算和长期预算。短期预算一般是年度预算，或者更短的季度或月度预算，它是对企业一定时期经营、财务等方面的预算。主要包括销售与收入预算、成本预算、现金收支预算、费用预算、预计会计报表等。长期预算一般是指一年以上的预算，如耗用资金量较大的固定资产投资预算、按年度划分的长期研究开发经费预算等。通常将短期、长期的划分以一年为基础，有时也把两至三年的预算称为中期预算。

（二）全面预算和专门预算

全面预算是对企业总体状况的综合性预算。如预计资产负债表、预计利润表等会计报表；专门预算是反映企业单一方面经济活动的预算，如现金预算、信贷预算等。

（三）期间预算和项目预算

期间预算是指以一定的预算期间为对象而编制的预算，如营业费用、管理费用、财务费用预算等；项目预算是以特定项目的全过程为对象的预算，如固定资产的扩建预算、更新改造项目预算等。

（四）部门预算和总预算

部门预算是企业内某一部门的如财务部、销售部等的预算；企业的各部门预算，汇总形成企业的总预算。

二、旅游企业财务预算的作用

企业财务预算可将企业各级各部门各自的经济活动统一在企业的经营目标之下，它是协调的工具、控制的标准和考核的依据，在经营管理中发挥着重大作用。

企业的目标是多重的，不能用唯一的数量指标来表达。企业的主要目标是盈利，但也要考虑社会的其他限制。因此，需要通过预算分门别类、有层次地表达企业的各种目标，包括销售、成本和费用、收入和利润等。这些企业的总目标，通过预算被分解成各级各部门的具体目标。根据预算安排各自的活动，如果各级各部门都完成了自己的具体目标，企业的总目标也就有了保障。预算中规定了企业一定时期的总目标以及各级各部门的目标，用以动员全体员工为此奋斗。

为使预算发挥上述作用，除了要编制一个高质量的预算外，还应制定合理的预算管理制度，包括编制程序、修改预算的办法、预算执行情况的分析方法、调查和奖惩办法等。

三、旅游企业财务预算编制方法

旅游企业财务预算的方法有固定预算、弹性预算、零基预算等，企业可根据不同情况和管理要求合理使用。

（一）固定预算

固定预算又称静态预算，一般用于经济业务量相对固定的部门或业务。它在编制时按照未来固定不变的业务水平进行，在编制后，在预算期内，一般不对预算作调整和修订。其缺点是如果实际情况发生变化，只能凭主观判断确定其控制和评价标准。

（二）弹性预算

弹性预算又称变动预算，是指编制预算时，以预算期内预测的经济业务量为基础，编制不同业务量水平的预算。例如分正常业务量的 80%、100%、120%三种情况分别编制预算。业务量的波动范围一般控制在正常业务量的 70%~120%之间。由于旅游企业受市场环境的影响很大，影响客源的因素错综复杂，一般应采用弹性预算的编制方法。

由于旅游企业类型和业务活动的特点不同，确定业务量时应选取恰当的量度指标。饭店客房部用“客房出租率”、餐饮部和商品部用“营业收入”，旅行社接团用“次数”，接待散客用“人天量”等。

在编制弹性预算时，需要根据不同业务量水平编制若干不同档次的收入、成本、利润预算。在作成本预算时，应根据成本特性模式，按照固定成本和变动成本两种不同成本性态分别编制。

（三）零基预算

零基预算是指企业在编制预算时，对所有的预算支出项目均以零为基底，不考虑其以往情况，分析确定预算支出项目的必要性和支出数额的大小。

传统预算一般是根据历史资料以上期预算情况为基础进行编制。而零基预算是按照企业目前状况，通过对工作性质、业务量水平和工作流程等方面的综合分析来重新确定预算支出结构和项目内容。在编制时，首先需要各部门提出部门预算预案，根据企业总体目标以零为基础说明部门各项业务工作性质、目的和所需经费。而后企业财务部门会同企业决策层对预案进行成本效益分析，首先分析其必要性，如该项工作确属不可避免，现有部门和人员能否完成；如确需专设部门和专职人员，能否进一步改进工作方法，提高工作效率。其次在工作项目确定后，用对比分析方法，按每项工作的重要程度分成等级，再以等级划分为基础以所需经费的多少排列顺序。再依据此分析结果结合可动用的资金来源分配资金，确定财务预算方案。

零基预算的优点在于有效利用企业有限的资金来源，节约经费开支。同时还能促使企业各部门精打细算，量入为出，合理使用资金，提高经济效益。其缺点在于企业内部影响较大，波及面广，工作相对更为复杂，所需时间和代价也较高。因此企业在确定进行零基预算时，应综合考虑各方面因素，一般间隔三至五年进行一次零基预算，在其余年份只作适当调整。

四、旅游企业财务预算的编制

（一）财务预算的程序

一般旅游企业编制财务预算是按以下程序来进行的。

1. 企业决策层依据企业长期发展规划，利用本量利分析工具，提出企业一定时期的总经营目标，并下达规划指标；

2. 各部门依据预算制定指导原则、企业经营目标和部门实际编制可行的部门预算预案；

3. 财务部门汇总初步平衡各部门财务预算，制定企业预算草案，初步编制销售、生产、财务等业务预算；

4. 召开各部门预算规划会议，讨论平衡预算；

5. 各部门结合经营目标和平衡结果，调整修改本部门财务预算；

6. 财务部门汇总调整后的各部门预算，并提交企业决策层审批；

7. 批准后的预算下达给各部门执行。

（二）财务预算的内容

企业财务预算体系包括以下几部分内容：

1. 销售及收入预算，预算各销售品种数量、销售收入；
2. 成本预算，预算各项目直接材料、直接人工、直接费用成本；
3. 费用预算，预算营业费用、管理费用和财务费用；
4. 利润预算，预算利润形成及各项目金额；
5. 现金预算，预算现金支出量和现金流入量以及现金期末结存数；
6. 预计利润表，预算利润、所得税及利润分配额；
7. 预计资产负债表，预算期末资产负债表各项目金额。

企业在编制财务预算时，应先按业务种类编制业务预算，根据业务预算编制销售及收入预算，根据收入预算编制成本、费用预算，再汇总形成现金预算和预计会计报表。

预计会计报表的作用与历史实际的财务报表不同。预计会计报表是财务管理的重要工具，是控制企业资金、成本和利润总量的重要手段。而企业期末实际财务会计报表，是根据有关法规的强制性规定编制，用于反映企业当时的运营状态和成果，给企业决策层和外部报表使用人提供财务信息。

下面，以酒店为例说明旅游企业财务预算的编制过程。

（三）销售预算

销售预算是整个企业财务预算的编制起点，其他预算都是以销售预算为基础编制。销售预算主要内容是销量、单价和销售收入。销量是根据市场预测或订购合同并结合企业的经营能力确定的。单价是通过价格决策确定。销售收入是两者的乘积，在销售预算中计算得出。在旅游企业中，酒店通常是由各业务预算汇总得出销售预算，如客房、餐饮等业务。而旅行社一般是分线路编制。

1．客房业务预算。

客房营业收入受客房数量、出租率和平均房价三个因素影响。

按月归计的客房营业收入可按以下公式计算：

$$客房预计营业收入=\sum(客房数\times出租率\times平均房价\times 30)$$

可见，在饭店的经营规模一定的情况下，平均房价不变，提高出租率是增加饭店营业收入的重要途径。

假定 ABC 饭店为四星级饭店，客房标准间 350 个、豪华间 40 个，预计 1 月标准间、豪华间出租率均为 80%，标准间平均房价 300 元/间天、豪华间 500 元/间天，则可得当月预计营业收入为：

$$客房预计营业收入=350\times 80\%\times 300\times 30+40\times 80\%\times 500\times 30$$
$$=252+48=300（万元）$$

如现销收入 90%，赊销并于下月收现 10%，年初应收账款 1 月收现 27 万元，则 1 月份收现金额=300×90%+27=297（万元）

考虑经营的淡旺季，分别作出各月营业收入预计，即可得全年营业收入预计。假定 ABC 饭店全年分月客房营业收入预计如表 9-5。

表 9-5　客房业务收入预算　（单位：万元）

	分月预算												全年预计
	1	2	3	4	5	6	7	8	9	10	11	12	
营业收入	300	290	280	310	330	330	340	340	320	330	320	300	3790
预计现金流入													
上年应收账款	27												27
1	270	30											300
2		261	29										290
3			252	28									280
4				279	31								310
5					297	33							330
6						297	33						330
7							306	34					340
8								306	34				340
9									288	32			320
10										297	33		330
11											288	32	320
12												270	270
现金收入合计	297	291	291	307	328	330	339	340	322	329	321	302	3787

在销售预算中通常包括预计现金收入的计算，其目的是为编制现金预算提供必要的资料。每月的现金收入实际包括两部分，当月收现部分和上月应收账款本月收现部分。

2．餐饮和商场业务预算。

酒店餐饮服务和商品销售一般不仅针对酒店的入住客人，也会对酒店所在地的常住居民形成相当的吸引力。如果只考虑酒店的入住人次为销量的参考依据，会造成预算结果上大的偏差。一般进行餐饮和商场业务预算时，是以餐饮服务项目和商场销售的产品种类为基础预测其销量，结合预计的销售价格汇总得出销售收入。餐饮服务的项目可能包括中餐、西餐、自助餐、宴会、酒会、咖啡厅、酒吧及客房送餐服务等。而商场销售的产品主要是日用品、食品、工艺品、文件用品、服装、图书、鲜花等。

如果餐饮服务业务是以餐厅销售为主，每天的销售情况除以餐厅提供不同价格档次菜式菜品消费数量乘以其平均价格汇总求出营业收入外，另一种常用的方法是汇总每个餐厅早中晚餐厅座位数、周转率和人均消费额三个因子乘积求出，同时应估算外卖和送餐服务业务量。ABC 酒店 5 月中餐厅营业收入预计见表 9-6。

表 9-6　ABC 酒店 5 月中餐厅营业收入预计　（单位：元）

消费场所	计 算 依 据	营业收入
餐厅	早餐：200×60%×10×30=36 000 中餐：200×80%×20×30=96 000 晚餐：200×120%×30×30=216 000	（348 000）
外卖和送餐	早餐：900×30=27 000 中餐：1 500×30=45 000 晚餐：2 000×30=60 000	132 000
合计		480 000

分别对每月餐饮营业收入作出预计，则可得出全年分月的餐饮业务收入预算。假设餐饮服务全部是现销，ABC 酒店餐饮业务预算见表 9-7。

表 9-7　ABC 酒店餐饮业务预算　（单位：万元）

餐饮部门	分 月 预 算												全年预计
月份	1	2	3	4	5	6	7	8	9	10	11	12	
中餐厅	48	56	50	52	54	52	48	46	45	56	52	54	613
西餐厅	44	42	40	40	46	41	43	42	40	44	48	42	512
宴会厅	26	28	25	24	26	24	22	26	24	30	30	24	309
合计	118	126	115	116	126	117	113	114	109	130	130	120	1 434

注：预计现金流入和表 9-6 合计项相同。

旅游商品销售收入的测算基础是按旅游商品大类预计销售量、预计销售价格，分别计算后再行汇总。

以上所介绍的属于酒店的主要经营业务项目，酒店还有其他的收入来源。如娱乐休闲、汽车出租、通讯服务等项目。可根据其具体情况预算。在此不再一一说明。

根据各业务单元预算，可作出 ABC 酒店分月销售及营业收入预计如表 9-8。

表 9-8 ABC 酒店销售收入预算 （单位：万元）

	分月预算												全年预计
	1	2	3	4	5	6	7	8	9	10	11	12	
客房收入	300	290	280	310	330	330	340	340	320	330	320	300	3 790
餐饮收入	118	126	115	116	126	117	113	114	109	130	130	120	1 434
商场销售收入	140	150	150	140	160	150	140	160	140	170	140	140	1 780
其他收入	40	40	40	40	40	40	40	40	40	40	40	40	480
合计	598	606	585	606	656	637	633	654	609	670	630	600	7 484

（四）成本及费用预算

旅游企业的成本及费用预算可分为两部分，营业成本预算和费用预算。

1．营业成本预算。

旅游企业和制造企业不同，营业成本主要是指原材料和各种物料的购进成本。如餐饮成本主要是制作菜品的原料和辅料以及直接销售的饮料的购进成本。其计算公式可根据预计毛利率确定：

$$\text{餐饮预计营业成本}=\sum \text{某餐厅预计营业收入}\times(1-\text{该餐厅毛利率})$$

毛利率应根据历史资料、市场供求和竞争状况等确定。还可根据酒店餐饮的每一品种或主要品种逐一进行测算。

$$\text{某餐饮品种预计营业成本}=\text{预计耗用主料}+\text{预计耗用辅料}$$

商品销售成本按企业会计制度规定实际上就是销售商品的进价。在进行预算时一般也采用毛利率法计算。一般应分别计算各类商品的成本率，然后汇总求得酒店商品总的预计营业成本总额。

$$\text{商品销售预计营业成本}=\sum(\text{某类商品预计销售额}\times(1-\text{该类商品预计毛利率}))$$

2．费用预算。

旅游企业的费用是指企业在发生时应计入发生当期损益的期间费用，包括管理费用、营业费用和财务费用。

费用预算时可根据费用开支项目与经营业务量的关系，分为固定费用和变动费用，分别进行预算，再进行汇总，成为总的费用预算。

营业费用和管理费用涉及的项目很多，各项目相关因素不同，在编制预算时应予以充分考虑。

一般，如原材料消耗、水电消耗、燃料消耗等变动费用可按照以下公式确定：

$$\text{变动费用}=\text{上年实际发生额}\times(1+\text{收入增长率})\times(1-\text{费用降低率})$$

例如，ABC 酒店根据营业量等资料，编制营业费用、管理费用和财务费用预算如表 9-9、9-10、9-11。

表 9-9 ABC 酒店分月营业费用预算 （单位：万元）

费用项目	分月预算												全年预计
	1	2	3	4	5	6	7	8	9	10	11	12	
员工工资	100	90	90	100	100	100	100	100	100	100	100	120	1 200
折旧	150	150	150	150	150	150	150	150	150	150	150	150	1 800
水电消耗	35	35	30	30	30	30	35	35	30	30	35	35	390

（续表）

费用项目	分月预算												全年预计
	1	2	3	4	5	6	7	8	9	10	11	12	
燃料费	10	10	10	10	10	10	10	10	10	10	10	10	120
其他费用	20	20	20	20	20	20	20	20	20	20	20	20	240
合计	315	305	300	310	310	310	315	315	310	310	315	315	3 750
减折旧	150	150	150	150	150	150	150	150	150	150	150	150	1 800
现金支出费用	165	155	150	160	160	160	165	165	160	160	165	165	1 950

表 9-10 ABC 酒店分月管理费用预算 （单位：万元）

费用项目	分月预算												全年预计
	1	2	3	4	5	6	7	8	9	10	11	12	
管理人员工资	20	22	22	20	20	20	20	20	20	20	20	24	248
折旧	30	30	30	30	30	30	30	30	30	30	30	30	360
低值易耗品	3	3	3	3	3	3	3	3	3	3	3	3	36
办公费	6	6	6	6	6	6	6	6	6	6	6	6	72
其他费用	10	10	10	10	10	10	10	10	10	10	10	10	120
合计	69	71	71	69	69	69	69	69	69	69	69	73	836
减折旧	30	30	30	30	30	30	30	30	30	30	30	30	360
现金支出费用	39	41	41	39	39	39	39	39	39	39	39	43	476

表 9-11 ABC 酒店分月财务费用预算 （单位：万元）

费用项目	分月预算												全年预计
	1	2	3	4	5	6	7	8	9	10	11	12	
利息支出			50				40			15		15	120
其他													
合计			50				40			15		15	120

（五）现金预算

旅游企业的现金预算，主要是规划企业在年度经营中现金的流入、流出及净现金流量的产生情况，以便企业合理处理现金收支业务，调度资金，保证企业经营的需要。

现金预算由四部分组成：“现金收入”，指期初现金余额和预算期现金收入，期初现金余额是在编制预算时预估的。“现金支出”，指预算期内预计发生的现金支出。“现金多余或不足”，指现金收支相抵后的余额。若收大于支，则现金多余，除可用于偿还银行借款外，或者用于短期投资；若收小于支，则现金不足，需设法筹资。“现金的筹集和运用”，反映预算期内因资金不足向银行借款以及还本付息情况。

现金预算是以其他各项预算为基础，其目的在于资金不足时筹措资金，资金多余时及时处理现金余额，设定收支差额平衡计划。在下例中假设 ABC 酒店现金保留余额在 100 ~250 万。ABC 酒店现金预算见表 9-12。

表 9-12　ABC 酒店现金预算　（单位：万元）

项目	分月预算												全年预计
	1	2	3	4	5	6	7	8	9	10	11	12	
期初现金余额	100	186	102	112	101	221	114	167	152	209	129	231	100
加：客房收现	297	291	291	307	328	330	339	340	322	329	321	302	3797
餐饮收现	118	126	115	116	126	117	113	114	109	130	130	120	1434
商场销售收现	140	140	140	140	160	140	140	140	140	160	140	140	1720
其他收现	40	40	40	40	40	40	40	40	40	40	40	40	480
收现合计	595	597	586	603	654	627	632	634	611	659	631	602	7431
可供使用现金	695	783	688	715	755	848	746	801	763	868	760	833	7531
减：付现支出													
材料物料支出	250	250	250	280	300	300	300	310	290	290	290	270	3380
营业费用	165	155	150	160	160	160	165	165	160	160	165	165	1930
管理费用	39	41	41	39	39	39	39	39	39	39	39	43	476
财务费用			50				40			15		15	120
所得税	35	35	35	35	35	35	35	35	35	35	35	35	420
购买设备	20		50			200			30				300
支付股利				100									100
付现合计	509	481	576	614	534	734	579	549	554	539	529	528	6726
现金多余或不足													
取得短期借款													
归还借款		200						100		200		200	700
期末现金余额	186	102	112	101	221	114	167	152	209	129	231	105	105

（六）预计会计报表

预计财务报表主要包括预计损益表和预计资产负债表。ABC 酒店预计损益见表 9-13，ABC 酒店预计资产负债见表 9-14。

表 9-13　ABC 酒店预计损益表　（单位：万元）

主营业务收入	7 434
主营业务成本	（3 380）
毛利	4 054
期间费用	2 526
利润总额	1 528
所得税（估计）	（420）
税后总收益	1 108

表 9-13 中，“所得税”项目是在利润规划时估计的，并已列入现金预算。它通常不是根据“利润”和所得税率计算得出。因为有诸多纳税调整事项存在。预计损益表数据是面向预算期的。它是在汇总其他预算基础上加以编制的。通过预计损益表，可以了解企业预期的盈利水平。如果预算利润和最初编制方针中的目标利润有较大差异，就需要调整部门预算，设法达到目标。否则就需经企业决策层同意后修改目标利润。

表 9-14　ABC 酒店预计资产负债表　（单位：万元）

资产	年初数	年末数	负债及所有者权益	年初数	年末数
货币资金	100	105	短期借款		
应收账款	27	30	应付账款	500	180
其他应收款		203	其他应付款	520	160.2
存货	300	350	长期借款	4 000	3 300
长期投资		500	实收资本	11 000	11 000
固定资产原值	22 000	22 300	未分配利润	107	387.8
累计折旧	6 300	8 460			
资产总额	16 127	15 028	负债及所有者权益	16 127	15 028

编制预计资产负债表的目的在于判断预算所反映的财务状况的稳定性和流动性。如果通过预计资产负债表的分析，发现某些财务比率不佳，必要时可修改有关预算，以改善财务状况。

第三节　旅游企业财务分析

一、财务分析的概念和目的

财务分析是以企业提供的财务报表和其他资料为依据和起点，采用专门方法，系统分析和评价企业过去和现在的经营成果、财务状况和变动，目的是了解过去、评价现在、预测未来，帮助利益相关方进行决策判断。财务分析最基本的功能是将大量的相关数据转换为对特定决策有用的信息，减少决策的不确定性。

企业的利益相关方不同，各自的分析目的也有所不同。

企业投资人：企业的成败兴衰直接影响到投资者未来的投资收益。投资者需要了解企业的全部状况，既包括企业短期盈利能力，也包括企业的长期发展潜力。

企业债权人：企业的负债分为短期负债和长期负债。短期债权人需要了解企业的短期偿债能力，要分析其流动状况；长期债权人须要考虑企业经营方向、长期偿债能力，要分析其盈利状况。

企业内部：外部的投资者、债权人只能依据财务分析结果从资金的投放上作出决策，而企业内部管理人员的经营工作好坏，将会直接影响到企业的发展。因此，为满足企业内部管理需要所需涉及的财务分析内容最为广泛。如营运能力、偿债能力、获利能力等各个方面都需详细了解和掌握以便发现问题，采取对策。

政府：政府需要对企业进行管理、控制和监督。通过财务分析了解企业纳税状况，遵守国家法规和市场秩序的情况等，如果是国有企业，还要考察国有资产的保值、增值及盈利情况。

二、财务分析的资料来源

财务分析不应当简单理解为会计报表分析，除了进行定期的报表分析以外，还应在平时针对各种特定情况进行专题分析，以解决相关的决策问题。内容真实、数字准确的资料是进行财务分析的前提条件。分析所需涉及的资料主要包括以下内容。

（一）计划、定额、标准等资料

这些资料可用于与实际执行结果进行对比，检查执行情况。

（二）日常会计核算资料

在进行计划指标完成情况分析和对实际执行情况进行直观的观察时，都需收集平时实际执行的情况资料。对日常会计核算资料进行财务分析是一项基础性工作。质量好坏将直接影响财务分析工作的全面完整和准确性。

（三）定期的报表资料

企业需要定期编制的会计报表主要有：资产负债表、利润表、现金流量表。

资产负债表是反映企业在某一特定时日（月末、季末、年末）财务状况的报表。资产负债表列示了企业在特定日期的资产、负债、所有者权益及其相关信息。通过资产负债表，可以全面了解企业资产、负债和所有者权益的组成情况，用于分析企业的偿债能力和获利能力。

利润表是反映企业一定期间生产经营成果的财务报表。通过其反映的收入、成本和费用等情况能够反映企业生产经营的收益情况、成本耗费情况，表明企业生产经营成果；同时，通过利润表提供的不同时期的比较数字，可以分析企业今后利润的发展趋势、获利能力。

现金流量表是反映企业在一定时期内现金流入、现金流出及现金净流量的基本财务报表。它能够反映企业一定会计期间内现金和现金等价物流入和流出的信息，便于报表使用者了解和评价企业获取现金和现金等价物的能力，并据以预测企业未来的现金流量。

三、财务分析的常用方法

在进行财务分析时，应根据分析对象的特征以及资料的来源情况分别采用不同的技术方法。常用的有比较分析法和因素分析法两种。

（一）比较分析法

对两个或两个以上有关的可比数据进行对比，揭示其差异和矛盾的分析方法。比较是分析的最基本方法。

企业比较的对象可是本企业自身，与不同时期（2~10 年）指标相比，称“纵向比较”；也可是同类企业，即与行业平均数或主要竞争对手比较，称“横向比较”；也可与计划预算比，即实际执行结果与计划指标相比，称“差异比较”。

企业比较的内容可以是会计要素的总量，总量是以绝对数进行量化的指标，例如总资产、净资产、净利润等。主要用于本企业的经营状况的纵向比较。也可用于同业对比，看企业的相对规模和竞争地位；也可以是结构百分比，把利润表、资产负债表和现金流量表转换成结构百分比表。例如，以收入为 100%，看利润表的各项目比重。结构百分比表用于发现存在显著问题的项目，揭示进一步分析的方向；最重要的是以财务比率进行比较，财务比率是各会计要素的相互关系，反映其内在联系。由于比率是相对数，排除了规模的影响，使不同比较对象具有可比性。只计算出财务比率说明不了任何问题，分析的关键在于对财务比率的说明和解释。

（二）因素分析法

因素分析法是用来确定几个相互联系的因素对分析对象——某个经济指标的影响程度的一种分析方法。因素分析法有不同的计算方式，常见的有连环替代法。

连环替代法是利用各个因素的实际数与标准数的连续替代来计算各因素脱离标准所造成的影响。假设某财务指标 p 是由 a、b、c 三个因素的乘积构成，其标准指标和实际指标同有关因素的关系如下：

标准指标：$p_0=a_0\times b_0\times c_0$

实际指标：$p_n=a_n\times b_n\times c_n$

实际与标准的总差异为 p_n-p_0，这一总差异同时受到 a、b、c 三个因素的影响。它们各自的影响程度如下：

a 因素变动的影响：$(a_n-a_0)\times b_0\times c_0=p_1-p_0$

b 因素变动的影响：$a_n\times(b_n-b_0)\times c_0=p_2-p_1$

c 因素变动的影响：$a_n\times b_n\times(c_n-c_0)=p_n-p_2$

影响合计：p_n-p_0

式中，各字母下标 0 为标准数，下标 n 为实际数，p_1、p_2 分别为第一、第二个因素变动后的结果。

因素分析法既可以全面分析各因素对某一经济指标的影响，也可以单独分析某个因素对某一经济指标的影响。

四、基本财务比率

财务比率分析是将财务报告中的有关项目进行对比，用比率来反映它们之间的相互关系。从财务报表可根据需要计算很多有意义的比率，这些比率涉及企业经营管理的各个方面。

（一）偿债能力分析

偿债能力是指企业偿还到期债务的能力，由于企业债务包括长期负债和短期负债，所以偿债能力分析包括短期偿债能力的分析和长期偿债力的分析两个方面。

1．短期偿债能力分析。短期偿债能力分析是指企业偿付短期债务的能力。短期负债又称流动负债，流动负债一般要以流动资产来偿还，因此，一般是通过流动资产与流动负债之间的比例关系来计算判断企业的短期偿债能力。

短期偿债能力对于企业来说，如果发生问题，企业就被迫投入大量精力筹措资金、应付还债，同时增加企业筹资的难度，或加大临时性紧急筹资的成本；对债权人来说，企业要具有充分的偿还能力，才能保证其债权的安全，按期取得利息，到期收回本金。

（1）流动比率。流动比率是流动资产除以流动负债的比值，反映企业可以在短期内转变为现金的流动资产偿还到期流动负债的能力。

$$流动比率=\frac{流动资产}{流动负债}$$

一般来说，流动比率越高，反映企业短期偿债能力越强，短期债权人债权安全程度越高；流动比率高，意味着流动资产超过流动负债的数额多，即企业拥有的营运资金多，可用以抵偿债务；流动比率高，还意味着企业可变现的资产数额大，债权人受损失的风险小。一般认为，企业合理的最低流动比率为2∶1左右。因为就一般企业而言，流动资产中变现能力最差的存货金额大致占到流动资产总额的一半，剩下的流动性较大的流动资产至少要等于流动负债，企业的短期偿债能力才会有保证。

流动比率的局限性在于：首先，流动资产中有相当部分是不具有清偿能力的，比如存货，就存在着价值严重贬损和难以及时脱手兑现的风险，几乎不能视为一种支付手段。其次，流动资产中还有一些项目是不能变现的，比如待摊费用，虽然从性质上来说将其视作一种流动资产，但事实上它并不具备变现支付的能力。所以有时候很高的流动比率并不一定表示企业对短期债务具有很高的清偿能力。因此，企业计算出来的流动比率，只有和同行业平均流动比率、本企业历史流动比率进行比较，才能知道这个比率是高还是低。分析流动比率需要充分注意流动资产的结构、流动资产的周转情况、流动负债的数量与结构等情况。

（2）速动比率。速动比率是企业速动资产与流动负债之比，可用以衡量企业流动资产中可以立即用于偿还流动负债的能力。

$$速动比率=\frac{速动资产}{流动负债}$$

$$速动资产=流动资产-存货$$

通常认为企业正常的速动比率应为1∶1较为合适，低于1的速动比率被认为是短期偿债能力偏低。这仅是一般的看法，因为行业不同，速动比率会有很大差别，没有统一标准的速动比率。例如，采用大量现金销售的商店，几乎没有应收账款，大大低于1的速动比率是很正常的；相反，一些应收账款较多的企业，速动比率可能要大于1。

影响速动比率可信性的重要因素是应收账款的变现能力。账面上的应收账款不一定都能变成现金，实际发生的坏账可能要比计提的准备还要多；季节性的变化，可能使报表的应收账款数额不能反映平均水平。

由于各行业之间的差别，在计算速动比率时，除扣除存货外，还可从流动资产中去掉其他一些可能与当期现金流量无关的项目，以计算更进一步的变现能力。这一指标称为保守速动比率（或称超速动比率）。

$$保守速动比率=\frac{现金+短期有价证券+应收账款净额}{流动负债}$$

（3）现金比率。现金比率是企业现金类资产与流动负债的比率。现金类资产是速动资产扣除应收账款之后的余额，它包括企业所拥有的货币资金和持有的易变成现金的有价证券。

$$现金比率=\frac{现金+有价证券}{流动负债}$$

虽然现金比率能反映企业直接支付能力，但通常情况下，企业没必要、也不可能保留过多的现金类资产。如果现金比率过高，则意味着企业所筹集的流动负债未得到合理运用，而经常以获利能力低的现金类资产保持着。

2．长期偿债能力分析。企业的长期负债包括长期借款、应付长期债券等。由于债权人的本金和利息要先于所有者的利润分配，所以对企业来说，负债程度的大小将会直接影响到投资者的利益。一般说来，企业负债越多，其债权人风险越大；但当企业的投资报酬大于负债成本，负债越多给企业投资者的收益也越大。由此可见，企业的投资者和债权人都很关心企业长期偿债能力的大小。企业的长期偿债能力不仅取决于长期负债在资金总额中所占比重，而且还取决于企业经营的效益。

（1）资产负债率。资产负债率是企业负债总额除以资产总额的百分比。它表明在总资产中有多大比例是通过借债方式获得的，以及企业资产对债权人权益的保障程度。对于资产负债率一般的看法是其最高上限为2∶3。

$$资产负债比率=\frac{负债总额}{资产总额}$$

$$负债总额=短期负债+长期负债$$

资产负债率虽然是评价企业长期偿债能力的一个最重要的指标，但其局限性对评价效果的影响也是不能忽视的。

① 从资产负债率的计算公式来看，其分子负债总额包含了短期负债和长期负债两部分，现在有争议的是计算该比率时要不要把短期负债排除出去，因为该比率是用以评价企业对长期债务本息的偿还能力的。

② 从资产负债率分子和分母的含义来看，其分母部分为企业资产总额，给长期债务提供保证的最终是它的变现收入而不是账面值，资产负债率只是提供了一种账面上的比值，而且资产和负债值均来自于公司中期或年度资产负债表，只是某一时点的静态值。

③ 资产的变现能力本身也有很大的不确定性，如存货可能积压滞销，应收账款可能不能如期收回，固定资产和无形资产也可能严重贬值。

④ 或有负债的存在，或有负债是指一种现存的状况或处境，这种状况或处境最终的结果可能会给企业增加一笔负债或带来损失。比如给别的企业贷款提供担保，或正处于诉讼或仲裁中的经济纠纷等。或有负债不能记录在当时的会计账面上，但它很可能在未来变成一笔负债。所以或有负债的存在事实上也可能是对企业长期偿债能力的一种抵减。

⑤ 资产负债率指标只能说明某一时点的资本结构，这种资本结构可为长期债务提供一种最基本的财产保证，但是企业偿还债务最终还得依赖其获利能力，并且必须是有足够的现金流入。如果公司亏损，最直接的后果是股东权益的损耗，会计账面上体现为净资产的减少，资产负债率升高。

⑥ 对资产负债率从数量上进行限制是从保护债权人的角度来做的，而对于公司股东和管理层来说，当预期的总资产收益率高于负债利率时，增加负债将有助于提高公司净利润，增加所有者权益，但债权人权益并不会随之增加；相反，当出现经营风险即总资产收益率低于负债利率时，债权人得和股东一起承担损失。所以，债权人、股东和公司管理层因其所处的利益角度不同，对资产负债率的要求和评价是不同的。

（2）产权比率和权益乘数。产权比率是企业负债总额与权益总额的比值。反映企业投资者权益对债权人权益的保障程度。

$$产权比率=\frac{负债总额}{权益总额}$$

该比率越低，则表明企业长期偿债能力越强，债权人权益的保障程度越高，承担的风险越小。

权益乘数是资产总额与权益总额的比值。它反映企业负债程度。权益乘数越大，企业负债越高，财务风险越大。

$$权益乘数=\frac{资产总额}{权益总额}$$

（3）已获利息倍数。已获利息倍数是指企业生产经营所获得的息税前利润与利息费用的比率，又称为利息保障倍数，是衡量企业偿付负债利息能力的指标。一般认为已获利息倍数至少应大于1，即已获利息倍数最低在1∶1左右。如果该比率小于1，说明企业全部的息税前利润都不足以偿还负债利息。

$$已获利息倍数=\frac{息税前利润总额}{利息费用}$$

“息税前利润总额”是指利润表中未扣除利息费用和所得税之前的利润（EBIT）。EBIT等于利润表中“利润总额”加上利息费用，但由于利润表未提供利息费用的相关信息，另一种测算办法是“利润总额”加上“财务费用”。

“利息费用”主要是指长期负债的利息费用，包括银行长期借款利息费用及发行长期债券利息费用。

（二）营运能力分析

营运能力是指企业资金的利用效率。通常是通过企业生产经营资金周转速度的有关指标来反映。

1．应收账款周转率。应收账款周转率是用赊销收入净额与平均应收款的比值来表示。反映应收账款周转的快慢，周转率越高，应收账款的回收越快。

$$应收账款周转率=\frac{赊销收入净额}{应收账款平均余额}$$

“赊销收入净额”是指利润表中“销售收入”扣除折扣和折让后的销售净额。“应收账款平均余额”是资产负债表中期初余额和期末余额的平均值。

反映应收账款的回收速度还可以用另一个指标“平均收账期”。平均收账期越短，应收账款回收越快。

$$平均收账期=\frac{360}{应收帐款周转率}$$

2．存货周转率。存货周转率（又称存货周转次数）是以销货成本除以平均存货成本而得到的比率。存货周转率越高，存货的占用水平越低，则存货的流动性越强，存货转换为现金或应收账款的速度越快。

$$存货周转率=\frac{销货成本}{平均存货成本}$$

$$平均存货成本=\frac{期初存货成本+期末存货成本}{2}$$

对应地从时间上考虑：

$$存货周转天数=\frac{360}{存货周转率}$$

3．总资产周转率。总资产周转率是指企业销售收入净额与资产总额的比率，反映企业全部资产的使用效率。该比率越高，则企业利用全部资产进行经营的效率越高，企业的销售能力越强。

$$总资产周转率=\frac{销售收入净额}{资产平均总额}$$

（三）盈利能力分析

盈利能力就是企业获取利润的能力，企业利润是企业在会计期内的最终财务成果，反映经营者的经营业绩和管理效能，也是投资获利、偿还债务的资金来源，因此，盈利能力是企业经营管理者、投资人和债权人共同关心的一个重要指标。

1．销售利润率。销售净利率是净利润与销售收入的百分比。

$$销售净利率=\frac{净利润}{销售收入净额}$$

此处“净利润”指税后利润，从该公式可以表明，为提高销售净利率，企业扩大销售同时必须更大的获取净利润。为实现这一目的，企业应当注意改进管理，提高盈利水平。

另一个考察销售利润率的指标是销售毛利率：

$$销售毛利率=\frac{销售成本收入率额-销售成本}{销售收入净额}$$

2．资产收益率。资产收益率是企业净利润对企业全部资产的比率。它表示企业运用全部资产所产生的利润，是反映企业资产综合利用效果的指标，同时也是衡量企业利用债权人和所有者权益总额所取得盈利的指标。

$$资产收益率=\frac{净利润}{平均资产总额}$$

$$平均资产总额=\frac{期初资产总额+期末资产总额}{2}$$

如果只从运用所有者权益获取利润的角度来考虑，则有

$$净资产收益率=\frac{净利润}{平均净资产}$$

$$平均净资产=\frac{期初净资产+期末净资产}{2}$$

净资产收益率也称净值报酬率或权益报酬率。

（四）股份公司盈利率指标

1．每股收益。每股收益是指普通股每股所取得的净利润，是衡量股份公司盈利能力的相对最客观、最直接的一个比率指标。如果公司同时发行了优先股，则还要从净利润中扣除优先股应得股利。每股收益用来反映普通股每股盈利能力大小。每股收益是上市公司在年度报告中必须披露的第一个指标。

$$每股收益=\frac{净利润-优先股股利}{加权平均普通股股数}$$

每股收益作为股份公司盈利能力的参考指标也有其局限性，第一，企业的净利润不一定来自于主营业务收入，而其他业务收入一般认为是不可持续的；第二，每股收益不能反映公司经营风险的大小。如通过负债融资来增加投资，扩大经营规模后可能会增加每股收益，但在此同时也增加了公司的财务风险，每股收益的波动幅度将变大。第三，不同的公司股票每一股份所代表的资产净值、市价是不同的，投资者只可以根据这个比率指标进行纵向比较来衡量公司盈利性的发展趋势，而不能进行不同公司之间的横向比较。而且每股收益多，并不一定意味着公司股利分配多。

2．市盈率。市盈率是普通股每股市价对每股利润的比率。

$$市盈率=\frac{普通股每股市价}{普通股每股收益}$$

市盈率是反映股票盈利状况的重要指标，也是投资者从某种股票获得1元利润所愿支付的价格。市盈率越低，股票在相同收益下股价越低，或者说在相同股价下股票的收益越高，股价下跌的空间越小，投资的风险也越小。在其他条件相同的情况下，市盈率低的股票投资价值相对高。一般性的规律是，那些充满扩张机会的新兴行业，其市盈率普遍较高，而成熟工业行业市盈率则普遍较低。在较为成熟规范的证券市场里，普遍认为市盈率10~20倍属正常范围，即使该种股票市场前景看好，一般也不宜以超过25倍市盈率作股票估价。

3．股利支付率。股利支付率是每股股利对每股利润的比率。反映股份公司的利润中有多少用于股利的支付。

$$股利支付率=\frac{普通股每股股利}{普通股每股收益}$$

这是股东非常关心的一个指标，每股股利相同而股利支付率不同的公司，派息基础可能是大不相同的。股利支付率低的公司可能在利润充裕的情况下分红，而股利支付率高的公司可能在利润拮据的情况下分红。显然，它们的发展前景可能不相径庭，从投资者角度来看，某些投资者，特别是短期投资者，倾向于高额股利发放率，期望在短期内获得实惠；而长期投资者则希望公司少发股利，保留在股东权益内，以扩大再生产。这样，企业实力增强，竞争能力提高，股票市价稳步上升，从长远来看，对他们有利。

由此可见，绝不能简单地认为股利支付率越高越好。有的公司虽然股利支付率低一些，但其盈利水平却很高，目前少发股利的目的是为了将大量利润用于再投资。这意味着公司尚有增加股利派发的潜力，股票也有升值的机会。相反，有的公司内部缺乏再投资的条件，虽有较高的股利支付率，但公司的发展后劲不足。当然，最理想的公司是每股股息额很高，而股利支付率却很低。同样，股利支付率也与行业特点有关。收入较为稳定的行业和处于稳定发展阶段的行业，其股利支付率往往较高；而新兴行业，具有成长性的公司的股利支付率却很低。

五、财务状况的综合分析

从前面的分析可知，每种财务分析指标都是从特定角度对企业财务状况以及经营成果进行分析，不足以全面评价企业财务状况及经营成果。为了弥补这一不足，应当进行综合分析将所有有关指标有机联系起来，既全面反映整体财务状况，又指出指标与指标之间的联系。

（一）杜邦分析法

杜邦分析法是由美国杜邦公司最先采用。它是以权益净利率作为分析系统的核心，逐层分解，全面系统揭示企业财务状况和财务系统内各个因素之间的相互关系，如图 9-1。

图中权益净利率是中心指标，反映投资者净资产的获利能力。净资产的不断增值是财务管理的最终目标，它体现了企业经营活动的最终成果。权益净利率的高低，取决于资产净利率和权益乘数的水平。

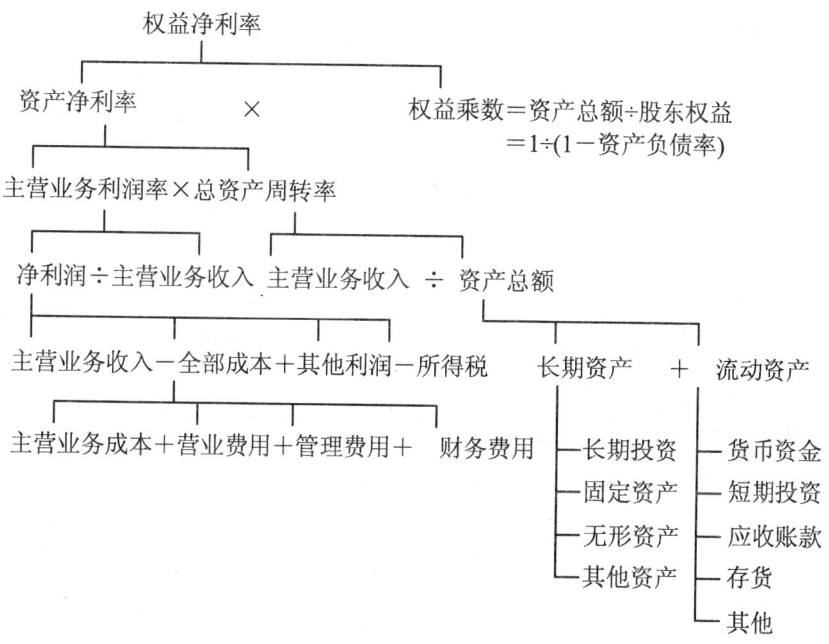

图 9-1　杜邦分析图

资产净利率是企业主营业务利润率与总资产周转率的综合体现。主营业务利润率反映主营业务收入与利润的关系，要提高主营业务利润率，不仅要增加主营业务收入，还要努力降低各项成本。通过列示各项成本费用，按照重要性原则进行成本费用的结构分析，加强成本控制。而提高总资产周转率关键在于减少资金的占用。资产是由长期资产和流动资产两部分构成，长期资产与流动资产的结构比是否合理直接影响资金的周转速度。在此基础上，还需进一步考察各项资产的占用数额和周转速度。

权益乘数反映股东权益与企业资产总额的关系，它所说明的问题是企业在资产规模比较稳定时，适当开展负债经营，相对减少股东权益，可提高企业的权益净利率。因此，合理安排资本结构，也是提高权益净利率的有效途径。

（二）综合评分法

财务状况综合评价最早得到实际应用的一种方法是沃尔评分法，在 1928 年美国的亚历山大·沃尔在《信用晴雨表研究》和《财务报表比率分析》中提出信用能力指数的概念，他选择了 7 种财务比率，分别设定在总评分中的比重，总和为 100 分，即流动比率（25）、净资产/负债（25）、资产/固定资产（15）、应收账款周转率（10）、存货周转率（10）、固定资产周转率（10）、净资产周转率（5）。然后确定每项比率的标准值，以实际值相比较，评出每项指标的得分，最后求出总评分。

沃尔评分法的理论基础没有证明所提出的 7 种财务比率指标的理由，为什么不能选择更多或更少，也没有证明每种比率所占比重的合理性。虽然如此，但通过实际运用沃尔评分法大多数情况下可以得到相对满意的评价结果，并且其方法相当简便易学，所以即使到现在，这种方法仍有较多的应用。

随着评价理论和实践的不断进步，在沃尔评分法的基础上加以改进并得到较广泛接受的一种方法是综合评分法。它是以盈利能力、偿债能力和成长能力共同构成财务评价的主要内容。它们之间大致按照 5∶3∶2 来分配比重。盈利能力指标主要有资产净利率、销售净利率和净资产收益率，按 2∶2∶1 来安排。偿债能力有 4 个常用指标，成长能力有 3 个常用指标。

以 100 分为总评分的评分标准如表 9-15 所示。

表 9-15 综合评分的标准

指　标	标准评分值	标准比率（%）	行业最高比率（%）	最高评分	最低评分	每分比率的差（%）
盈利能力：						
总资产净利率	20	10	20	30	10	1
销售净利率	20	4	20	30	10	1.6
净值报酬率	10	16	20	15	5	0.8
偿债能力：						
自有资本比率	8	40	100	12	4	15
流动比率	8	150	450	12	4	75
应收账款周转率	8	600	1 200	12	4	150
存货周转率	8	800	1 200	12	4	100
成长能力：						
销售增长率	6	15	30	9	3	5
净利增长率	6	10	20	9	3	3.3
人均净利增长率	6	10	20	9	3	3.3
合　计	100			150	50	

由表 9-15 可知采用综合评分法时，调整分上下浮动不能超过标准评分值的 50%，也就是说评分结果最终会在 50~150 分之间，在 100 分附近的分数显然是处在行业平均水平；其次综合评分法基于沃尔评分法侧重评价企业的信用状况，而使成长能力的权重相对偏低；标准评分值与标准比率的确定应由以行业平均水平为基础进行适当的修正，而不能“一刀切”，各行业标准比率的差异是客观存在的，如朝阳产业与夕阳产业就不会相同。

假设表 9-15 中的标准评分值和标准比率是符合旅游行业的实际情况的，用综合评分法对 ABC 旅游企业的某一年财务状况进行综合评价，其结果如表 9-16。

表 9-16 运用综合分析法的 ABC 旅游企业实际评分表

指标	实际比率①	标准比率②	差异 ③=①−②	每分比率差④	调整分 ⑤=③÷④	标准评分值⑥	得分 ⑦=⑤+⑥
盈利能力：							
总资产净利率	8.22	10	（1.78）	1	（1.78）	20	18.22
销售净利率	7.73	4	3.73	1.6	2.33	20	22.33
净值报酬率	14.67	16	（1.33）	0.8	（1.66）	10	8.34
偿债能力：							
自有资本比率	71.64	40	31.64	15	2.11	8	10.11
流动比率	261	150	111	75	1.48	8	9.48
应收款周转率	556	600	（44）	150	（0.29）	8	7.71
存货周转率	1491	800	691	100	4	8	12
成长能力：							
销售增长率	23.8	15	8.8	5	1.76	6	7.76
净利增长率	36.52	10	26.52	3.3	3	6	9
人均净利增长率	13.64	10	3.64	3.3	1.1	6	7.1
合　计						100	112.05

从综合评分表情况看，ABC 公司属中等偏上企业，综合评分达 112.05 分。体现在：①销售净利率比标准比率高出 93.25%；②自有资本率比标准比率高出 79.1%；③存货周转率比标准比率高出 86.38%；④销售增长率比标准比率高出 58.67%；⑤净利增长率比标准比率高出 2.65 倍；⑥人均净利增长率增长率比标准比率高出 36.4%；⑦流动比率比标准比率高出 74%（与②一样也说明公司没有充分利用财务杠杆作用）；说明公司的盈利能力、偿债能力、成长能力等比较强。但是，表中的一些指标没有达到标准比值，也显示其不足的一面：①总资产报酬率比标准比率低 17.8%，说明其资产运营潜力还有待挖掘；②净资产报酬率比标准比率低 8.31%，从另一个侧面说明企业没有充分利用财务杠杆作用，提高权益乘数，以提高权益报酬率。③应收账款周转率比标准比率低 7.33%，说明公司应收账款的回收速度还有待加快。

六、现金流量分析

（一）现金流量分析的意义

随着现代经济活动规模的不断扩大与细化分工，如何能够以多种方式考察企业内部的经营状况就成了人们越来越关心的问题。财务管理的一个基本结论是：资产价值是其未来各期现金流量现值之和。因此，企业根据企业会计准则要求所编制的现金流量表就成为满足投资人现金流量信息需要的主要来源。我国施行现金流量表企业会计准则经历了一个从无到有并不断与国际会计准则相调整适应的过程。1994 年国际会计准则中的《现金流量表准则》生效。1998 年我国的《企业会计准则——现金流量表》生效。2006 年颁布了新的《企业会计准则——现金流量表》并于 2007 年 1 月 1 日开始实行。

目前现金流量分析是企业财务分析的辅助方法。其方法体系并不完善，一致性也并不充分。

（二）现金流量的结构分析

现金流量的结构分析包括现金的流入结构、流出结构及流入流出比分析。例如，ABC

旅游企业现金流量的主要数据及流量结构如表 9-17。

表 9-17 ABC 旅游企业现金流量结构表

项 目	流入（万元）	流出（万元）	净流量（万元）	内部结构	流入结构	流出结构	流入流出比
一、经营活动							
销售产品、提供劳务	12 000			100%			
现金流入小计	12 000			100%	69%		
购买商品和劳务		4 417		53%			
支付给职工		2 500		30%			
支付各项税费		942		11%			
其他现金支出		500		6%			
现金流出小计		8 359		100%		37%	1.44
经营现金净流量			3 641				
二、投资活动							
投资收回	124			5%			
分得股利	300			12%			
处置固定资产	2 000			83%			
现金流入小计	2 424			100%	14%		
购置固定资产		4 000					
现金流出小计		4 000				18%	0.61
投资现金净流量			（1 576）				
三、筹资活动							
借款	3 000						
现金流入小计	3 000				17%		
偿还债务		10 000		99%			
支付利息		125		1%			
现金流出小计		10 125		100%		45%	0.3
筹资现金净流量			（7 125）				
合 计	17 424	22 484	（5 060）		100%	100%	

1. 流入结构分析。流入结构分析包括总流入结构和经营、投资和筹资三项活动流入的内部结构分析。

总流入中经营流入占 69%是主要来源，投资流入和筹资流入分别为 14%、17%也占有一定比重。

经营活动流入中销售收入（含税）占 100%，比较正常；投资活动的流入中，最主要的部分是处置固定资产占 91%，回收资金但不获利；筹资活动的 3 000 万元全部是借债。

2. 流出结构分析。流出结构分析也同样包括总流出结构和三项活动流出的内部结构分析。

该公司的总现金流出中占最大部分的是筹资流出占 45%，说明公司现金流出中偿还债务占很大比重并使负债大量减少。

经营活动流出中购买商品和劳务占 53%，支付给职工的占 30%，比重较大。投资活动现金流出全部是购置固定资产。筹资活动中偿还债务本金占 99%，是绝大部分。

3. 流入流出比分析。经营活动流入流出比为 1.44，表明企业经营活动的效果可使得 1 元的流出换回 1.44 元现金（能更大提高这一比值当然更好）。

投资活动流入流出比为 0.61，说明企业正在扩大投资，处于扩张期。

筹资活动中现金流入流出比为 0.3 说明还款大于借款。

该公司本年现金存量减少了 5 060 万元，经营现金净流入 3 641 万元。用于投资 1 576 万元，用于还款 7 125 万元。

从该公司现金流入流出结构的历史比较和同业对比可以发现变化的趋势是否正常。对一个健康正在成长的公司来说，经营活动现金应是正数，投资活动的现金流量是负数，而筹资活动的现金流量是正负相间的。

（三）现金的流动性分析

现金的流动性是指企业将资产转化为现金的能力。根据资产负债表所确定的流动比率虽然也能在一定程度上反映企业资产的流动性，但有相当的局限性。企业真正能用偿还债务的是现金流量，而非流动资产。因此，现金流量和债务比较能更真实地反映企业偿还债务的能力。

1．现金到期债务比

$$\text{现金到期债务比}=\frac{\text{经营现金净流量}}{\text{本期到期的债务}}$$

本期到期的债务是指本期到期的长期债务和本期应付票据，因为这两种债务必须如期偿还。

如果 ABC 旅游企业本期到期长期债务是 1 000 万元，则：

$$\text{现金到期债务比}=3\ 641\div1\ 000=3.64$$

如同业平均水平为 2.5，显然如期偿还本期债务是比较有保证的。

2．现金流动负债比

$$\text{现金流动负债比}=\frac{\text{经营现金净流量}}{\text{流动负债}}$$

如果 ABC 旅游企业流动负债本期期末数为 5 000 万元，则

$$\text{现金流动负债比}=3\ 641\div5\ 000=0.73$$

如同业平均水平在 0.8，可能该公司就需要考虑减少流动负债，以免到期无法如数支付所带来的风险。

3．现金债务总额比

$$\text{现金债务总额比}=\frac{\text{经营现金净流量}}{\text{债务总额}}$$

设该公司的债务总额本期期末数是 20 000 万元，则

$$\text{现金债务总额比}=3\ 641\div20\ 000\times100\%=18\%$$

假如不考虑还本，则企业最大的付息能力可达 18%。只要市场利率低于 18%，企业就可以扩大债务规模。如果市场利率是 10%，则意味着该公司还可在原有 20 000 万元债务总额基础上再增加 16 410 万元的债务也可以保证按时付息。

（四）获取现金能力分析

企业获取现金的能力是指企业经营现金净流入和企业投入的比值。这里的投入可以是销售收入、总资产、净营运资金、净资产或者普通股股数等。

1．销售现金比率

$$\text{销售现金比率}=\frac{\text{经营现金净流量}}{\text{销售总额}}\times100\%$$

如 ABC 旅游企业本期销售总额为 12 000 万元，则：

销售现金比率＝3 641÷12 000×100%＝30%

该比率反映每百元销售能获得的净现金，其比值越大越好。

2．每股营业现金净流量

$$每股营业现金净流量=\frac{经营现金净流量}{普通股股数}$$

如普通股股数为 50 000 万股，则

每股营业现金净流量＝3 641÷50 000＝0.073（元/股）

该指标反映企业最大的分派股利能力，超过这一限度，就要借款分红。

（五）财务弹性分析

财务弹性是指企业适应经济环境变化和利用投资机会的能力。如果企业现金流量超过现金支付需要，有剩余的现金，这种适应性也就越强。因此，财务弹性是以经营现金流量与支付要求作比较。支付要求可以是投资需求或承诺支付等。

1．现金满足投资比率

$$现金满足投资比率=\frac{近5年经营活动现金净流入}{近5年资本支出、存货增加、现金股利之和}$$

如果 ABC 旅游企业近 5 年经营活动现金净流入的平均数与本年相同，资本支出、存货增加、现金股利平均每年为 4 000 万元、40 万元和 100 万元，则：

现金满足投资比率＝3 641÷（4 000＋40＋100）＝0.88

该比率越大，说明资金自给率越高。达到 1 时，可完全满足扩充所需资金；小于 1 时，企业需要外部融资来补充资金。

2．现金股利保障倍数

$$现金股利保障倍数=\frac{每股营业现金净流量}{每股现金股利}$$

若 ABC 旅游企业每股现金股利为 0.05 元，则

现金股利保障倍数＝0.073÷0.05＝1.46

该比率越大（至少要大于 1），说明现金股利支付能力越强。若同业平均现金股利保障倍数为 3，相比之下，该公司的股利保障倍数不高，如不景气，可能无法维持现有股利水平或不得不借债维持。

（六）收益质量分析

收益质量分析是讨论企业会计收益和公司业绩的相关性。从现金流量表角度评价收益质量，主要是以现金流量表补充资料中净利调整为经营现金流量的各调整项目为分析基础。

需要关注的是其中两个主要部分，一是非经营净收益，主要是指以资产处置和证券交易获得的收益。它不代表正常的收益能力，收益能力不可持续。另一部分是未付现费用，主要是计提的资产减值准备，固定资产折旧以及各类待摊费用摊销。少提取这类费用，增加收益却不增加现金流入，会使收益质量下降。

1．净收益营运指数。净收益营运指数是指经营净收益与全部净收益的比值。

经营净收益＝净收益－非经营收益

$$净收益营运指数=\frac{净收益-非经营收益}{净收益}$$

通过净收益营运指数的历史比较和行业比较，可以评价一个公司的收益质量。

2．现金营运指数。现金营运指数是指经营现金净流量与经营应得现金的比率。

$$经营应得现金=经营活动净收益+非付现费用$$

$$现金营运指数=\frac{经营现金流量}{经营应得现金}$$

小于 1 的现金营运指数，说明收益质量不够好，说明收益未以现金形式收回，应收款增加、应付款减少或者存货增加等都可能是形成这种情况的原因。企业为获得同样的收益占用了更多的营运资金，如果长期如此可能导致企业的资金链紧张，资金短缺。运用现金营运指数进行分析，一般需要使用连续若干年的数据，如果某一两年的现金营运指数小于 1 时，虽然可能说明不了多少问题，但却值得引起高度警惕。

第四节　复 习 题

【思考题】

1.旅游企业为什么要进行财务预测？财务预测的方法有哪些？除了本书列举的几种方法外，你还能找得到其他定量分析方法吗？

2．什么是可持续增长率？它与企业的实际增长率有什么关系？

3．什么是旅游企业的财务预算？预算的编制方法有哪些？财务预算的编制基础是什么？

4．预计财务报表与实际报表的作用有哪些不同？

5．什么是财务分析？包括哪些内容？

6．试找一上市旅游公司连续三期的财务报表，用综合评分法说明企业业绩增长或萎缩的原因有哪些？

【计算题】

1．甲公司 2006 年 12 月 31 日的资产负债表见表 9-18。

表 9-18　甲公司 2006 年 12 月 31 日资产负债表　　（单位：元）

资　　产	期末余额	负债及所有者权益	期末余额
货币资金	20 000	应付费用	7 000
应收账款净额	10 000	应付账款	13 000
存货	30 000	短期借款	10 000
固定资产净值	40 000	公司债券	20 000
		实收资本	40 000
		留存收益	10 000
总计	10 0000	总计	100 000

公司 2006 年的销售收入为 100 000 元，销售净利润为 10 000 元，净利润的 50%分配给投资人。公司的资产除固定资产以外都随销售量的增加而增加；负债及所有者权益中，只有应付费用和应付账款随销售量同比变化。要求回答以下互不相关的问题：

（1）假设公司的实收资本始终保持不变，2007年预计销售收入将达到120 000元，企业销售净利率不变，并采用固定股利支付率政策，计算该公司当年的可持续增长率，并说明需要补充多少外部融资？

（2）如果利润留存率是80%，销售净利率提高到12%，2007年目标销售收入是150 000元，甲公司是否需要从外部融资？如果需要，需要补充多少外部资金？

（3）如果甲公司预计2007年将不可能获得任何外部融资，销售净利率和股利支付率不变，计算2007年甲公司的预计销售额。

（4）假设公司2007年保持销售净利率和股利支付率不变，预计销售收入将达到110 000元，但是为了实现这一目标，另需要增加对外投资5 000元，计算该公司需要补充多少外部融资？

2．某企业本月产品销售收入50万元，销售收入的60%在本月收回，上期应收账款余额20万元，预计将在本月全部收回，本月其他业务收入（均收现）15万元，其他业务支出（均付现）55 000元。本月产品销售成本、费用、税金等支出8万元，购置固定资产支出6万元，期初现金余额为5 000元。假定不考虑其他因素的影响，计算“现金预算”中的预计可供使用现金、现金支出合计和现金多余或不足的数额。

3．ABC公司近三年的主要财务数据和财务比率如表9-19。

表9-19　ABC公司近三年的主要财务数据和财务比率

	2004年	2005年	2006年
销售额（万元）	4 000	4 300	3 800
总资产（万元）	1 430	1 560	1 695
普通股（万元）	100	100	100
保留盈余（万元）	500	550	550
所有者权益合计	600	650	650
流动比率	1.19	1.25	1.20
平均收现期（天）	18	22	27
存货周转率	8.0	7.5	5.5
债务/所有者权益	1.38	1.40	1.61
长期债务/所有者权益	0.5	0.46	0.46
销售毛利率	20.0%	16.3%	13.2%
销售净利率	7.5%	4.7%	2.6%
总资产周转率	3.00	2.88	2.33
总资产净利率	22.5%	13.54%	6.06%

假设该公司所得税率为30%，利润总额＝毛利－期间费用。

要求：

（1）分析说明总资产净利率下降的原因；

（2）分析说明总资产周转率下降的原因；

（3）计算2005年和2006年的毛利、期间费用、利润总额和净利润，并说明销售净利率下降的原因；

（4）分析说明该公司的资金来源；

（5）分析公司的股利支付比例；

（6）假如你是该公司的财务经理，在 2007 年应从哪些方面改善公司的财务状况和经营业绩？

第十章　旅游企业财务管理专题

【案例导读】

国旅联合吸收合并衡阳经发

2004 年 7 月 21 日国旅联合（600358）公告，公司 2002 年年度股东大会审议通过了公司吸收合并衡阳市经济发展股份有限公司的预案，本次吸收合并衡阳经发申请已获中国证监会批准。

公告称，本次合并的换股比例为 1.67∶1，即每 1.67 股衡阳经发之人民币普通股股票可换取公司人民币普通股 1 股。换股日期为 2004 年 7 月 21 日至 2004 年 7 月 30 日（期内湖南省股权登记托管有限责任公司营业日）。因合并衡阳经发增加股票总数为 3 000 万股，其中法人股为 1 755.28 万股，个人股为 1 244.72 万股。因合并增加的法人股，在国家有关规定公布之前，暂不上市流通。因合并增加的个人股，经有关主管部门批准，在本次发行完成后满三年可上市流通。

资料显示，衡阳经发原主要从事城市基础设施建设、旧城改造、物业管理及中央空调等高新技术产品的生产销售。2000 年 1 月，衡阳经发将其拥有的衡阳市经发制冷空调实业有限公司 95%的权益、衡阳市郊区东方红渔场团结村 62 333.4 平方米的土地使用权以及广东省东莞市常平镇的房地产投资项目，与其第一大股东许南衡山国际旅游股份有限公司拥有的衡阳国联旅行社有限公司 98%的权益和衡阳王府实业发展有限公司 75%的权益进行了置换。置换完成后，衡阳经发主要经营业务转变为旅游产业投资开发与旅游综合服务、城市综合开发、物业管理以及国内贸易。公告披露，置换后，经营业绩有了明显改善，并显示出持续发展的良好趋势。衡阳经发已逐步成为开发衡阳市及周边地区丰富旅游资源、提供全方位旅游服务的衡阳市旅游业龙头旅游企业。

国旅联合公告称，吸收合并衡阳经发的基本动因一是强化主营业务，改善资产布局。本次吸收合并完成后，国旅联合将拥有经发大厦地下一层和 1、2、3 层物业，并利用其参与的北京西城区新街口商业街开发所形成的资源、管理及技术优势，配合经发大厦公司对经发大厦二期工程实施开发，将其建设成为集商贸、休闲娱乐、住宅为一体的衡阳市标志性建筑，有利于形成新的利润增长点。并以此为契机，为国旅联合介入处于起步期的衡阳休闲地产的开发树立良好形象。同时，这与国旅联合参与的北京西城区新街口商业街开发项目形成南北呼应之势，改善了资产布局。

其次，获得优质资产，加速资本积累，实现低成本扩张。公司称，吸收合并后，不仅改善了资产布局，又获取了经发大厦资产和 3 900 万元现金，避开了仅依靠自身积累发展来实现公司的成长，加速资产积累，实现了低成本扩张。

附：国旅联合股份有限公司情况：

国旅联合股份有限公司，股票代码 600358，股票简称 G 国旅。该公司根据中华人民共和国有关法律的规定，经中华人民共和国国家经济贸易委员会国经贸企改[1998]834 号《关于同意设立国旅联合股份有限公司的复函》的批复，由中国国际旅行社总社、南京市旅游总公司、浙江富春江旅游股份有限公司、杭州之江发展总公司和上海大世界（集团）公司作为发起人，共同发起设立的股份有限公司。除上海大世界（集团）公司以现金作为投资外，其他发起人均以其拥有下属公司的净资产作为投资。投入的净资产以 1997 年 12 月 31 日为基准日，经评估并经财政部财管字[1998]130 号文批准，按 1:0.6755 的比例折为每股面值为人民币 1 元的股份 9 000 万股。1998 年 12 月 29 日，该公司于江苏省工商行政管理局注册登记，领取旅游企业法人营业执照，注册号为 3200001104351，注册资本为人民币 9 000 万元，法人代表李禄安。批准的经营范围为:旅游产业投资、汽车客运、出租汽车经营，旅游信息咨询服务，国内贸易（国家有专项规定的，办理审批手续后经营），旅游电子商务。

（资料来源：新浪财经：http://biz.sina.com.cn）

旅游企业除了正常的生产经营之外还可能由于一些特殊的原因发生一些特殊的事项。通过本章学习，了解旅游企业并购的有关概念、原因和种类，旅游企业股份制改组的目的和程序，旅游企业财务重整的原因以及旅游企业清算的原因；掌握旅游企业并购的财务分析，旅游企业股份制改组和旅游企业财务重整的方式，以及旅游企业清算的程序。

第一节　旅游企业并购

旅游企业兼并（Merger）与收购（Acquisition），简称旅游企业并购（M&A），其实质是一种商品交换活动，是在公开市场上对旅游企业的控制权进行的一种商品交换活动。交换的主要内容是由各种生产要素构成的整体商品——旅游企业，目的是获得对一个旅游企业的控制权。

一、旅游企业并购的概念

兼并是指旅游企业以现金、证券或其他形式购买取得其他旅游企业的产权，使其他旅游企业丧失法人资格或改变法人实体，并取得对这些旅游企业决策控制权的经济行为。我国《公司法》规定：“公司合并可以采取吸收合并或者新设合并。”“一个公司吸收其他公司为吸收合并（兼并），被吸收的公司解散。两个以上公司合并设立一个新的公司为新设合并，合并各方解散”。无论是兼并（吸收合并）还是新设合并，合并各方的债权、债务，应由合并后存续的公司或者新设的公司承担。

收购是指旅游企业用现金、债券或股票购买目标旅游企业的部分或全部资产或股权，以获得该旅游企业的控制权。收购有两种，即股权收购和资产收购。

股权收购就是购买目标旅游企业的股份，收购方将成为被收购方的股东，因此要承担该旅游企业的债权和债务。在一般情况下，通过收购目标旅游企业已发行在外的股份，或认购目标旅游企业发行的新股两种方式进行。当购买到对方一定比例的股权而取得经营管理控制权时可接收该公司。对于未取得被收购公司的经营管理权的收购，则称之为“投资”或称参股、部分收购。在这种情况下，收购方通常仅以进入被收购公司的董事会，或基于投资收益率的考虑，或为了加强双方合作关系等目的而进行的收购活动。

资产收购是指收购目标旅游企业的部分或全部资本，不需承担目标旅游企业的债务的收购活动。

二、旅游企业并购的原因

并购是旅游企业实现资本扩张的重要手段，是旅游企业之间存量资源合理流动、增量资产合理使用的有效途径，也是保证旅游企业的生存和尽力扩大旅游企业对周围环境的控制能力的途径。旅游企业并购的原因主要有以下几点。

（一）协同效应

寻求资本增值，增加公司价值是并购行为的基本起因。如果两个公司合并成一个公司，而合并后的公司的价值超过了原来两个公司价值的简单算术和，那么，这种合并就产生了协同效应，包括以下内容。

1. 管理协同效应。管理协同效应，是指旅游企业通过并购在管理上获得的效益。即并购旅游企业有过剩的管理能力，不能通过解聘释放能量，而只能集体实现其效率，通过横向兼并那些管理效率较低的同行业旅游企业，并利用这支管理队伍提高整体管理效率而获利，实现管理的协同效益。

2. 财务协同效应。财务协同效应，是指旅游企业通过并购在财务上获得的效益。表现为随着资金的扩大，旅游企业在运用资金方面而产生的资金规模效应，而且还表现为旅游企业筹资渠道多元化所带来的资本成本降低、借款能力增强等。

3. 经营协同效应。经营协同效应，是指旅游企业通过并购在经营上获得的效益。即并购旅游企业可通过纵向兼并，兼并那些与本旅游企业在经营上具有关联关系的旅游企业，以保证兼并旅游企业的原材料、能源、技术等的供应，保证旅游企业产品的销路实现经营一体化，降低交易费用和经营风险，稳定旅游企业的经营和收益。

4. 技术、人才协同效应。技术、人才协同效应，是指旅游企业通过并购可以获得高级技术人才，这是其他方式如高薪诚聘所不及的。另外，通过并购还能取得目标旅游企业的专利和技术秘密，例如与本旅游企业的科研成果结合将发挥很大的技术优势。

5. 规模经济。规模经济，是指旅游企业通过并购，经营规模扩大给旅游企业带来的经济有利性。例如旅游企业通过并购行为，可对其资产进行补充和调整，以达到最佳经济规模；可以减少生产的中间环节，降低运输与操作成本，节约管理、销售费用；可以更大的财力进行新产品、新技术、新工艺的研究与开发，从而提高旅游企业经济效益。

（二）市场份额效应

市场份额，是指旅游企业的产品在市场上所占份额，也就是旅游企业对市场的控制能力。旅游企业市场份额的不断扩大，可以使旅游企业获得某种形式的垄断，这种垄断既能带来垄断利润又能保持一定的竞争优势。

旅游企业通过横向并购可以减少竞争者的数量，降低行业竞争的激烈程度，并有助于行业内过剩生产力向行业外转移，降低了行业退出壁垒；旅游企业通过纵向并购提高了旅游企业同供应商和客户的讨价还价能力；旅游企业通过混合并购可以拓宽旅游企业的经营领域，实现经营的多元化，降低经营的风险。

（三）促进旅游企业发展

1. 并购有效地降低了进入新行业的壁垒。行业壁垒包括：旅游企业在进入一个新领域时，面临着现有旅游企业的激烈反应，若以小规模方式进入，又面临着成本劣势；产品差异使用户从一种产品转向购买新进入者的产品时，必须支付高额转置成本，使新旅游企业难以占领市场；资金上的限制，某些资本密集型行业要求巨额投资，旅游企业进入新领域时，存在较大风险，使旅游企业在筹资方面有一定困难；由于原有旅游企业与销售渠道之间长期密切的关系，旅游企业要进入新市场时必须打破原有旅游企业对销售渠道的控制，才能获得有效可靠的销售渠道；新旅游企业还可能面临其他一系列不利因素，如原有旅游企业拥有专门的生产技术、取得原料的有利途径、有利的地理位置、政府的优惠政策等。

当旅游企业试图进入新领域时，它可以通过在新行业中投资新建的方式，也可以通过并购方式实现。在运用投资新建方法时，必须充分考虑到全部进入壁垒，还必须考虑到由于新增生产能力对行业的供求平衡的影响。如果新增生产能力很大，行业内部可能会出现生产能力过剩，从而引发价格战。在运用并购方法时，进入壁垒可以大幅度降低。由于并购并未给行业增添新的生产能力，短期内行业内部的竞争结构保持不变，所以引起价格战或报复的可能性大大减小了。

2. 并购大幅度地降低了旅游企业投资的风险与成本。并购可以充分利用目标旅游企业的原料来源、销售渠道、工程技术人员、商誉、专利等无形资产以及管理经验与旅游企业文化，可以减少发展过程中的不确定性，大幅度降低投资风险与成本。

3. 并购可以充分利用经验曲线效应。在很多行业中，当旅游企业在生产经营中的经验积累得越来越多时，可使产品单位成本不断降低，即经验-成本曲线呈下降趋势。由于经验无法通过复制、聘请对方旅游企业雇员、购置新技术或新设备等手段来取得，这就使拥有经验的旅游企业具有成本上的竞争优势。总之通过并购，不但可以获得原有旅游企业的生产能力和各种资产，还可获得原有旅游企业的经验，从而降低成本。

（四）经理人的个人动机与降低代理成本

旅游企业并购有时并非出于经济目的，而是出于经理人的个人动机。有些经理人好大喜功，认为经营大旅游企业总比小旅游企业更有权力和成就感，因此，通过并购扩大旅游企业规模成为旅游企业并购的原因之一。当然，经理人追求旅游企业规模的扩大、权势地位的提高和工资报酬的增加也要兼顾投资者的收益。

经理人一方面想着去并购别的旅游企业，另一方面也要防备被别的旅游企业并购。因为被别的旅游企业并购了，就会面临着经理及董事会成员的改选。因此，在客观上会促使经理人更努力地工作。这样，投资者作为委托人付出的代理成本会有所降低。

（五）获得税收效益

合理避税也是促成旅游企业并购行为的重要因素之一。一家获利高并因此归于最高课税等级的旅游企业可以通过并购一家有累积纳税亏损的旅游企业获取投资收益，并购后即可利用税收中的亏损递延规定，获得减交或免交所得税的好处。此外，在换股并购的情况下，目标旅游企业的股东既未收到现金，也未实现资本收益，也可以免税。

三、旅游企业并购的种类

旅游企业并购的种类，按不同的分类标准分为不同的类别。主要有以下分类。

（一）按并购旅游企业双方的产业的联系划分，并购分为横向并购、纵向并购、混合并购

1．横向并购。横向并购，是指具有竞争关系、经济领域相同或生产产品相同或相似的同行业之间的并购。并购双方生产工艺相近，并购风险较小，进而能够很快形成生产或销售的规模经济。并购投资的目的主要是确立或巩固旅游企业在行业内的优势地位，扩大市场份额，增加垄断实力。但是，横向并购，尤其是大型旅游企业之间的并购容易破坏竞争，形成高度垄断。

2．纵向并购。纵向并购，是指生产过程或经营环节相互衔接、密切联系的旅游企业之间，或具有纵向协作关系的专业化旅游企业之间的并购。即是指在处于生产同一产品的不同生产阶段的旅游企业之间进行的，是生产、销售的连续过程中互为购买者和销售者（即生产经营上互为上下游关系）的旅游企业之间的并购，以形成纵向一体化。纵向并购可分为向后并购和向前并购两种，分别表现为获取原材料供应来源和扩大消费者市场。主要优点是并购双方彼此熟悉容易融合；生产过程各环节密切配合；缩短生产周期；减少运输、仓储成本；节约资源、能源等。

3．混合并购。混合并购，是指横向并购与纵向并购相结合的旅游企业并购。即是对处于不同产业领域、产品属于不同市场，且与其产业部门之间不存在特别的生产技术联系的旅游企业进行并购。混合并购还可分为产品扩张型、市场扩张型和混合型。产品扩张型并购，是指当一家旅游企业需要另一家旅游企业生产自己所不能生产的但又与自己的生产和销售有关的产品时，发生此两家旅游企业的混合并购。市场扩张型并购，是指一个旅游企业为了扩大竞争地盘而对它尚未渗透的地区生产同类产品的旅游企业进行并购。纯混合型并购，是指那些生产和经营毫无关系的若干旅游企业间的并购。在 20 世纪 50 年代前后，混合并购开始成为旅游企业并购的主要形式。随着经济全球化的到来，混合并购与多元化经营战略愈加密切相关，这种经营战略是当代跨国旅游企业尤为青睐的一种全球发展战略。与横向并购和纵向并购相比，这种并购形式因收购旅游企业与目标旅游企业没有直接业务关系，其兼并目的往往较为隐晦而不易为人觉察和利用，有可能降低并购成本。

（二）按涉及被并购旅游企业的范围划分，并购分为整体并购和部分并购

1．整体并购。整体并购，是指资产和产权的整体转让，是产权的权益体系或资产不可分割的并购方式。其目的是通过资本迅速集中，增强旅游企业实力，扩大生产规模，提高市场竞争能力。整体并购有利于加快资金、资源集中的速度，迅速提高规模水平与规模效益。实施整体并购也在一定程度上限制了资金紧缺者的潜在购买行为。

2．部分并购。部分并购，是指将旅游企业的资产和产权分割为若干部分进行交易而实现旅游企业并购的行为。具体包括三种形式：（1）对旅游企业部分实物资产进行并购。（2）将产权划分为若干份等额价值进行产权交易。（3）将经营权分成几个部分，（如营销权、商标权、专利权等）进行产权转让。部分并购的优点在于可扩大旅游企业并购的范围；弥补大规模整体并购的资金缺口；有利于旅游企业设备更新换代，有利于调整存量结构。

（三）按是否征得目标旅游企业合作来划分，并购分为善意并购和敌意并购

1．善意并购。善意并购（又称友好并购），是指并购旅游企业事先征得目标旅游企业

的同意，双方协商达成收购条件的一致意见并完成收购活动的并购方式。善意并购有利于降低并购行动的风险与成本，使并购双方能够充分交流、沟通信息，目标旅游企业主动向并购旅游企业提供必要的资料。同时，善意行为还可避免因目标旅游企业抗拒而带来额外的支出。但是，善意并购使并购旅游企业不得不牺牲自身的部分利益，以换取目标旅游企业的合作，而且漫长的协商、谈判过程也可能使并购行动丧失其部分价值。

2. 敌意并购。敌意并购（又称强行并购），是指并购旅游企业在收购目标旅游企业股权时虽然遭到目标旅游企业的抗拒，仍然强行收购的并购行为。敌意并购的优点在于并购旅游企业完全处于主动地位，不用被动权衡各方利益，而且并购行动节奏快、时间短，可有效控制并购成本。缺点是敌意并购通常无法从目标旅游企业获取其内部实际运营、财务状况等重要资料，给旅游企业估价带来困难，同时还会招致目标旅游企业抵抗甚至设置各种障碍。所以，敌意并购的风险较大，要求并购旅游企业制定严密的收购行动计划并严格保密、快速实施。另外，由于敌意并购易导致股市的不良波动，甚至影响旅游企业发展的正常秩序。各国政府都对敌意并购予以限制。

（四）按交易是否通过证券交易所划分，并购分为要约收购与协议收购

1. 要约收购。要约收购，是指收购者通过证券交易所，公开以特定的价格向目标旅游企业所有股东发出“公开出价收购要约”（Tender Offer），以求大量获得股票，以股权转让方式取得目标旅游企业控制权的收购方式。

我国证券法规定，投资者持有一个上市旅游企业发行在外的普通股达到 5%时，必须向该旅游企业、证券交易所和证监会报告并公告。同时其持股的增减变化每达到该种股票发行在外股份比例的 5%时，亦应报告和公告，因此，收购者一般很难在股票市场上以持续购股的方式取得目标旅游企业的控制权。

通过证券交易所的证券交易，投资者持有一个上市旅游企业已发行股份的 30%，继续进行收购的，应当依法向该上市旅游企业所有股东发出收购要约。收购要约期满，收购人持有的目标旅游企业的股份数达到该旅游企业已发行股份的总数 75%以上的，该上市旅游企业的股票应当在证券交易所终止上市交易；收购要约期满，收购人持有的目标旅游企业的股份数达到该旅游企业已发行股份的总数 90%以上的，其余仍持有目标旅游企业股票的股东，有权向收购人以收购要约的同等条件出售其股票，收购人应当收购。

要约收购直接在股票市场中进行，受到市场、规则的严格限制，风险较大，但自主性强，速战速决。敌意并购多采取要约收购的方式。

2. 协议收购。协议收购，是指收购人通过与目标旅游企业的管理层和股东取得联系，通过谈判、协商达成书面转让股权的协议，并按照协议规定的收购条件、收购价格、收购期限以及其他规定事项，收购目标旅游企业股份的收购方式。

协议收购易取得目标旅游企业的理解与合作，有利于降低收购行动的风险与成本，但谈判过程中的契约成本较高。协议收购一般都属于善意并购。

四、旅游企业并购的财务分析

（一）目标旅游企业的价值评估

所谓价值评估，是指买卖双方对标的（股权或资产）做出的价值判断。通过一定的方

法评估标的对自己的价值，可以为买卖是否可行提供价格基础。目标旅游企业估价取决于并购旅游企业对其未来收益的大小和时间的预期。

1. 资产价值基础法。资产价值基础法，是指通过对目标旅游企业资产的估价来评估其价值的方法。资产评估价值标准主要有以下几种。

（1）账面价值。账面价值，是指会计核算中账面上记载的资产价值。账面价值取数方便，但缺点是只考虑了各种资产在入账时的价值，不能真实地反映旅游企业净资产的市场价值。

（2）重估价值。重估价值（也称市场价值），是指把被评估资产视为一种商品在市场上公开竞争，在供求关系平衡状态下确定的价值。一般适用于以证券为主的金融旅游企业的估价。

（3）清算价值。清算价值，是指在旅游企业出现财务危机而破产或歇业清算时，把旅游企业中的实物资产逐个分离而单独出售的资产价值。对于股东来说，公司的清算价值是清算资产偿还债务以后的剩余价值。用清算价值来评估目标旅游企业的价值，一般是最低的。

（4）公允价值。公允价值（也称持续经营价值），是指将目标旅游企业在未来持续经营情况下所产生的预期收益的现值。它把市场环境和旅游企业未来的经营状况与目标旅游企业价值联系起来，最适宜于评估目标旅游企业的价值。

以上几种资产评估价值标准各有其侧重点，因而其适用范围也不尽相同。就旅游企业并购而言，如果并购的目的在于其未来收益的潜能，那么公允价值就是重要的标准；如果并购的目的在于获得某项特殊的资产，那么清算价值或市场价值可能更为恰当。

2. 收益法。收益法（也称市盈率模型），是指根据目标旅游企业的收益和市盈率确定其价值的方法。应用收益法（市盈率模型）对目标旅游企业价值评估时应考虑的问题。

（1）检查并调整目标旅游企业近期的利润业绩。并购旅游企业必须仔细考虑目标旅游企业所遵循的会计政策，若有必要，则需调整目标旅游企业已公布的利润，以便与并购旅游企业的政策一致。

（2）选择并计算目标旅游企业估价收益指标。一般可采用目标旅游企业最近一年的税后利润；但是，考虑到旅游企业经营中的波动性，采用其最近三年税后利润的平均值作为估价收益指标将更为合适。

（3）选择标准市盈率。一般可选择的市盈率标准有以下几种。

① 在并购时点目标旅游企业的市盈率；② 与目标旅游企业具有可比性的旅游企业的市盈率；③ 目标旅游企业所处行业的平均市盈率。在选择标准市盈率时，必须要确保其在风险和成长性方面的可比性。

（4）计算目标旅游企业的价值。利用选定的估价收益指标和标准市盈率，就可以计算出目标旅游企业的价值，公式如下：

目标旅游企业的价值＝估价收益指标×标准市盈率

采用收益法估算目标旅游企业的价值，是以投资为出发点，着眼于未来经营收益，而且简便易行，因而广泛适用性强，尤其适用于通过证券二级市场进行并购的情况。但是适当的市盈率标准难以取得，所以在我国当前证券市场尚不规范及市盈率偏高的情况下，很难运用收益法对目标旅游企业进行准确估价。

3．贴现现金流量法。贴现现金流量法（也称拉巴波特模型），是指通过将目标旅游企业未来可预测的现金流量贴现后得出目标旅游企业的总价值（即用贴现现金流量估算目标旅游企业的价值），从而确定最高可接受的并购价格的方法。

对旅游企业而言，并购应被作为一个投资项目加以评估，这就必须估计并购后旅游企业的预期现金流量，并按资本要素的成本贴现。

目标旅游企业未来可预测的现金流量折现后得出的目标旅游企业的总价值大于购买目标公司的价值，则一般说来该并购方案可行。

【例 10-1】 假定 M 旅行社拟在 2006 年初收购目标旅行社 N。经测算，收购后有 5 年的自由现金流量。2005 年 N 旅行社的销售额为 1 500 000 元，收购后每年营业额预计增长 8%。销售利润率（含税）为 4%，所得税税率为 33%，固定资本增长率和营运资本增长率分别为 17%和 4%。加权资本成本为 10%，求目标旅游企业的价值。根据资料，目标旅行社 N 的自由现金流量计算见表 10-1。

表 10-1 目标旅行社 N 自由现金流量计算表 （单位：万元）

年　份	2006	2007	2008	2009	2010
营业额	162.00	174.96	188.96	204.07	220.40
营业利润	6.48	7.00	7.56	8.16	8.82
减：所得税	2.14	2.31	2.49	2.69	2.91
税后利润	4.34	4.69	5.07	5.47	5.91
减：增加固定成本	2.04	2.20	2.38	2.57	2.78
增加营运成本	0.48	0.52	0.56	0.60	0.65
自由现金流量	1.82	1.97	2.13	2.3	2.48

$$\begin{aligned}\text{目标旅行社 N 的价值} &= 1.82\times(P/F,10\%,1)+1.97\times(P/F,10\%,2)+2.13\times(P/F,10\%,3)\\&\quad+2.30\times(P/F,10\%,4)+2.48\times(P/F,10\%,5)\\&=1.82\times0.909+1.97\times0.826+2.13\times0.751+2.30\\&\quad\times0.683+2.48\times0.621\\&=7.99\ (\text{万元})\end{aligned}$$

从上面的计算可以看出，M 旅行社如果用低于 7.99 万元的价格购买 N 旅行社，那么并购对 M 旅行社是有利的。

现金流量法以现金流量预测为基础，充分考虑了目标旅游企业未来创造现金流量的能力对其价值的影响，具有坚实的财务理论基础。该方法尤其适用于评估成长型旅游企业。

（二）并购后旅游企业价值分析

并购活动会对并购双方的财务指标产生明显影响。这里从旅游企业每股收益、股价等方面探讨并购活动对双方的影响。

1．并购对旅游企业每股收益的影响。由于企业并购投资决策以投资对股票价格的影响为依据，而股票价格的影响又取决于投资对企业每股收益的影响。所以，企业评估并购方案的可行性时，应将其对并购后存续企业每股收益的影响列入考虑范围。

假设 M 酒店计划以发行股票方式收购 N 酒店，并购时双方相关财务资料见表 10-2。

表 10-2 M 酒店与 N 酒店的财务资料表

项　目	M 酒店	N 酒店
净利润	400 万元	200 万元
普通股股数	200 万股	120 万股
每股收益	2 元	1.667 元
每股市价	30 元	14 元
市盈率	15 倍	8.398 倍

若 N 酒店同意其股票每股作价 15 元由 M 酒店以其股票相交换，则股票交换比率为 15/30，即 M 酒店每 0.5 股相当于 N 酒店的 1 股。M 酒店需发行 120×0.5＝60（万股）股票才能收购 N 酒店所有股份。

现假设两个酒店并购后收益能力不变，则并购后存续 M 酒店的盈余总额等于原 M 酒店、N 酒店两个企业盈余之和，见表 10-3。

表 10-3 并购后的 M 酒店每股收益表

并购后净利润	600 万元
并购后股本总数	260 万股
每股收益	2.308 元

从表 10-3 可见，M 酒店实施并购后每股收益提高了，但是，N 酒店股东的每股收益却降低了，即 N 酒店股东持有并购后 M 酒店股票 0.5 股比原持有股票的每股收益低 0.513 元(1.667–2.308×0.5)。

若 N 酒店股票每股作价为 27 元由 M 酒店以其股票相交换，则股票交换比率为 24/30，即 M 酒店每 0.9 股相当于 N 酒店的 1 股。M 酒店需发行 120×0.9＝108（万股）股票才能收购 N 酒店所有股份。并购后每股收益情况见表 10-4。

表 10-4 并购后 M 酒店每股收益表

并购后净利润	600 万元
并购后股本总数	308 万股
每股收益	1.948 元

从表 10-4 可见，M 酒店实施并购后每股收益降低了，而 N 酒店股东的每股收益却提高了，即 N 酒店股东持有并购后 M 酒店股票 0.9 股比原持有股票的每股收益高 0.0862 元（1.948×0.9–1.667）。

当然，M 酒店实施并购方案后，存续的 M 酒店每股收益保持不变或适量的摊薄降低应该是短期现象。从长远看，并购后收益率将不断提高，每股收益将比合并前提高，即产生并购协同效应。

2．并购对股票市场价值的影响。并购过程中，每股市价的交换比率是谈判的焦点。公开上市的股票，其价格反映了众多投资者对该企业内在价值的判断。因此，股价可反映企业的获利能力。股票市价的交换比率为：

股价交换比率＝对目标公司每股作价/目标公司每股市价

＝(并购公司每股市价×股票交换率)/目标公司每股市价

这一比率若大于 1，表示并购对被并购企业有利，企业因被并购而获利；这一比率若小于 1，则表示被并购企业由于并购而遭受损失。

第二节 旅游企业股份制改组

旅游企业股份制改组，是指国有旅游企业、集体旅游企业、私营旅游企业等通过吸收直接投资、出售部分资产所有权、旅游企业间相互持股等方式实现资本多元化和投资主体多元化，旅游企业改组为股份有限公司或有限责任公司。其中，国有旅游企业的股份制改组，是我国旅游企业股份制改组的主要形式。

一、股份制改组的目的

国有旅游企业股份制改组的目的，主要是为了克服国有旅游企业所存在的弊端，提高旅游企业的运营效率，建立“产权明晰，权责分明，政企分开和管理科学”的现代旅游企业制度。通过股份制改组、按照现代旅游企业制度的基本原则重塑旅游企业制度，是我国旅游企业改革的核心。国有旅游企业股份制改组的主要目的如下。

1．政企分开、科学管理。国有旅游企业股份制改组有利于政企分开。政府对旅游企业的管理从直接管理改为间接管理。旅游企业的经营职能与社会职能分开，使旅游企业成为真正独立的商品生产经营者，成为社会主义市场经济运作的主体。国有旅游企业股份制改组也有利于建立合理的旅游企业治理结构和形成良好的权利制衡机制，使旅游企业生产经营决策更为科学。

2．转换旅游企业经营机制。国有旅游企业股份制改组便于旅游企业转换机制，有利于改变旅游企业有问题找市长而不是找市场的缺陷。实行政府调节市场，市场引导旅游企业。旅游企业生产什么，怎样生产，都以市场为导向。

3．拓宽旅游企业融资渠道。将国有旅游企业改组为股份有限公司，可以通过发行股票能够在短时间内把分散在社会上的闲置资金集中起来，为旅游企业筹集大量长期资金，解决旅游企业的资金需求，增强旅游企业资本实力和旅游企业信用，降低旅游企业财务风险。

4．促进旅游企业生产要素的合理流动，实现社会资源的优化配置。

二、股份制改组的程序

1．确定设立股份制旅游企业。原旅游企业改组为股份制旅游企业，也称改组设立。旅游企业确定改组时，须由旅游企业职工代表大会和管理层做出决定，并征得主管部门或当地政府的同意。发起设立时，发起人之间应签署协议。

2．成立筹备机构。由原旅游企业负责人和有关各方的股权代表或发起人组织共同组成公司筹备小组，负责公司设立过程中的改组方案设计、起草公司章程、申请报批、资产清查、募股等工作。

3．清产核资与资产评估。原有旅游企业改组为公司时，必须对旅游企业的债权、债务进行清理，界定原有旅游企业的产权。在此基础上，委托资产评估师进行资产评估和注册会计师进行验资，并得到有关各方的认可。资产评估结果应按照国家有关规定报国有资产管理部门确认。

4．公司设立的申报。国有旅游企业改组为股份制旅游企业，先由行业主管部门负责审核公司设立的意见。国有旅游企业改组为股份有限公司的，发起人向政府授权部门（由国家或省、自治区、直辖市的体改委牵头）提交设立股份有限公司的协议书、申请书、可行性研究报告、原旅游企业所有者出具的同意进行股份制改组的文件、公司章程、资产评估报告及国有资产管理部门的确认文件、招股说明书和行业主管部门审查意见等文件，并办理批准手续。

5．募集股份。需要向社会公开发行股票的股份有限公司在批准设立公司并进行筹建登记后，发起人应向证券主管部门提出募股申请，并提交发起人会议关于进行募股的决议文件；筹建登记文件、公司章程、招股说明书等文件。在得到证券主管部门批准后，发起人负责公布招股说明书，并委托证券经营机构以筹建登记的股份有限公司的名义发行股票。

募股完成后，应聘请注册会计师进行验资。验资后，应向证券主管部门写出股票募集情况的报告。

6．召开创立大会。由发起人或筹委会负责在公司股份缴足之后的30日内召开创立会议，通过发起人拟定的公司章程，选举公司董事会和监事会。

7．进行登记注册。创立大会后30日内，所选出的董事会应向工商行政管理机关申请办理旅游企业法人登记。在申请登记前，国家股（含国有法人股）代表应先到国有资产管理部门办理产权登记。公司经工商登记并领取《旅游企业法人营业执照》后即告成立。

三、股份制改组的方式

（一）国有旅游企业改组为有限责任公司

1．现有的联营、合作旅游企业直接改组为有限责任公司。《公司法》颁布前设立的联营、合作旅游企业包括中外合资旅游企业大多通过协议方式组建，这些旅游企业可以按照《公司法》的有关规定和程序直接改组为有限责任公司。改组后，可以保持原有的合资合作关系及相互权益基本不变。

2．通过吸收直接投资改组为有限责任公司。原有旅游企业通过寻找直接投资者，按《公司法》将旅游企业改组为有限责任公司。

3．将生产经营上纵向相关、经济往来上密切联系的旅游企业群体改组为有限责任公司。可以考虑采用纵向并购方式，也可以采用相互持股共同投资方式，将旅游企业群体改组为有限责任公司。

4．通过职工持股将旅游企业改组为有限责任公司。许多旅游企业本身早就采用了职工集资方式，这些旅游企业可以直接将职工集资折资入股，按照《公司法》的规定将旅游企业改组为有限责任公司。职工持股，可以增强职工的主人翁责任感。

（二）国有旅游企业改组为股份有限公司

国有旅游企业改组为股份有限公司，必须向社会公开募集股份。

1．旅游企业整体改组。旅游企业整体改组，是指将被改组旅游企业进行整体改建，将全部资产评估折价作为国有股本，其国有股权代表作为股份有限公司的发起人单独发起，并发行股票向社会公开募集资金，将国有旅游企业整体改组为股份有限公司。

旅游企业整体改组模式的优点是：操作比较简单，改组成本低；原旅游企业的资产、负债及其他生产要素在改组之后不会发生重大变动；关联交易比较少，有利于公司上市以后的信息披露。缺点是：适用范围较小；不利于旅游企业裁减冗员，不能通过剥离非优质资产提高旅游企业经济效益。

2．合并整体改组。合并整体改组，是指将被改组旅游企业进行整体改建，将全部资产评估折价作为国有股本，与其他旅游企业合并引入新的投资主体形成复合股权结构，或与其他旅游企业达成协议作为股份有限公司的发起人共同发起，并发行股票向社会公开募集资金，将国有旅游企业整体改组为股份有限公司。

合并整体改组模式的优点是：与整体改组模式相比，增加了发起人，有利于公司权利制衡，并真正形成良好的旅游企业运行机制；增强了发起人的资本实力和筹资能力，在合并旅游企业的情况下有可能取得并购协同效应及其他并购优势。其缺点是：这种模式需要做很多协调及整合工作，改组成本高。

3．并列分解改组。并列分解改组，是将原旅游企业横向“一分为二”的改组模式。即是将原旅游企业中的非生产经营性部门以及生产经营部门中经济效益低下的部分剥离出来，并分别以其为基础设立两个（或多个）独立的法人，属于原旅游企业所有者；然后，将经济效益较高的生产经营部门进行改组，对其资产进行评估折价作为国有股本，可以单独发起，也可以与其他旅游企业共同发起，经过发行股票向社会募集资金，将国有旅游企业部分改组为股份有限公司。

并列分解改组模式的优点是：有利于裁减冗员；通过资产剥离有利于提高股份有限公司的竞争力和经济效益。其缺点是：改组难度较大；改组成本较高；容易造成职工对改组的抵触；关联交易比较多，处理起来比较复杂。

4．串联分解改组。串联分解改组，是将原旅游企业纵向“一分为二”，构造出一对“母子公司”的改组模式。一般是将原有旅游企业作为控股公司，在再将其专业生产经营系统改组为股份有限公司。

串联分解改组模式除了具有与“并列分解”改组模式的优点外，还有如下优点：资产剥离、职工分流的改组难度较小；便于母子公司利益的均衡。缺点是：如果母子公司的领导相互兼职过多，很可能会导致股份有限公司管理体制的不规范；若母公司作为控股公司能够与其他旅游企业共同发起筹建股份有限公司，则股份有限公司的管理体制会更为规范，但是关联交易会更复杂。

5．买壳上市改组。是指非旅游上市公司通过收购上市旅游公司的股权，实现对上市旅游公司的控制后，利用这家上市旅游公司，将其他资产通过配股、收购等机会注入进去，达到间接上市的目的。买壳方式的本质是股权的转换，它可以通过股票二级市场实现，也可以通过内部协议转让实现。买壳方式一般发生在无关联的旅游企业之间。

买壳上市改组模式的优点是：技术操作简单；通过引入新的大股东注入优质资产，拓展更有发展前景的新项目、新产品，可实现经营结构与经济效益的改观。其缺点是：资金耗用量大。

四、股份制改组中的财务问题

（一）资产清查

资产清查，是指公司制改组旅游企业对原旅游企业各项资产、债权债务等进行的全面清点核查工作。目的是为了摸清家底。

资产清查工作专业性比较强、需要人手多、耗用时间长、要求做大量深入细致的具体工作，必须组织有力的清查班子负责这项工作。财务会计部门负责清查的具体组织与指导工作。为了保证资产清查的工作质量和工作效率，可以对清查组成员进行必要的业务培训和技术指导。清查过程中，特别要对账面与实物不符的情况进行认真调查、深入分析和慎重确认，并进行相应的账务处理。在全面清查的基础上编制资产负债表，连同财产清册报主管财政机关审查。

（二）产权界定

产权界定的关键是确定改组旅游企业的哪些资产属于国有资产。国有旅游企业公司制改组所进行的产权界定，包括确定改组旅游企业的哪些资产属于国有资产，国有股权的主体是谁，谁来行使管理国有股的权利。根据有关法律规定，中华人民共和国是国有资产所有权的唯一主体，国务院代表国家行使国有资产的所有权，国家对国有资产实行分级分工管理。各级政府的国有资产管理部门专司国有资产的行政管理。国有资产管理部门可以委托控股公司、投资公司、旅游企业集团的母公司、经济实体性公司及某些特定部门行使国有股权和依法定程序委派股权代表。

（三）资产剥离

资产剥离一般是指将那些与旅游企业的基本经营目标不一致的部门剥离出去，以使旅游企业的资产得到更高效的利用。剥离的类型有出售、分立、清算和私有化。这里所说的国有旅游企业公司制改组中的剥离，是指将旅游企业中的非生产经营性部门以及生产经营部门中经济效益低下的部分等剥离出来，分别设立公司旅游企业，单独注册，以便把生产经营主体部分改组为股份有限公司。

在实行“并列分解”或“串联分解”改组模式的情况下，需要进行资产剥离。对于剥离出来的资产，应当在坚持自愿协商原则基础上，区别对待。

（四）资产评估

这里的资产评估是指对改组旅游企业欲投入股份有限公司的净资产进行价值评估，以便确定应折合的股份数。如果存在合并或与其他旅游企业共同发起设立，则还需对目标旅游企业或作为发起人的投入资产进行评估。

发起人投入旅游企业的资产价值，应由拥有相应资格的资产评估机构及资产评估师进行评定估算。凡涉及国有资产的，在评估前还要向国有资产管理部门申请评估立项，获准立项后才能开展评估工作。国有资产的评估结果需报国有资产管理部门确认。

（五）债务安排

在旅游企业改组过程中，原旅游企业的债权债务一般通过原旅游企业与改组后的股份有限公司签订协议书来明确各自享有或承担的债权债务。

1．整体改建的，原债权债务全部由改组后的股份有限公司承继。

2．分立改建的，原债权债务需在分立各方进行适当划分。

由于债务划分涉及债权人的利益，因此，改组前必须征得债权人的同意。在与债权人达成有关债务安排的协议之前，旅游企业改组不能进行。

第三节 旅游企业财务重整

一、财务重整的概念及原因

（一）财务重整的概念

财务重整，是指旅游企业由于财务失败而采取的应对措施。

（二）财务失败的含义和原因

财务失败，是指旅游企业经营失败在财务上的表现，即旅游企业无力支付其现行到期的债务。

旅游企业无力支付到期债务在财务上表现为两种情况，一是资大于债，二是资不抵债。资大于债情况下缺乏支付能力，是由于资金周转原因，无法满足正常的支付需要或无法按期偿还债务本息。资不抵债情况下缺乏支付能力，是由于旅游企业严重亏损而使旅游企业的净资产丧失殆尽，旅游企业的经营完全依赖负债，造成旅游企业的全部资产不足以偿还其全部债务。

财务失败的原因主要有以下几点。

(1) 旅游企业内部经营管理不善。内部经营管理不善是旅游企业财务失败的主要原因。经营管理不善的原因很多，例如旅游企业盲目扩大生产能力，导致产品库存积压；财务人员缺乏信用管理能力而随意向顾客提供商业信用，致使货款不能及时收回，旅游企业资产的流动性降低，旅游企业长期亏损，从而陷入财务困境。

(2) 旅游企业外部环境的变化。旅游企业外部环境的变化是旅游企业财务失败的客观原因。外部环境变化如经济衰退、市场萎缩，使旅游企业的应变能力降低，从而陷入财务困境。

二、财务重整的方式

当旅游企业发生财务失败时，可以采取的应对措施是债务重组和资产重组。

（一）债务重组

当旅游企业面临临时性的财务危机时，债权人通常愿意直接同旅游企业联系，帮助旅游企业恢复和重新建立较坚实的财务基础，以避免因进入法律程序而发生的庞大费用和冗长的诉讼时间。

债务重组，是指债权人按照其与债务人达成的协议或法院的裁决同意债务人修改债务条件的事项。债务重组的方式包括，以低于债务账面价值的现金清偿债务；以非现金资产清偿债务；债务转为资本（即债权转为股权）；修改其他债务条件，如延长债务偿还期限、延长债务偿还期限并加收利息、延长债务偿还期限并减少债务本金或债务利息等。

1. 债务展期。债务展期是指推迟到期债务要求付款的日期，即债务旅游企业与债权人签署债务展期协议，债权人同意延长贷款的期限，债务旅游企业可以延期偿还贷款。债务展期一般是针对信誉良好的旅游企业。

2．债务和解。债务和解是指债权人自愿同意减少债务人的债务，包括同意减少债务人偿还的本金数额，或同意降低利息率。债务旅游企业与债权人要签署债务和解协议。债务和解协议的关键是偿还部分债务以解决全部债务。如果债权人认为这样比采用法定清算办法扣除诉讼费用后的所得款项要多时，就可能接受债务和解的建议。偿债协议通常要规定：减少债务本金或利息的额度及比例，需要支付现金的数额，支付现金的最后期限等。

债权人同意债务展期或债务和解的前提是：债权人相信债务人有能力扭亏为盈，摆脱财务困境。

3．经债权人同意，以现金资产和非现金资产偿付债务。在旅游企业发生财务危机的情况下，以现金偿付债务是非常困难的。通常情况下，旅游企业会以部分现金加部分非现金资产偿付债务，或以全部非现金资产偿付债务。

4．经债权人同意，将旅游企业所背负的债务转变为股本，即旅游企业债权人的债权转变为股权，旅游企业的债权人转变为旅游企业的股东，旅游企业与债权人的关系由债权债务关系转变为所有权与经营权关系。债权转为股权使旅游企业轻装上阵，集中精力改善经营，以摆脱财务困境。债转股的前提是：旅游企业被债权人认为确实具备扭亏为盈的能力。

（二）资产重组

我国《破产法》规定：旅游企业由债权人申请破产的，在人民法院受理案件后三个月内，被申请破产的旅游企业的上级主管部门可以申请对该旅游企业进行整顿，整顿的期限不超过两年；整顿申请提出后，旅游企业应当向债权人会议提出和解协议草案；旅游企业和债权人会议达成和解协议，经人民法院认可后，由人民法院发布公告，中止破产程序。和解协议自公告之日起具有法律效力；旅游企业的整顿由其上级主管部门负责主持。旅游企业整顿方案应当经过旅游企业职工代表大会讨论。

资产重组的基本程序如下。

（1）向法院提出重组申请。在向法院申请旅游企业重组时，必须阐明对旅游企业实施重组的必要性。同时要满足一定的条件：旅游企业发生财务危机或者在债务到期时旅游企业无法偿还；旅游企业有三个或者三个以上债权人的债权合计数达到一定的数额。如果旅游企业资产重组的申请符合有关规定，法院将批准重组申请。

（2）法院任命债权人委员会。在法院批准重组之后，应成立债权人会议，所有债权人均为债权人会议成员，我国还规定要有工会代表参加债权人会议。债权人委员会的权限与职责是：挑选并委托若干律师、注册会计师或者其他中介机构作为其代表履行职责；就旅游企业财产的管理情况向受托人和债务人提出质询；对旅游企业的经营活动、旅游企业的财产及债务状况等进行调查，了解旅游企业希望继续经营的程度以及其他任何与制定重组计划有关的问题，在此基础上，制定旅游企业的继续经营计划呈交法院；参与重组计划的制订，并就所制定的重组计划提出建议提交给法院；如果事先法院没有任命受托人，应向法院提出任命受托人的要求等。

（3）制定旅游企业重组计划。重组计划是对旅游企业现有债权、股权的清理和变更做出安排，重整旅游企业资本结构，提出未来的经营方案与实施办法。经法院批准的重整计划，对旅游企业本身、全体债权人及全体股东均有约束力。

（4）执行旅游企业重组计划。按照重整计划所列示的措施逐项予以落实，包括整顿原有旅游企业、联合新的旅游企业，并随时将整顿情况报告债权人会议，以使债权人及时了解旅游企业的重整情况。

（5）经法院认定宣告终止重整。当发生以下三种情况之一时，法院应宣告终止重整：①旅游企业经过重整后，能按协议及时偿还债务；②重整期满，不能按协议清偿债务；③重整期间，不履行重整计划，欺骗债权人，损害债权人利益，致使财务状况继续恶化。当发生后两种情况时，法院应终止旅游企业重整，并宣告其破产清算。

破产程序中的资产重组，可以是剥离、分立，将不良资产和非经营性资产剥离出来，减轻旅游企业负担，使旅游企业经营得到改善；可以是股份制改组，调整资本结构，壮大资本实力，建立新的旅游企业运行机制；可以是让优势旅游企业兼并、收购等。

如果旅游企业作为一个经营主体的经济价值高于其清算价值的话，就应对其进行重整。若出现相反的情况，即旅游企业消亡的价值高于继续生存的价值，则应对其进行清算。

第四节　旅游企业清算

旅游企业清算是指在旅游企业终止过程中，为保护债权人、旅游企业所有者、职工等利益相关者的合法权益，依法对旅游企业财产、债务等进行清理、变卖，以终止其经营活动，并依法取消其法人资格的行为。

一、旅游企业清算的原因

旅游企业清算的直接原因在于旅游企业解散，从解散到旅游企业的最终消亡的过程，这一过程即为清算过程。旅游企业清算必须以旅游企业解散为前提，但并非所有解散的旅游企业都必须经过清算程序。因而在探讨清算原因前，必须要了解旅游企业解散的原因。

（一）旅游企业解散的原因

旅游企业解散，是指旅游企业因某些法律事实的发生而使其归于消亡的行为。不同的法律事实，构成不同的解散原因。旅游企业解散的原因主要有以下几种。

（1）公司章程规定的营业期限届满或者公司章程规定的其他解散事由出现。

（2）股东会或者股东大会决议解散。当股份制旅游企业出现一些重大变故而不能恢复正常营业时，股东会或者股东大会决议解散。

（3）公司合并或分立需要解散。旅游企业与旅游企业间如果采取吸收合并，则被合并旅游企业自然解散，如采取新设合并，形成一个新旅游企业，则合并双方也自然解散。旅游企业内如分立两个以上旅游企业，形成两个以上独立的法人，独立行使其法人权利，则原旅游企业解散。

（4）依法被吊销营业执照、责令关闭或者被撤销。旅游企业在经营中有违反国家法律法规行为的，其主管部门可依法吊销其营业执照、责令关闭或者撤销。

（5）人民法院依法予以解散。旅游企业如因经营管理不善造成严重亏损，不能清偿到期债务时，因债权人或旅游企业申请，由人民法院宣告公司破产后即行解散，进入清算程序。

（二）旅游企业清算的原因

旅游企业清算的前提是旅游企业已宣告解散，但并非所有解散的旅游企业均需要清算。清算主要是终结旅游企业的各种法律关系，合法处理各种财产及债权债务，维护债权人及所有者的合法权利。在合并或分立解散中，解散前旅游企业的财产及债权债务由合并后的旅游企业或新设旅游企业承担，债权人可向新设旅游企业或合并后的旅游企业索取债权，不会损害债权人的利益，所有者权利也因为财产只是转移了使用人和地点而不会发生损失。因此，在合并与分立解散下不存在清算问题。而由其他原因导致的解散则必须经过清算程序。

二、旅游企业清算的类型

（一）按原因划分，旅游企业清算分为解散清算和破产清算

解散清算，是指旅游企业经营期满，或者因经营方面的其他原因致使旅游企业不宜或不能继续经营时，自愿或被迫宣告解散而进行的清算。

破产清算，是指旅游企业由于经营管理不善造成严重亏损，不能偿还到期债务而进行的清算。分为两种：一是旅游企业负债总额大于其资产总额，事实上已不能支付到期债务；二是虽然旅游企业的资产总额大于其负债总额，但因缺少偿付到期债务的现金，不能偿付到期债务，旅游企业被迫宣告破产。

（二）按是否自行组织，旅游企业清算分为普通清算和特别清算

普通清算，是指旅游企业自行组织的、按法律规定的一般程序进行的清算。法院和债权人不直接干预清算过程。

特别清算，是指旅游企业依据法院的命令，并自始至终在法院的直接干预和严格监督下进行的清算。

对普通清算与特别清算，旅游企业并无选择实行的权利。旅游企业解散后，应立即进行普通清算。在普通清算的过程中，发生下列情形之一者，法院可命令其实行特别清算：①旅游企业实施普通清算遇到显著障碍。例如，旅游企业的利害关系人数众多，或旅游企业的债权债务关系极为复杂，法院按债权人、股东或清算人的请求，或依职权命令实行特别清算；②旅游企业的负债超过资产有不实之嫌，即从表面看旅游企业的负债超过其资产，但实际上是否真正资不抵债尚有嫌疑。例如，旅游企业债务数额不真实、债权数额有可疑之处，或会计账面上所记录的资产价值低于其市场价值等。因此，清算人不会贸然请求宣告旅游企业破产，而是请求法院进行特别清算。

在各类旅游企业清算中，破产清算是程序最完整、内容最全面的清算。我国将旅游企业的破产清算列为特别清算。

三、解散清算

根据我国《公司法》的规定，解散清算进入普通清算程序。普通清算程序如下：

1．成立清算组。公司应在公布解散的15日内成立清算组，有限责任公司的清算组由股东组成，股份有限公司的清算组由股东大会确定人选。逾期不成立清算组的公司，由人民法院根据债权人的申请指定清算组成员，进行清算。

清算组的职权是：清理公司财产，分别编制资产负债表和财产清单；通知或公告债权人；处理与清算有关的公司未了结的业务；清缴所欠税款；清理债权、债务；处理公司清

偿债务后的剩余财产；代表公司参与民事诉讼活动。

2．债权登记。清算组应当自成立之日起十日内通知债权人，并于六十日内在报纸上公告。债权人应当自接到通知书之日起三十日内，未接到通知书的自公告之日起四十五日内，向清算组申报其债权。债权人申报债权，应当说明债权的有关事项，并提供证明材料，以便于清算组对债权进行登记。

3．制订清算方案。清算组在清理公司财产、编制资产负债表和财产清单后，应当制订清算方案，并报股东会、股东大会或者人民法院确认。清算方案包括清算的程序和步骤、财产定价方法和估价结果、债权收回和财产变卖的具体方案、债务的清偿顺序、剩余财产的分配以及对公司遗留问题的处理等。

如果发现公司财产不足清偿债务的，清算组应当依法向人民法院申请宣告破产。公司经人民法院裁定宣告破产后，清算组应当将清算事务移交人民法院。

4．执行清算方案。

（1）清算财产的范围并作价。清算财产包括宣布清算时旅游企业的全部财产以及清算期间取得的资产。清算财产的作价一般以账面净值为依据，也可以使用重估价值或变现收入等。

（2）确定清算损益。旅游企业清算中发生的财产盘盈、财产变价净收入、因债权人原因确实无法归还的债务，以及清算期间的经营收益等作为清算收益；发生的财产盘亏、确实无法收回的债权，以及清算期间的经营损失作为清算损失；清算收益大于清算损失和费用的部分应依法缴纳所得税。

（3）确定债务的清偿顺序。公司财产在支付清算费用之后，按下列顺序清偿债务：职工的工资、社会保险费和法定补偿金、缴纳所欠税款、尚未偿付的债务等。如果同一顺序不足清偿的，按比例清偿。

（4）分配剩余财产。清偿公司债务后的剩余财产，有限责任公司按照股东的出资比例进行分配，股份有限公司按照股东持有股份比例分配；国有旅游企业的剩余财产上缴财政。

5．办理清算的法律手续。公司清算结束后，清算组应当制作清算报告，报股东会、股东大会或者人民法院确认，并报公司登记机关，申请注销公司登记，公告公司终止。

四、破产清算

（一）破产界限

破产界限，是指债务人丧失债务清偿的能力，法院据以启动破产程序，宣告债务人破产的法律标准。我国《破产法》规定：旅游企业因经营管理不善造成严重亏损，不能清偿到期债务的，依照本法规定宣告破产。

（二）破产清算的一般程序

根据我国《破产法》的规定，破产清算进入特别清算程序。特别清算程序如下。

1．提出破产申请。当债务人不能清偿到期债务时，提出破产申请的既可以是债权人，也可以是债务人。

旅游企业在提出破产申请前，应该对其资产进行全面的清查，对债权债务进行清理，然后由会计师事务所对旅游企业进行全面的审计，并出具资不抵债的审计报告。

（1）由债权人申请债务人清算的，应当向人民法院提交如下材料：债权发生的事实及有关证据；债权性质、数额；债权有无财产担保，并附证据；债务人不能清偿到期债务并呈连续状态的证据。

（2）由债务人自动提出破产申请的，应向人民法院提交如下材料：旅游企业亏损情况的说明；有关会计报表；旅游企业财产状况明细表和有形财产的处所；债权清册和债务清册，包括债权人和债务人名单、住所、开户银行、债权债务发生的时间、债权债务数额、有无争议等；全民所有制旅游企业债务人申请破产，应经其上级主管部门或政府授权部门同意，并提交有关批准文件。非全民所有制旅游企业法人经所有权人同意或旅游企业权力机关决议，可提出破产申请，同时应提交相应的批准文件以及人民法院认为依法应当提交的其他材料。

2．法院接受申请。人民法院接到当事人提出的破产申请后，应当依据《破产法》的有关规定进行受理与否的审查，并在 7 日内决定是否立案受理。人民法院受理破产案件后，10 日内通知债权人申报债权。

3．债权人申报债权。债权人应在收到法院通知后 1 个月内，向人民法院申报债权，说明债权的数额和有无财产担保，并提交相关证明材料。未收到法院通知的债权人需在公告之日起 3 个月内，向人民法院申报债权。逾期未申报者，视为自动放弃债权。

4．法院裁定，宣告旅游企业破产。根据我国《破产法》的规定，有下列情形之一的，以书面方式裁定并宣告债务人破产：① 旅游企业因经营管理不善造成严重亏损，不能清偿到期债务，又不具备法律规定的不予宣告破产条件的；② 债务人旅游企业被依法终结整顿的；③ 整顿期满，债务人旅游企业仍不能按照和解协议清偿债务的。

5．组建清算组。按照我国《破产法》的规定，人民法院应当自宣告旅游企业破产之日起 15 日内成立清算组，接管破产旅游企业。清算组可以依法进行必要的民事活动。清算组的组成人员一般包括财政部门、旅游企业主管部门、国有资产管理部门、审计部门、劳动部门、国土管理部门、社会保障部门、人民银行、工商管理部门等部门的人员。经人民法院批准，清算组可以聘请中介机构承担一定的破产清算工作。中介机构一般包括破产清算机构、律师事务所、会计师事务所等，中介机构就清算工作向清算组负责。

6．清算组接管破产旅游企业，进行资产处置。清算组组成后，主要负责以下工作：接管破产旅游企业；清理破产旅游企业资产，编制财产明细表和资产负债表，编制债权债务清册，组织破产财产的评估、拍卖和变现；回收破产旅游企业的财产，向破产旅游企业的债务人、财产持有人依法行使财产权利；管理并处分破产财产，决定是否履行合同和在清算范围内进行经营活动，确认别除权、抵消权和取回权；进行破产财产的委托评估、拍卖及其他变现工作；依法提出并执行破产财产处理和分配方案；提交清算报告；代表破产旅游企业参加诉讼和仲裁活动；办理旅游企业注销登记等破产终结事宜等。

7．编报、实施破产财产分配方案。清算组在清理、处置破产财产并验证破产债权后，应在确定旅游企业破产财产的基础上拟定破产的分配方案，经债权人会议通过，并报请人民法院裁定后，按一定的债务清偿顺序进行比例分配。

8．报告清算工作。在破产财产分配完毕之后，清算组应编制有关清算工作的报告文件，向法院报告清算工作，并提请人民法院终结破产程序。破产程序的终结一般有三种情况。

（1）债务人与债权人达成和解协议。经过整顿的旅游企业能够根据和解协议清偿债务，人民法院应终结该旅游企业的破产程序并予以公告。

（2）破产财产不足以支付破产费用，人民法院应宣布破产程序终结。

（3）破产财产分配完毕，由清算组提请人民法院终结破产程序。人民法院接到清算组提交的关于破产财产分配完毕的报告后，应立即作出破产程序终结的裁定，并予以公告。

9. 注销破产旅游企业。清算组在接到法院终结破产程序的裁定后，应及时办理破产旅游企业的注销登记。至此，破产清算工作宣告结束。

五、旅游企业清算的实施

（一）清算财产的界定及变现

1. 清算财产的界定。清算财产包括旅游企业在清算程序终结前拥有的全部财产以及应当由旅游企业行使的其他财产权利。

旅游企业的下列财产计入清算财产：宣告清算时，旅游企业经营管理的全部财产，包括各种流动资产、固定资产、对外投资以及无形资产；旅游企业宣告清算后至清算程序终结前取得的财产，包括债权人放弃优先受偿权利、清算财产转让价值超过其账面净值的差额部分；投资方认缴的出资额未实际投入而应补足的部分；清算期间分得的投资收益和取得的其他收益；应当由破产旅游企业行使的其他财产权利。

旅游企业的下列财产不属于清算财产：旅游企业基于仓储、保管、加工承揽、委托交易、代销、借用、寄存、租赁等法律关系占有、使用的他人财产；抵押物、留置物、质押物，但权利人放弃优先受偿权的或者优先偿付被担保债权剩余的部分除外；担保物灭失后产生的保险金、补偿金、赔偿金等代位物；依照法律规定存在优先权的财产，但权利人放弃优先受偿权或者优先偿付特定债权剩余的部分除外；特定物买卖中，尚未转移占有但相对人已完全支付价款的特定物；尚未办理产权证或者产权过户手续但已向买方支付的财产；旅游企业在所有权保留买卖中尚未取得所有权的财产；所有权专属于国家且不得转让的财产；清算旅游企业工会所有的财产。

旅游企业的下列财产应区分情况处理：清算旅游企业的职工住房，已经签订合同、交付房款，进行房改给个人的，不属于清算财产。未进行房改的，可由清算组向有关部门申请办理房改事项，向职工出售。按照国家规定不具备房改条件，或者职工在房改中不购买住房的，由清算组根据实际情况处理；债务人的幼儿园、学校、医院等公益福利性设施，按国家的有关规定处理，不作为清算财产分配；对于担保财产，依法生效的担保或抵押标的不同于清算财产，担保物的价款超过其所担保的债务数额的，超过部分属于清算财产。

2. 清算财产的变现。清算财产需要变现以偿还债务。财产变现分为单项财产变现和综合财产变现。清算财产的变现应当以拍卖方式进行。由清算组负责委托有拍卖资质的拍卖机构进行拍卖。依法不得拍卖或者拍卖所得不足以支付拍卖所需费用的，不进行拍卖。不进行拍卖或者拍卖不成的清算财产，可以在清算分配时进行实物分配或者作价变卖。债权人对清算组在实物分配或者作价变卖中对清算财产的估价有异议的，可以请求人民法院进行审查。

（二）清算债务的界定及清偿

1．清算债务的界定。清算债务，是指经清算组确认的，至旅游企业宣告破产或解散为止，清算旅游企业的各项债务。

旅游企业清算债务主要包括下列各项：清算宣告前发生的无财产担保的债务；清算宣告前发生的虽有财产担保，但是债权人放弃优先受偿权的债务；清算宣告前发生的虽有财产担保，但是债务数额超过担保物价值部分的债务；旅游企业的保证人代替旅游企业清偿债务后依法可以向旅游企业追偿的债务；旅游企业的保证人按照我国《担保法》的规定预先行使追偿权而申报的债务等。

下列费用不属于清算债务：行政、司法机关对清算旅游企业的罚款、罚金以及其他有关费用；人民法院受理清算案件后旅游企业未支付应付款项的滞纳金，包括旅游企业未执行生效法律文书应当加倍支付的迟延利息和劳动保险金的滞纳金；清算宣告后的债务利息；清算财产分配开始后向清算组申报的债务；超过诉讼时效的债务等。

2．债务的清偿。旅游企业清算财产变现后，先用于支付清算费用、应付未付的职工工资和劳动保险费，再支付各种税款，剩余部分用于偿还债务。如果清算财产不足以偿还全部债务，则按我国《破产法》规定的顺序进行清偿。

（三）清算费用与清算损益

清算费用，是指旅游企业清算过程中所发生的各项支出。清算费用应当从清算财产中优先拨付，一般随时发生随时支付。清算财产不足以支付清算费用的，清算程序相应终结，未清偿的债务不再清偿。

清算费用包括：清算期间的职工生活费、医疗费；清算财产的管理、变卖、分配所需要的费用；破产案件诉讼费用；清算期间旅游企业设施和设备维护费用、审计评估费用；为债权人的共同利益而在清算程序中支付的其他费用。

清算财产不足以支付清算费用的，人民法院根据清算组的申请裁定终结清算程序。

旅游企业清算中发生的财产盘盈、财产变价净收入、因债权人原因确实无法归还的债务，以及清算期间的经营收益等计入旅游企业清算收益。

旅游企业清算终了，清算收益大于清算损失、清算费用的部分，依法缴纳所得税。

（四）剩余财产的分配

旅游企业清偿债务后剩余财产的分配，一般应按合同、章程的有关条款处理，充分体现公平、对等原则，均衡各方利益。清算财产分配方案经债权人会议通过后，由清算组负责执行。财产分配可以一次分配，也可以多次分配。

清算财产分配方案应当包括以下内容：可供清算分配的财产种类、总值，已经变现的财产和未变现的财产；债权清偿顺序、各顺序的种类与数额，包括清算旅游企业所欠职工工资、劳动保险费用和清算旅游企业所欠税款的数额及计算依据，纳入国家计划调整的旅游企业清算，还应当说明职工安置费的数额和计算依据；清算债权总额和清偿比例；清算分配的方式、时间；对将来能够追回的财产拟进行追加分配的说明。

清算后各项剩余财产的净值，不论实物或现金，均应按投资各方的出资比例或者合同、章程的规定分配。其中，有限责任公司除公司章程另有规定外，按投资各方出资比例分配。股份有限公司按照优先股股份面值对优先股股东优先分配，其后的剩余部分再按照普通股股东的股份比例进行分配。如果旅游企业剩余财产尚不足全额偿还优先股股本，则按照各优先股股东所持比例分配；如果是国有旅游企业，则其剩余财产应全部上缴财政。

第五节　复习题

【思考题】

1．什么是兼并？什么是收购？两者有何区别？
2．旅游企业并购的原因有哪些？
3．旅游企业并购有哪些种类？
4．对目标旅游企业进行价值评估的方法有哪些？
5．股份制改组的目的是什么？程序有哪些？
6．股份制改组的方式有哪些？
7．旅游企业财务重整的原因是什么？方式有哪些？
8．旅游企业清算的原因是什么？
9．破产清算的一般程序有哪些？

附　　录

附表 1　复利终值系数表

期数	$(1+i)^n$ 利率 (i)														
(n)	1%	2%	3%	4%	5%	6%	7%	8%	9%	10%	11%	12%	13%	14%	15%
1	1.010	1.020	1.030	1.040	1.050	1.060	1.070	1.080	1.090	1.100	1.110	1.120	1.130	1.140	1.150
2	1.020	1.040	1.061	1.082	1.103	1.124	1.145	1.166	1.188	1.210	1.232	1.254	1.277	1.300	1.323
3	1.030	1.061	1.093	1.125	1.158	1.191	1.225	1.260	1.295	1.331	1.368	1.405	1.443	1.482	1.521
4	1.041	1.082	1.126	1.170	1.216	1.262	1.311	1.360	1.412	1.464	1.518	1.574	1.630	1.689	1.749
5	1.051	1.104	1.159	1.217	1.276	1.338	1.403	1.469	1.539	1.611	1.685	1.762	1.842	1.925	2.011
6	1.062	1.126	1.194	1.265	1.340	1.419	1.501	1.587	1.677	1.772	1.870	1.974	2.082	2.195	2.313
7	1.072	1.149	1.230	1.316	1.407	1.504	1.606	1.714	1.828	1.949	2.076	2.211	2.353	2.502	2.660
8	1.083	1.172	1.267	1.369	1.477	1.594	1.718	1.851	1.993	2.144	2.305	2.476	2.658	2.853	3.059
9	1.094	1.195	1.305	1.423	1.551	1.689	1.838	1.999	2.172	2.358	2.558	2.773	3.004	3.252	3.518
10	1.105	1.219	1.344	1.480	1.629	1.791	1.967	2.159	2.367	2.594	2.839	3.106	3.395	3.707	4.046
11	1.116	1.243	1.384	1.539	1.710	1.898	2.105	2.332	2.580	2.853	3.152	3.479	3.836	4.226	4.652
12	1.127	1.268	1.426	1.601	1.796	2.012	2.252	2.518	2.813	3.138	3.498	3.896	4.335	4.818	5.350
13	1.138	1.294	1.469	1.665	1.886	2.133	2.410	2.720	3.066	3.452	3.883	4.363	4.898	5.492	6.153
14	1.149	1.319	1.513	1.732	1.980	2.261	2.579	2.937	3.342	3.797	4.310	4.887	5.535	6.261	7.076
15	1.161	1.346	1.558	1.801	2.079	2.397	2.759	3.172	3.642	4.177	4.785	5.474	6.254	7.138	8.137
16	1.173	1.373	1.605	1.873	2.183	2.540	2.952	3.426	3.970	4.595	5.311	6.130	7.067	8.137	9.358
17	1.184	1.400	1.653	1.948	2.292	2.693	3.159	3.700	4.328	5.054	5.895	6.866	7.986	9.276	10.76
18	1.196	1.428	1.702	2.026	2.407	2.854	3.380	3.996	4.717	5.560	6.544	7.690	9.024	10.58	12.38
19	1.208	1.457	1.754	2.107	2.527	3.026	3.617	4.316	5.142	6.116	7.263	8.613	10.20	12.06	14.23
20	1.220	1.486	1.806	2.191	2.653	3.207	3.870	4.661	5.604	6.727	8.062	9.646	11.52	13.74	16.37
25	1.282	1.641	2.094	2.666	3.386	4.292	5.427	6.848	8.623	10.83	13.59	17.00	21.23	26.46	32.92
30	1.348	1.811	2.427	3.243	4.322	5.743	7.612	10.06	13.27	17.45	22.89	29.96	39.12	50.95	66.21
40	1.489	2.208	3.262	4.801	7.040	10.29	14.97	21.72	31.41	45.26	65.00	93.05	132.8	188.9	267.9
50	1.645	2.692	4.384	7.107	11.47	18.42	29.46	46.90	74.36	117.4	184.6	289.0	450.7	700.2	1084
期数	$(1+i)^n$ 利率 (i)														
(n)	16%	17%	18%	19%	20%	21%	22%	23%	24%	25%	26%	27%	28%	29%	30%
1	1. 160	1.170	1.180	1.190	1.200	1.210	1.220	1.230	1.240	1.250	1.260	1.270	1.280	1.290	1.300
2	1.346	1.369	1.392	1.416	1.440	1.464	1.488	1.513	1.538	1.563	1.588	1.613	1.638	1.664	1.690
3	1.561	1.602	1.643	1.685	1.728	1.772	1.816	1.861	1.907	1.953	2.000	2.048	2.097	2.147	2.197
4	1.811	1.874	1.939	2.005	2.074	2.144	2.215	2.289	2.364	2.441	2.520	2.601	2.684	2.769	2.856
5	2.100	2.192	2.288	2.386	2.488	2.594	2.703	2.815	2.932	3.052	3.176	3.304	3.436	3.572	3.713
6	2.436	2.565	2.700	2.840	2.986	3.138	3.297	3.463	3.635	3.815	4.002	4.196	4.398	4.608	4.827
7	2.826	3.001	3.185	3.379	3.583	3.797	4.023	4.259	4.508	4.768	5.042	5.329	5.629	5.945	6.275
8	3.278	3.511	3.759	4.021	4.300	4.595	4.908	5.239	5.590	5.960	6.353	6.768	7.206	7.669	8.157
9	3.803	4.108	4.435	4.785	5.160	5.560	5.987	6.444	6.931	7.451	8.005	8.595	9.223	9.893	10.60
10	4.411	4.807	5.234	5.695	6.192	6.727	7.305	7.926	8.594	9.313	10.09	10.92	11.81	12.76	13.79
11	5.117	5.624	6.176	6.777	7.430	8.140	8.912	9.749	10.66	11.64	12.71	13.86	15.11	16.46	17.92

（续表）

期数	$(1+i)^n$ 利率 (i)														
(n)	16%	17%	18%	19%	20%	21%	22%	23%	24%	25%	26%	27%	28%	29%	30%
12	5.936	6.580	7.288	8.064	8.916	9.850	10.87	11.99	13.21	14.55	16.01	17.61	19.34	21.24	23.30
13	6.886	7.699	8.599	9.596	10.70	11.92	13.26	14.75	16.39	18.19	20.18	22.36	24.76	27.39	30.29
14	7.988	9.007	10.15	11.42	12.84	14.42	16.18	18.14	20.32	22.74	25.42	28.40	31.69	35.34	39.37
15	9.266	10.54	11.97	13.59	15.41	17.45	19.74	22.31	25.20	28.42	32.03	36.06	40.56	45.59	51.19
16	10.75	12.33	14.13	16.17	18.49	21.11	24.09	27.45	31.24	35.53	40.36	45.80	51.92	58.81	66.54
17	12.47	14.43	16.67	19.24	22.19	25.55	29.38	33.76	38.74	44.41	50.85	58.17	66.46	75.86	86.50
18	14.46	16.88	19.67	22.90	26.62	30.91	35.85	41.52	48.04	55.51	64.07	73.87	85.07	97.86	112.5
19	16.78	19.75	23.21	27.25	31.95	37.40	43.74	51.07	59.57	69.39	80.73	93.81	108.9	126.2	146.2
20	19.46	23.11	27.39	32.43	38.34	45.26	53.36	62.82	73.86	86.74	101.7	119.1	139.4	162.9	190.0
25	40.87	50.66	62.67	77.39	95.40	117.4	144.2	176.9	216.5	264.7	323.0	393.6	478.9	581.8	705.6
30	85.85	111.1	143.4	184.7	237.4	304.5	389.8	497.9	634.8	807.8	1026	1301	1646	2078	2620
40	378.7	533.9	750.4	1052	1470	2048	2847	3946	5456	7523	10347	14195	19427	26521	36119
50	1671	2566	3927	5989	9100	13781	20797	31279	46890	70065	104358	154948	229350	338443	497929

附表 2 复利现值系数表

期数	$(1+i)^{-n}$ 利率(i)														
n	1%	2%	3%	4%	5%	6%	7%	8%	9%	10%	11%	12%	13%	14%	15%
1	0.990	0.980	0.971	0.962	0.952	0.943	0.935	0.926	0.917	0.909	0.901	0.893	0.885	0.877	0.870
2	0.980	0.961	0.943	0.925	0.907	0.890	0.873	0.857	0.842	0.826	0.812	0.797	0.783	0.769	0.756
3	0.971	0.942	0.915	0.889	0.864	0.840	0.816	0.794	0.772	0.751	0.731	0.712	0.693	0.675	0.658
4	0.961	0.924	0.888	0.855	0.823	0.792	0.763	0.735	0.708	0.683	0.659	0.636	0.613	0.592	0.572
5	0.951	0.906	0.863	0.822	0.784	0.747	0.713	0.681	0.650	0.621	0.593	0.567	0.543	0.519	0.497
6	0.942	0.888	0.837	0.790	0.746	0.705	0.666	0.630	0.596	0.564	0.535	0.507	0.480	0.456	0.432
7	0.933	0.871	0.813	0.760	0.711	0.665	0.623	0.583	0.547	0.513	0.482	0.452	0.425	0.400	0.376
8	0.923	0.853	0.789	0.731	0.677	0.627	0.582	0.540	0.502	0.467	0.434	0.404	0.376	0.351	0.327
9	0.914	0.837	0.766	0.703	0.645	0.592	0.544	0.500	0.460	0.424	0.391	0.361	0.333	0.308	0.284
10	0.905	0.820	0.744	0.676	0.614	0.558	0.508	0.463	0.422	0.386	0.352	0.322	0.295	0.270	0.247
11	0.896	0.804	0.722	0.650	0.585	0.527	0.475	0.429	0.388	0.350	0.317	0.287	0.261	0.237	0.215
12	0.887	0.788	0.701	0.625	0.557	0.497	0.444	0.397	0.356	0.319	0.286	0.257	0.231	0.208	0.187
13	0.879	0.773	0.681	0.601	0.530	0.469	0.415	0.368	0.326	0.290	0.258	0.229	0.204	0.182	0.163
14	0.870	0.758	0.661	0.577	0.505	0.442	0.388	0.340	0.299	0.263	0.232	0.205	0.181	0.160	0.141
15	0.861	0.743	0.642	0.555	0.481	0.417	0.362	0.315	0.275	0.239	0.209	0.183	0.160	0.140	0.123
16	0.853	0.728	0.623	0.534	0.458	0.394	0.339	0.292	0.252	0.218	0.188	0.163	0.141	0.123	0.107
17	0.844	0.714	0.605	0.513	0.436	0.371	0.317	0.270	0.231	0.198	0.170	0.146	0.125	0.108	0.093
18	0.836	0.700	0.587	0.494	0.416	0.350	0.296	0.250	0.212	0.180	0.153	0.130	0.111	0.095	0.081
19	0.828	0.686	0.570	0.475	0.396	0.331	0.277	0.232	0.194	0.164	0.138	0.116	0.098	0.083	0.070
20	0.820	0.673	0.554	0.456	0.377	0.312	0.258	0.215	0.178	0.149	0.124	0.104	0.087	0.073	0.061
25	0.780	0.610	0.478	0.375	0.295	0.233	0.184	0.146	0.116	0.092	0.074	0.059	0.047	0.038	0.030
30	0.742	0.552	0.412	0.308	0.231	0.174	0.131	0.099	0.075	0.057	0.044	0.033	0.026	0.020	0.015
40	0.672	0.453	0.307	0.208	0.142	0.097	0.067	0.046	0.032	0.022	0.015	0.011	0.008	0.005	0.004
50	0.608	0.372	0.228	0.141	0.087	0.054	0.034	0.021	0.013	0.009	0.005	0.003	0.002	0.001	0.001
期数	$(1+i)^{-n}$ 利率(i)														
n	16%	17%	18%	19%	20%	21%	22%	23%	24%	25%	26%	27%	28%	29%	30%
1	0.862	0.855	0.847	0.840	0.833	0.826	0.820	0.813	0.806	0.800	0.794	0.787	0.781	0.775	0.769
2	0.743	0.731	0.718	0.706	0.694	0.683	0.672	0.661	0.650	0.640	0.630	0.620	0.610	0.601	0.592

（续表）

期数	$(1+i)^n$ 利率(i)														
n	16%	17%	18%	19%	20%	21%	22%	23%	24%	25%	26%	27%	28%	29%	30%
3	0.641	0.624	0.609	0.593	0.579	0.564	0.551	0.537	0.524	0.512	0.500	0.488	0.477	0.466	0.455
4	0.552	0.534	0.516	0.499	0.482	0.467	0.451	0.437	0.423	0.410	0.397	0.384	0.373	0.361	0.350
5	0.476	0.456	0.437	0.419	0.402	0.386	0.370	0.355	0.341	0.328	0.315	0.303	0.291	0.280	0.269
6	0.410	0.390	0.370	0.352	0.335	0.319	0.303	0.289	0.275	0.262	0.250	0.238	0.227	0.217	0.207
7	0.354	0.333	0.314	0.296	0.279	0.263	0.249	0.235	0.222	0.210	0.198	0.188	0.178	0.168	0.159
8	0.305	0.285	0.266	0.249	0.233	0.218	0.204	0.191	0.179	0.168	0.157	0.148	0.139	0.130	0.123
9	0.263	0.243	0.225	0.209	0.194	0.180	0.167	0.155	0.144	0.134	0.125	0.116	0.108	0.101	0.094
10	0.227	0.208	0.191	0.176	0.162	0.149	0.137	0.126	0.116	0.107	0.099	0.092	0.085	0.078	0.073
11	0.195	0.178	0.162	0.148	0.135	0.123	0.112	0.103	0.094	0.086	0.079	0.072	0.066	0.061	0.056
12	0.168	0.152	0.137	0.124	0.112	0.102	0.092	0.083	0.076	0.069	0.062	0.057	0.052	0.047	0.043
13	0.145	0.130	0.116	0.104	0.093	0.084	0.075	0.068	0.061	0.055	0.050	0.045	0.040	0.037	0.033
14	0.125	0.111	0.099	0.088	0.078	0.069	0.062	0.055	0.049	0.044	0.039	0.035	0.032	0.028	0.025
15	0.108	0.095	0.084	0.074	0.065	0.057	0.051	0.045	0.040	0.035	0.031	0.028	0.025	0.022	0.020
16	0.093	0.081	0.071	0.062	0.054	0.047	0.042	0.036	0.032	0.028	0.025	0.022	0.019	0.017	0.015
17	0.080	0.069	0.060	0.052	0.045	0.039	0.034	0.030	0.026	0.023	0.020	0.017	0.015	0.013	0.012
18	0.069	0.059	0.051	0.044	0.038	0.032	0.028	0.024	0.021	0.018	0.016	0.014	0.012	0.010	0.009
19	0.060	0.051	0.043	0.037	0.031	0.027	0.023	0.020	0.017	0.014	0.012	0.011	0.009	0.008	0.007
20	0.051	0.043	0.037	0.031	0.026	0.022	0.019	0.016	0.014	0.012	0.010	0.008	0.007	0.006	0.005
25	0.024	0.020	0.016	0.013	0.010	0.009	0.007	0.006	0.005	0.004	0.003	0.003	0.002	0.002	0.001
30	0.012	0.009	0.007	0.005	0.004	0.003	0.003	0.002	0.002	0.001	0.001	0.001	0.001	0.000	0.000
40	0.003	0.002	0.001	0.001	0.001	0.000	0.000	0.000	0.000	0.000	0.000	0.000	0.000	0.000	0.000
50	0.001	0.000	0.000	0.000	0.000	0.000	0.000	0.000	0.000	0.000	0.000	0.000	0.000	0.000	0.000

附表 3 年金终值系数表

期数	$[(1+i)^n-1]/i$ 利率(i)														
(n)	1%	2%	3%	4%	5%	6%	7%	8%	9%	10%	11%	12%	13%	14%	15%
1	1.000	1.000	1.000	1.000	1.000	1.000	1.000	1.000	1.000	1.000	1.000	1.000	1.000	1.000	1.000
2	2.010	2.020	2.030	2.040	2.050	2.060	2.070	2.080	2.090	2.100	2.110	2.120	2.130	2.140	2.150
3	3.030	3.060	3.091	3.122	3.153	3.184	3.215	3.246	3.278	3.310	3.342	3.374	3.407	3.440	3.473
4	4.060	4.122	4.184	4.246	4.310	4.375	4.440	4.506	4.573	4.641	4.710	4.779	4.850	4.921	4.993
5	5.101	5.204	5.309	5.416	5.526	5.637	5.751	5.867	5.985	6.105	6.228	6.353	6.480	6.610	6.742
6	6.152	6.308	6.468	6.633	6.802	6.975	7.153	7.336	7.523	7.716	7.913	8.115	8.323	8.536	8.754
7	7.214	7.434	7.662	7.898	8.142	8.394	8.654	8.923	9.200	9.487	9.783	10.09	10.40	10.73	11.07
8	8.286	8.583	8.892	9.214	9.549	9.897	10.26	10.64	11.03	11.44	11.86	12.30	12.76	13.23	13.73
9	9.369	9.755	10.16	10.58	11.03	11.49	11.98	12.49	13.02	13.58	14.16	14.78	15.42	16.09	16.79
10	10.46	10.95	11.46	12.01	12.58	13.18	13.82	14.49	15.19	15.94	16.72	17.55	18.42	19.34	20.30
11	11.57	12.17	12.81	13.49	14.21	14.97	15.78	16.65	17.56	18.53	19.56	20.65	21.81	23.04	24.35
12	12.68	13.41	14.19	15.03	15.92	16.87	17.89	18.98	20.14	21.38	22.71	24.13	25.65	27.27	29.00
13	13.81	14.68	15.62	16.63	17.71	18.88	20.14	21.50	22.95	24.52	26.21	28.03	29.98	32.09	34.35
14	14.95	15.97	17.09	18.29	19.60	21.02	22.55	24.21	26.02	27.97	30.09	32.39	34.88	37.58	40.50
15	16.10	17.29	18.60	20.02	21.58	23.28	25.13	27.15	29.36	31.77	34.41	37.28	40.42	43.84	47.58
16	17.26	18.64	20.16	21.82	23.66	25.67	27.89	30.32	33.00	35.95	39.19	42.75	46.67	50.98	55.72
17	18.43	20.01	21.76	23.70	25.84	28.21	30.84	33.75	36.97	40.54	44.50	48.88	53.74	59.12	65.08
18	19.61	21.41	23.41	25.65	28.13	30.91	34.00	37.45	41.30	45.60	50.40	55.75	61.73	68.39	75.84

（续表）

期数	$[(1+i)^n-1]/i$ 利率(i)														
(n)	1%	2%	3%	4%	5%	6%	7%	8%	9%	10%	11%	12%	13%	14%	15%
19	20.81	22.84	25.12	27.67	30.54	33.76	37.38	41.45	46.02	51.16	56.94	63.44	70.75	78.97	88.21
20	22.02	24.30	26.87	29.78	33.07	36.79	41.00	45.76	51.16	57.27	64.20	72.05	80.95	91.02	102.4
25	28.24	32.03	36.46	41.65	47.73	54.86	63.25	73.11	84.70	98.35	114.4	133.3	155.6	181.9	212.8
30	34.78	40.57	47.58	56.08	66.44	79.06	94.46	113.3	136.3	164.5	199.0	241.3	293.2	356.8	434.7
40	48.89	60.40	75.40	95.03	120.8	154.8	199.6	259.1	337.9	442.6	581.8	767.1	1014	1342	1779
50	64.46	84.58	112.8	152.7	209.3	290.3	406.5	573.8	815.1	1164	1669	2400	3460	4995	7218

期数	$[(1+i)^n-1]/i$ 利率(i)														
(n)	16%	17%	18%	19%	20%	21%	22%	23%	24%	25%	26%	27%	28%	29%	30%
1	1.000	1.000	1.000	1.000	1.000	1.000	1.000	1.000	1.000	1.000	1.000	1.000	1.000	1.000	1.000
2	2.160	2.170	2.180	2.190	2.200	2.210	2.220	2.230	2.240	2.250	2.260	2.270	2.280	2.290	2.300
3	3.506	3.539	3.572	3.606	3.640	3.674	3.708	3.743	3.778	3.813	3.848	3.883	3.918	3.954	3.990
4	5.066	5.141	5.215	5.291	5.368	5.446	5.524	5.604	5.684	5.766	5.848	5.931	6.016	6.101	6.187
5	6.877	7.014	7.154	7.297	7.442	7.589	7.740	7.893	8.048	8.207	8.368	8.533	8.700	8.870	9.043
6	8.977	9.207	9.442	9.683	9.930	10.18	10.44	10.71	10.98	11.26	11.54	11.84	12.14	12.44	12.76
7	11.41	11.77	12.14	12.52	12.92	13.32	13.74	14.17	14.62	15.07	15.55	16.03	16.53	17.05	17.58
8	14.24	14.77	15.33	15.90	16.50	17.12	17.76	18.43	19.12	19.84	20.59	21.36	22.16	23.00	23.86
9	17.52	18.28	19.09	19.92	20.80	21.71	22.67	23.67	24.71	25.80	26.94	28.13	29.37	30.66	32.01
10	21.32	22.39	23.52	24.71	25.96	27.27	28.66	30.11	31.64	33.25	34.94	36.72	38.59	40.56	42.62
11	25.73	27.20	28.76	30.40	32.15	34.00	35.96	38.04	40.24	42.57	45.03	47.64	50.40	53.32	56.41
12	30.85	32.82	34.93	37.18	39.58	42.14	44.87	47.79	50.89	54.21	57.74	61.50	65.51	69.78	74.33
13	36.79	39.40	42.22	45.24	48.50	51.99	55.75	59.78	64.11	68.76	73.75	79.11	84.85	91.02	97.63
14	43.67	47.10	50.82	54.84	59.20	63.91	69.01	74.53	80.50	86.95	93.93	101.5	109.6	118.4	127.9
15	51.66	56.11	60.97	66.26	72.04	78.33	85.19	92.67	100.8	109.7	119.3	129.9	141.3	153.7	167.3
16	60.93	66.65	72.94	79.85	87.44	95.78	104.9	115.0	126.0	138.1	151.4	165.9	181.9	199.3	218.5
17	71.67	78.98	87.07	96.02	105.9	116.9	129.0	142.4	157.3	173.6	191.7	211.7	233.8	258.1	285.0
18	84.14	93.41	103.7	115.3	128.1	142.4	158.4	176.2	196.0	218.0	242.6	269.9	300.3	334.0	371.5
19	98.60	110.3	123.4	138.2	154.7	173.4	194.3	217.7	244.0	273.6	306.7	343.8	385.3	431.9	484.0
20	115.4	130.0	146.6	165.4	186.7	210.8	238.0	268.8	303.6	342.9	387.4	437.6	494.2	558.1	630.2
25	249.2	292.1	342.6	402.0	472.0	554.2	651.0	764.6	898.1	1055	1239	1454	1707	2003	2349
30	530.3	647.4	790.9	966.7	1182	1445	1767	2160	2641	3227	3942	4813	5873	7163	8730
40	2361	3135	4163	5530	7344	9750	12937	17154	22729	30089	39793	52572	69377	91448	120393
50	10436	15090	21813	31515	45497	65617	94525	135992	195373	280256	401374	573878	819103	1167041	1659761

附表 4 年金现值系数表

期数	$[1-(1+i)^{-n}]/i$ 利率(i)														
(n)	1%	2%	3%	4%	5%	6%	7%	8%	9%	10%	11%	12%	13%	14%	15%
1	0.990	0.980	0.971	0.962	0.952	0.943	0.935	0.926	0.917	0.909	0.901	0.893	0.885	0.877	0.870
2	1.970	1.942	1.913	1.886	1.859	1.833	1.808	1.783	1.759	1.736	1.713	1.690	1.668	1.647	1.626
3	2.941	2.884	2.829	2.775	2.723	2.673	2.624	2.577	2.531	2.487	2.444	2.402	2.361	2.322	2.283
4	3.902	3.808	3.717	3.630	3.546	3.465	3.387	3.312	3.240	3.170	3.102	3.037	2.974	2.914	2.855
5	4.853	4.713	4.580	4.452	4.329	4.212	4.100	3.993	3.890	3.791	3.696	3.605	3.517	3.433	3.352
6	5.795	5.601	5.417	5.242	5.076	4.917	4.767	4.623	4.486	4.355	4.231	4.111	3.998	3.889	3.784
7	6.728	6.472	6.230	6.002	5.786	5.582	5.389	5.206	5.033	4.868	4.712	4.564	4.423	4.288	4.160
8	7.652	7.325	7.020	6.733	6.463	6.210	5.971	5.747	5.535	5.335	5.146	4.968	4.799	4.639	4.487

（续表）

期数	$[1—(1+i)^{n}]/i$ 利率(i)														
(n)	1%	2%	3%	4%	5%	6%	7%	8%	9%	10%	11%	12%	13%	14%	15%
9	8.566	8.162	7.786	7.435	7.108	6.802	6.515	6.247	5.995	5.759	5.537	5.328	5.132	4.946	4.772
10	9.471	8.983	8.530	8.111	7.722	7.360	7.024	6.710	6.418	6.145	5.889	5.650	5.426	5.216	5.019
11	10.37	9.787	9.253	8.760	8.306	7.887	7.499	7.139	6.805	6.495	6.207	5.938	5.687	5.453	5.234
12	11.26	10.58	9.954	9.385	8.863	8.384	7.943	7.536	7.161	6.814	6.492	6.194	5.918	5.660	5.421
13	12.13	11.35	10.63	9.986	9.394	8.853	8.358	7.904	7.487	7.103	6.750	6.424	6.122	5.842	5.583
14	13.00	12.11	11.30	10.56	9.899	9.295	8.745	8.244	7.786	7.367	6.982	6.628	6.302	6.002	5.724
15	13.87	12.85	11.94	11.12	10.38	9.712	9.108	8.559	8.061	7.606	7.191	6.811	6.462	6.142	5.847
16	14.72	13.58	12.56	11.65	10.84	10.11	9.447	8.851	8.313	7.824	7.379	6.974	6.604	6.265	5.954
17	15.56	14.29	13.17	12.17	11.27	10.48	9.763	9.122	8.544	8.022	7.549	7.120	6.729	6.373	6.047
18	16.40	14.99	13.75	12.66	11.69	10.83	10.06	9.372	8.756	8.201	7.702	7.250	6.840	6.467	6.128
19	17.23	15.68	14.32	13.13	12.09	11.16	10.34	9.604	8.950	8.365	7.839	7.366	6.938	6.550	6.198
20	18.05	16.35	14.88	13.59	12.46	11.47	10.59	9.818	9.129	8.514	7.963	7.469	7.025	6.623	6.259
25	22.02	19.52	17.41	15.62	14.09	12.78	11.65	10.67	9.823	9.077	8.422	7.843	7.330	6.873	6.464
30	25.81	22.40	19.60	17.29	15.37	13.76	12.41	11.26	10.27	9.427	8.694	8.055	7.496	7.003	6.566
40	32.83	27.36	23.11	19.79	17.16	15.05	13.33	11.92	10.76	9.779	8.951	8.244	7.634	7.105	6.642
50	39.20	31.42	25.73	21.48	18.26	15.76	13.80	12.23	10.96	9.915	9.042	8.304	7.675	7.133	6.661

期数	$[1—(1+i)^{n}]/i$ 利率(i)														
(n)	16%	17%	18%	19%	20%	21%	22%	23%	24%	25%	26%	27%	28%	29%	30%
1	0.862	0.855	0.847	0.840	0.833	0.826	0.820	0.813	0.806	0.800	0.794	0.787	0.781	0.775	0.769
2	1.605	1.585	1.566	1.547	1.528	1.509	1.492	1.474	1.457	1.440	1.424	1.407	1.392	1.376	1.361
3	2.246	2.210	2.174	2.140	2.106	2.074	2.042	2.011	1.981	1.952	1.923	1.896	1.868	1.842	1.816
4	2.798	2.743	2.690	2.639	2.589	2.540	2.494	2.448	2.404	2.362	2.320	2.280	2.241	2.203	2.166
5	3.274	3.199	3.127	3.058	2.991	2.926	2.864	2.803	2.745	2.689	2.635	2.583	2.532	2.483	2.436
6	3.685	3.589	3.498	3.410	3.326	3.245	3.167	3.092	3.020	2.951	2.885	2.821	2.759	2.700	2.643
7	4.039	3.922	3.812	3.706	3.605	3.508	3.416	3.327	3.242	3.161	3.083	3.009	2.937	2.868	2.802
8	4.344	4.207	4.078	3.954	3.837	3.726	3.619	3.518	3.421	3.329	3.241	3.156	3.076	2.999	2.925
9	4.607	4.451	4.303	4.163	4.031	3.905	3.786	3.673	3.566	3.463	3.366	3.273	3.184	3.100	3.019
10	4.833	4.659	4.494	4.339	4.192	4.054	3.923	3.799	3.682	3.571	3.465	3.364	3.269	3.178	3.092
11	5.029	4.836	4.656	4.486	4.327	4.177	4.035	3.902	3.776	3.656	3.543	3.437	3.335	3.239	3.147
12	5.197	4.988	4.793	4.611	4.439	4.278	4.127	3.985	3.851	3.725	3.606	3.493	3.387	3.286	3.190
13	5.342	5.118	4.910	4.715	4.533	4.362	4.203	4.053	3.912	3.780	3.656	3.538	3.427	3.322	3.223
14	5.468	5.229	5.008	4.802	4.611	4.432	4.265	4.108	3.962	3.824	3.695	3.573	3.459	3.351	3.249
15	5.575	5.324	5.092	4.876	4.675	4.489	4.315	4.153	4.001	3.859	3.726	3.601	3.483	3.373	3.268
16	5.668	5.405	5.162	4.938	4.730	4.536	4.357	4.189	4.033	3.887	3.751	3.623	3.503	3.390	3.283
17	5.749	5.475	5.222	4.990	4.775	4.576	4.391	4.219	4.059	3.910	3.771	3.640	3.518	3.403	3.295
18	5.818	5.534	5.273	5.033	4.812	4.608	4.419	4.243	4.080	3.928	3.786	3.654	3.529	3.413	3.304
19	5.877	5.584	5.316	5.070	4.843	4.635	4.442	4.263	4.097	3.942	3.799	3.664	3.539	3.421	3.311
20	5.929	5.628	5.353	5.101	4.870	4.657	4.460	4.279	4.110	3.954	3.808	3.673	3.546	3.427	3.316
25	6.097	5.766	5.467	5.195	4.948	4.721	4.514	4.323	4.147	3.985	3.834	3.694	3.564	3.442	3.329
30	6.177	5.829	5.517	5.235	4.979	4.746	4.534	4.339	4.160	3.995	3.842	3.701	3.569	3.447	3.332
40	6.233	5.871	5.548	5.258	4.997	4.760	4.544	4.347	4.166	3.999	3.846	3.703	3.571	3.448	3.333
50	6.246	5.880	5.554	5.262	4.999	4.762	4.545	4.348	4.167	4.000	3.846	3.704	3.571	3.448	3.333

参 考 文 献

［1］ 曹军辉．旅游企业财务管理[M]．湖南人民出版社，2004，2．
［2］ 何惠．旅游企业财务管理[M]．郑州大学出版社，2002，8．
［3］ 师萍．旅游企业财务管理[M]．高等教育出版社，2004，7．
［4］ 安保荣．财务管理[M]．立信会计出版社，2004，9．
［5］ 潘华．企业财务管理学[M]．中国人民公安大学出版社，2002，2．
［6］ 杨淑娥，胡元木．财务管理研究[M]．科学技术出版社，2002，3．
［7］ 谌勇．现代财务管理[M]．清华大学出版社，2005，1．
［8］ 龚韵笙．旅游企业财务管理[M]．东北财经大学出版社，1999，9．
［9］ 国家旅游局人事劳动教育司．旅游企业财务管理[M]．旅游教育出版社，1999，10．
［10］ 财政部注册会计师考试委员会办公室．财务成本管理[M]．经济科学出版社，2004，4．
［11］ 王庆成，郭复初．财务管理学[M]．高等教育出版社，2000，3．
［12］ 韩东平．财务管理学[M]．科学出版社，2003，7．
［13］ 张超英．财务管理实务操作[M]．中国人民大学出版社，2004，6．
［14］ 田孝蓉．旅游企业财务管理[M]．郑州大学出版社，2003，12．
［15］ 荆新，王化成．财务管理学[M]．中国人民大学出版社，2002，6．
［16］ 章道云．财务管理学[M]．重庆大学出版社，2002，9．
［17］ 刘志远．财务管理[M]．南开大学出版社，1999，9．
［18］ 赵德武．财务管理[M]．高等教育出版社，2000，7．
［19］ 中国注册会计师协会．财务成本管理[M]．经济科学出版社，2005，3．
［20］ 傅元略．中级财务管理[M]．复旦大学出版社，2005，9．
［21］ 葛文雷．财务管理[M]．东华大学出版社，2003，7．
［22］ 王俊鸿，李文哲．旅游企业投资与管理[M]．四川大学出版社，2003，4．
［23］ 汪海霖．无形资产评估[M]．中国人民大学出版社，2002，9．
［24］ 周忠勇，张鸣，徐逸星．财务管理[M]．上海三联书店，1995，12．
［25］ 刘立平．财务管理学[M]．中国人民大学出版社，2003，4．